Miroslav Volf

ÖFFENTLICH GLAUBEN IN EINER PLURALISTISCHEN GESELLSCHAFT

Miroslav Volf

Öffentlich glauben in einer pluralistischen Gesellschaft

**Mit einem Vorwort von
Heinrich Bedford-Strohm**

**Mit einer Einführung von
Tobias Faix & Tobias Künkler**

Über den Autor:
Miroslav Volf ist gebürtiger Kroate und Professor für Systematische
Theologie an der Divinity School der Yale Universität in New Haven,
Connecticut.

EDITION EMERGENT DEUTSCHLAND

Herausgegeben von
Tobias Faix, Thomas Weißenborn & Peter Aschoff

Die Edition Emergent beschäftigt sich mit den Herausforderungen, die
durch das Zusammenkommen von Kultur und Evangelium im Kontext
von Kirchen und Gemeinden entstehen. Im Zentrum steht dabei die
Frage, wie die christliche Botschaft in der aktuellen Wirklichkeit unserer Gesellschaft verkündigt und gelebt werden kann. Ausgangspunkt ist
dabei die am Wort Gottes orientierte reformatorische Tradition.

Bibliografische Information Der Deutschen Bibliothek
Die Deutsche Bibliothek verzeichnet diese Publikation
in der Deutschen Nationalbibliografie;
detaillierte bibliografische Daten sind im Internet
über http://dnb.ddb.de abrufbar.

ISBN 978-3-86827-538-4
Alle Rechte vorbehalten
© 2011 by Miroslav Volf
Originally published in English under the title *A Public Faith*
by Brazos, a division of Baker Publishing Group,
Grand Rapids, Michigan, 49516, USA
All rights reserved.
© 2015 by Verlag der Francke-Buchhandlung GmbH
35037 Marburg an der Lahn
Deutsch von Peter Aschoff
Umschlagbild: © iStockphoto.com / George Clerk
Umschlaggestaltung: Verlag der Francke-Buchhandlung GmbH /
Sven Gerhardt
Satz: Verlag der Francke-Buchhandlung GmbH
Printed in Czech Republic

www.francke-buch.de

Inhaltsverzeichnis

Vorwort

von Heinrich Bedford-Strohm

Wenn in diesen Zeiten ein Buch mit dem Titel „Öffentlich glauben" erscheint, dann weckt das zu Recht Aufmerksamkeit. Ob Glaube nur Privatsache ist oder zugleich öffentliche Angelegenheit, wird seit den Terroranschlägen von Paris mit erhöhter Intensität diskutiert. Und das ist auch verständlich. Denn wenn unter Berufung auf die Religion des Islam die Herausgeber einer religionskritischen Satirezeitschrift kaltblütig ermordet werden und gleichzeitig aus offenkundig antisemitischen Motiven in einem jüdischen Lebensmittelladen Menschen einfach hingerichtet werden, dann läuten bei vielen die Alarmglocken. Denn solche Terrorakte sind der schlimmste Ausdruck eines totalitären Verständnisses von Religion, das unter Berufung auf die Autorität Gottes alle abweichenden Meinungen und Weltsichten auszumerzen versucht. Wo durch militärische Eroberungsfeldzüge mit dem Ziel der Errichtung eines „Islamischen Staates" oder durch terroristische Aktivitäten weltweit der Eindruck entsteht, dass der Öffentlichkeitsanspruch von Religion in seiner letzten Konsequenz zu Krieg und Gewalt führt, da scheint die Abwehr eines solchen Öffentlichkeitsanspruchs zunächst nur allzu nachvollziehbar.

Deswegen ist Miroslav Volfs Buch so wichtig. Und deswegen ist es wichtig, dass dieses schon 2011 auf Englisch erschienene Buch nun auch auf Deutsch zugänglich wird. Denn es macht deutlich, dass „öffentlicher Glaube" nichts zu tun hat mit totalitärer Gleichschaltung durch Religion oder deren gewaltsamer Ausbreitung.

Was Miroslav Volf hier vorschlägt, ist die Überwindung einer falschen Alternative, die viele der Diskussionen um die öffentliche Bedeutung der Religion in Europa, aber weit darüber hinaus, auch weltweit beherrscht: auf der einen Seite die völlige Durchdringung des öffentlichen Lebens mit einer einzelnen Religion und die mehr oder weniger zwangsbewehrte Abwehr jeder anderen Religion oder Weltanschauung. Und auf der anderen Seite – häufig als Gegenreaktion – der völlige säkularistische Ausschluss aller Religionen aus dem öffentlichen Leben, also eine Auffassung, die das Heraushalten der Religion aus dem öffentlichen Leben zum Dogma macht.

Volf plädiert gegenüber dieser falschen Alternative dafür, dass religiöse Menschen die Freiheit besitzen sollten, ihre Überzeugungen vom guten Leben in die Öffentlichkeit zu tragen – in die Politik ebenso wie in andere Bereiche des öffentlichen Lebens. Religiöse Menschen sollten dies mit den Mitteln tun dürfen, wie sie anderen Teilnehmern am öffentlichen Leben einer demokratischen und pluralistischen Gesellschaft auch zur Verfügung stehen. Sie werben für ihre Vorstellung des guten Lebens und machen deutlich, warum es der Gesellschaft insgesamt guttut, darauf zu hören.

Für eine Gesellschaft wäre es äußerst unklug, wenn sie den großen Erfahrungsschatz und das substanzielle Orientierungswissen, das in den religiösen Traditionen über viele Jahrhunderte hinweg entwickelt worden ist, nicht nutzen würde. Es gibt daher tatsächlich überhaupt keinen vernünftigen Grund dafür, dass religionskritische Philosophen mit ihren Überzeugungen am öffentlichen Diskurs teilnehmen sollten, Theologen mit ihren Vorstellungen vom guten Leben aber nicht. Deswegen ist es auch eine gute Idee, Religionsfreiheit nicht nur als „negative Religionsfreiheit" zu verstehen, die den Staat lediglich davon abhalten soll, die gelebte religiöse Praxis irgendeiner religiösen Gemeinschaft zu behindern, sondern ebenso als „positive Religionsfreiheit".

Positive Religionsfreiheit bedeutet, dass der Staat aktiv dazu beiträgt, dass religiöse Praxis sich entfalten kann, indem er etwa die Beschäftigung mit Religion als Teil des öffentlichen Bildungsauftrags sieht und den Unterricht darüber und die Ausbildung der dazu notwendigen Lehrerinnen und Lehrer als Teil seiner eigenen Aufgaben versteht, oder indem er religiöse Aktivitäten zur Förderung des sozialen Zusammenhalts genauso wie Aktivitäten anderen Hintergrunds auch mit finanziellen Mitteln unterstützt.

Verfassungen, die das Verhältnis von Kirche bzw. Religionsgemeinschaften und Staat auf solche Weise definieren, gehören zu den reifsten Ausprägungen modernen Rechts. Auch Denker, die selbst keine religiösen Überzeugungen vertreten, haben in jüngster Zeit das Bewusstsein dafür geschärft, indem sie die besondere Leistung religiöser Traditionen hervorgehoben haben. So hat Jürgen Habermas festgestellt: „Im Gegensatz zur ethischen Enthaltsamkeit eines nachmetaphysischen Denkens, dem sich jeder generell verbindliche Begriff vom guten und exemplarischen Leben entzieht, sind in heiligen Schriften und religiösen Überlieferungen Intuitionen von Verfehlung und Erlösung, vom rettenden Ausgang aus einem als heillos erfahrenen Leben artikuliert, über Jahrtausende hinweg subtil ausbuchstabiert und hermeneutisch wachgehalten worden. Deshalb kann im Gemeindeleben der Religionsgemeinschaften, sofern sie nur Dogmatismus und Gewissenszwang vermeiden, etwas intakt bleiben, was andernorts verloren gegangen ist und mit dem professionellen Wissen von Experten allein auch nicht wiederhergestellt werden kann – ich meine hinreichend differenzierte Ausdrucksmöglichkeiten und Sensibilitäten für verfehltes Leben, für gesellschaftliche Pathologien, für das Misslingen individueller Lebensentwürfe und die

Deformation entstellter Lebenszusammenhänge." (Jürgen Habermas, Zwischen Naturalismus und Religion. Philosophische Aufsätze, Frankfurt 2005, 115).

Miroslav Wolfs Buch ist eine überzeugende Entfaltung der Innenperspektive dessen, was Habermas aus der Außenperspektive beschreibt. Ausdrücklich stellt er fest: „Ich schreibe als christlicher Theologe an Nachfolger Christi. Ich schreibe nicht als allgemein religiöser Mensch an Anhänger jeglicher Religion, ein Projekt das von Beginn an zum Scheitern verurteilt wäre." Genau weil er aus der Innenperspektive der christlichen Religion schreibt, redet er nicht pro domo. In einem pluralistischen Kontext, so argumentiert er, impliziert Jesu „Goldene Regel" in Matthäus 7,12, dass Christen anderen religiösen Gemeinschaften dieselben politischen und religiösen Freiheiten zugestehen, die sie für sich selbst beanspruchen.

Deswegen ist für ihn – und das ist die vielleicht wichtigste Erkenntnis dieses Buches für unsere gegenwärtige gesellschaftliche Debatte – das Gegenmittel gegen religiöse Gewalt nicht weniger Religion, sondern – jedenfalls, wenn es um den christlichen Glauben geht, *mehr* Religion. Zu einem anderen Ergebnis kann nicht kommen, wer sich so weit in die christliche Religion hineindenkt, dass er die zentrale Bedeutung des Kreuzes für ihr Verständnis wahrnimmt. Das Kreuz kann trotz aller historischen Gegenerfahrungen eben gerade nicht zur Legitimierung von Gewalt herhalten, denn es ist nicht das Symbol *ausgeübter* Gewalt, sondern es ist das Symbol *erlittener* Gewalt. Wenn es in der Geschichte vom Kreuz die Gefahr der Gewalt gibt, so stellt Miroslav Volf zu Recht fest, „dann indem sie zum bloßen Erdulden verleitet, wenn man von anderen misshandelt wird, nicht aber, dass sie zu Misshandlungen Anlass gäbe." Positiv spricht Volf von der Bedeutung „menschlichen Gedeihens". Die langlebigsten alternativen Visionen menschlichen Gedeihens – so sagt er selbstbewusst – werden von den großen Glaubenstraditionen verkörpert. Eine Vorstellung menschlichen Gedeihens – so fährt er fort – „und die Ressourcen, sie umzusetzen – ist der wichtigste Beitrag des christlichen Glaubens zum Gemeinwohl."

Unsere Vorstellung menschlichen Gedeihens wieder viel kraftvoller und authentischer in die Gesellschaft einzubringen, könnte der Keim für eine Erneuerung der Ausstrahlungskraft der Kirchen in zunehmend säkularer werdenden Gesellschaften sein. Volf kann uns dabei helfen. Ausdrücklich nennt er es als sein Ziel, „den Missmut zu vertreiben und neue Hoffnung zu schaffen für christliche Gemeinschaften im anbrechenden 21. Jahrhundert – eine bescheidenere und zugleich robustere Hoffnung als sie die Kirchen des Westens in letzter Zeit hatten."

Es ist nicht schwer, Inhalte unserer Vorstellung menschlichen Gedeihens zu nennen, die genau das zu leisten vermögen: Verstand und Sinne zu öffnen für den Reichtum, der uns in unserem Leben geschenkt ist und zu lernen, dankbar dafür zu sein. Neu zu lernen, wie befreiend es ist, vergeben zu können und sich vergeben zu lassen. Zu verstehen, dass Selbstliebe und Nächstenliebe keine Gegensätze sind, sondern sich wechselseitig befruchten. Die Überwindung von Gewalt und aller Formen menschlichen Elends, das Eintreten für die Würde des Menschen, den wir als „Ebenbild Gottes" sehen, sowie die Bewahrung der Natur, die wir als „Schöpfung Gottes" verstehen, all das als Teil der eigenen Berufung zu leben. Neu zu entdecken, wie wunderbar es ist, aus der Hoffnung leben zu dürfen anstatt die Zukunft als „Schwarzes Loch" zu sehen.

Man könnte vieles mehr über die Vorstellung vom guten Leben sagen, die das Christentum heute so attraktiv macht. Wir müssen nur mehr davon reden. Volfs Buch kann uns eine wichtige Anregung dafür sein.

Ich wünsche diesem Buch viele Leserinnen und Leser. Ich wünsche unserer Kirche, dass sie sich neu inspirieren lässt von dem Geist, der darin zum Ausdruck kommt. Und ich wünsche unserer Gesellschaft, dass sie neu wahrnimmt, welch kraftvollen Beitrag der christliche Glaube zu ihrem Gedeihen leisten kann.

Prof. Dr. Heinrich Bedford-Strohm
Ratsvorsitzender der Evangelischen Kirche in Deutschland

Glauben im öffentlichen Raum

―――――――――――――

Eine Einführung in die Öffentliche Theologie

Tobias Faix & Tobias Künkler

Es gibt keinen Rückzugsort des Christen von der Welt, weder äußerlich noch in der Sphäre der Innerlichkeit. Jeder Versuch, der Welt auszuweichen, muß früher oder später mit einem sündigen Verfall an die Welt bezahlt werden.

Dietrich Bonhoeffer

Möglicherweise hat nicht die Gesellschaft Gott vergessen, sondern wir Christen haben es verlernt, richtig über Gott zu reden.

Manfred Lütz

In den letzten Jahren haben viele Christinnen und Christen in zunehmendem Maße (wieder)entdeckt, dass ihr Glaube keine Privatsache ist, sondern eine öffentliche Dimension besitzt. Eine solche Entwicklung zur Ganzheitlichkeit, d.h. zu einem Glauben, der für alle Bereiche des (post-)modernen Lebens von Bedeutung ist, ist aus unserer Sicht sehr zu begrüßen. Gleichzeitig stellen aber auch nicht wenige fest, dass es gar nicht so einfach ist, in der Öffentlichkeit angemessen und verständlich über den eigenen Glauben zu kommunizieren. In unserer postmodernen und postsäkularen Gesellschaft existieren ein neu erwachtes Interesse sowie neue Anschluss- und Verständnismöglichkeiten für Glauben und Religion. Zugleich aber kommen auch neue Ebenen der Kritik an ihnen auf, wie z. B. die häufige Unterstellung, dass, wer der Religion im öffentlichen Raum Platz gewährt, zugleich auch zwangsläufig Gewalt, Fundamentalismus und letztlich dem Terror Tür und Tor öffne. Zudem passen angesichts der tiefen gesellschaftlichen Umbrüche viele vertraute Weisen, den Glauben zu kommunizieren, nicht mehr. Das gilt für traditionell-konservative Glaubensvarianten ebenso wie für viele modern-liberale. Die sich daraus ergebenden Sprach- und Verständigungsprobleme führen zu Unsicherheiten bei vielen Christinnen und Christen. Besonders die letzten Jahre haben uns gelehrt, dass vieles, was in den vergangenen zwei Jahrzehnten über Pluralismus in der Theorie reflektiert wurde, in der komplexen Realität der Praxis nur schwer umzusetzen ist. Ereignisse wie das Auftauchen von Pegida, die Anschläge in Paris im Januar 2015 oder Debatten über sexuelle Vielfalt stehen für unzählige Talkshowdebatten, unwürdige Facebookeinträge und unsichere Diskussionen an der Basis. Sollen oder müssen wir als Christinnen und Christen zu all diesen Themen Stellung beziehen? Wie vertreten wir dabei unseren Glauben? Wo müssen wir Anstoß erregen und prophetisch in unsere Gesellschaft hineinreden und wo stoßen wir an Grenzen, weil wir nicht verstanden werden, da sich die gesellschaftlichen Bedingungen längst zu stark von unserer durch den Glauben geprägten Sicht wegbewegt haben?

Diese Veränderungen werden an der Verwendung bestimmter Begrifflichkeiten deutlich. Die heutige Jugendgeneration versteht religiöse Begriffe zumeist nicht mehr vor dem Hintergrund einer christlichen Tradition. Für viele ihrer Angehörigen sind Vokabeln wie Gnade, Sünde oder auch Gott kaum verstehbar oder völlig sinnentleert. Forscher sprechen daher auch von einer „semantischen Leerstelle" im Sprechen der Jugendlichen über Glaube und Gott. Und wenn diese Begriffe für Jugendliche noch mit einem Sinn verbunden sind, dann haben sie häufig aus ihrer Lebenswelt heraus eine ganz eigene Deutung entwickelt. So erzählte mir (Tobias Faix) ein 17-Jähriger, dass für ihn das „Kreuz" ein wichtiger Begriff in seinem Leben sei. Als ich nachfragte, was das Kreuz für ihn bedeute, antwortete er mir: „Gesundheit". Da der Zusammenhang für mich nicht nachvollziehbar war, fragte ich nach und er erklärte mir, dass er Fan von Juventus Turin sei und sein Lieblingsspieler Del Piero sich beim Einlaufen aufs Fußballfeld immer bekreuzige, damit er sich nicht verletzt. Deshalb stehe das Kreuz für Gesundheit und er mache dies übrigens auch so.

Auch weiß man durch diverse Jugendstudien, dass zwar nach wie vor ein guter Teil der Jugendlichen an einen Gott glaubt, dieser Gottesglaube zugleich aber immer diffuser wird, wobei Gott immer weniger als Person gesehen wird. Diese Sinnverschiebungen in der Sprache sind nicht die einzige Herausforderung. Nach Hunderten von Jahren eines vermeintlich „christlichen Abendlandes" verändert sich die Stellung des christlichen Glaubens in der Gesellschaft substanziell, institutionell und strukturell, denn Religion und Spiritualität zeigen sich heute ebenso wie unsere Gesellschaft ausdifferenzierter als jemals zuvor. Dies bedeutet unter anderem, dass in der öffentlichen Wahrnehmung die Plausibilitätsstruktur des christlichen Glaubens zunehmend schwindet. Der Religionssoziologe Peter L. Berger behandelte schon vor über 30 Jahren in seinem wichtigen Buch „Der Zwang zur Häresie" die Frage nach dem Glauben in einer sich wandelnden modernen Gesellschaft.

Die verlorene Plausibilitätsstruktur des Glaubens

Die Kultur des Abendlandes hat über Jahrhunderte den christlichen Glauben als Plausibilitätsstruktur anerkannt, d.h. der christliche Glaube war die vernünftige Basis des allgemeinen Weltbildes. Abweichungen davon wurden als Häresie betrachtet und auf unterschiedliche Weise sanktioniert. Das Wort Häresie beschreibt ursprünglich eine persönliche Entscheidung, die sich von der jeweiligen (religiösen) Tradition löst. Peter L. Berger zeigt auf, dass in einer modernen, pluralistischen Gesellschaft der christliche Glaube immer häretisch sein muss, da keine allgemein anerkannten Glaubenswahrheiten mehr vorhanden sind. In diesem Zusammenhang spricht er also vom „Zwang zur Häresie", dem die Glaubenden heute unterworfen sind.

In einer pluralistischen Gesellschaft treffen wir im öffentlichen Bereich auf konkurrierende Wahrheitsansprüche verschiedener Religionen. So entsteht gewissermaßen ein Markt an Religionen, Weltanschauungen und Wahrheiten. Waren in früheren Zeiten gesellschaftliche Institutionen in der Position zu vermitteln, was wahr und was falsch ist, zunächst die Kirche, später die Wissenschaft, der Staat oder die Massenmedien, sind solche klaren Setzungen heute weitgehend nicht mehr möglich. Zu jeder Wahrheit findet sich eine Gegenwahrheit und unterschiedliche Institutionen konkurrieren um die Deutungshoheit. Streng genommen kann man auch gar nicht von *der* Gesellschaft sprechen. Vielmehr lassen sich verschiedene gesellschaftliche Teilsysteme wie Wirtschaft, Bildung oder Kirche beobachten, die in hoher Eigendynamik jeweils ihren ganz eigenen Logiken und Plausibilitätsstrukturen gehorchen. Diese funktionale Differenzierung, wie der Soziologe Niklas Luhmann sie nannte, führt dazu, dass ein symbolisches, gesamtgesellschaftliches Zentrum, das einen Monopolanspruch auf die Weltinterpretation und auf die Normierung der Lebensgestaltung in allen gesellschaftlichen Bereichen gibt, nicht mehr existent ist. Glaube und Religion wurden in diesem Prozess zusammengeschrumpft auf die private Sphäre bzw. sogar nur auf einen Teil von ihr.

Der Verlust einer Zentralperspektive auf der einen Seite führt andererseits aber zu einem Differenzbewusstsein, einem multiperspektivischen Denken und zur Bewusstwerdung eines „Mangel[s] einer Kultur des Verhaltens zum Unverfügbaren" (Dressler 2006: 49). In der Gesellschaft beobachtbar ist in dieser Reflexivwerdung der Moderne eine Rehabilitierung von Erkenntnisweisen und Wirklichkeitsbereichen, die nicht durch funktionale oder zweckrationale Denkmuster zu erfassen sind. Dies wird auch durch häufig gebrauchte Schlagworte wie die „Rückkehr der Religion", das „Ende der säkularen Gesellschaft", die „Wiederverzauberung der Welt" und „Spirituelle Öffnung" deutlich. Während dieser Prozess viele Menschen also wieder sensibler und interessierter für Fragen des Glaubens macht, gibt es auf der anderen Seite aber auch religiöse oder gläubige Menschen, die angesichts des Verlusts der Plausibilitätsstruktur versuchen, mit aller Gewalt ihrer Interpretation des Glaubens Gehör zu verschaffen, indem sie laut schreien und andere schrill beschimpfen. Dies zeigt sich ganz praktisch in manchen großen „Empörungen" über das eine oder andere Thema, das bestimmte Gruppen im Internet und auch in der realen Welt aufschreckt und aktiv werden lässt. Typisch dafür ist nicht nur, dass sich diese Empörungen an den immer gleichen sehr speziellen Themen entzünden, sondern auch, dass manche der Themen ein Jahr später kaum noch eine Rolle spielen. Da es keine gesellschaftlich festgelegte religiöse Wahrheit gibt, müssen die verschiedenen religiösen und nicht-religiösen Akteure sich im öffentlichen Bereich aber notwendigerweise miteinander auseinandersetzen oder sich in den privaten Bereich „verkriechen".

Wie Miroslav Volf in diesem Buch ausführt (vgl. vor allem Kap. 5: Identität und Differenz) bedarf es einer Antwort auf die eben beschriebene Situation, die einerseits die pluralistische Gesellschaft positiv annimmt, andererseits aber keineswegs dazu führen darf, dass der christliche Glaube sich einfach nur einseitig den gesellschaftlichen Bedingungen anpasst. So formuliert er pointiert: „Beseitige alle Differenz und es bleibt nichts übrig

– man selbst versinkt zusammen mit allem anderen in einem Meer aus undifferenziertem ‚Zeug‘." (vgl. S. 148) Gerade in den letzten Jahren hat sich in diesem gesellschaftlichen Kontext eine Diskussion unter Christinnen und Christen entwickelt, die sich dem Zwang der konfessionellen Fraktionen entziehen möchte und neu fragt, wie die Botschaft des Evangeliums zu verstehen ist, was sie für unsere heutige Zeit bedeutet und wie sie im heutigen gesellschaftlichen Kontext gelebt werden kann. Innerhalb der theologischen Disziplin werden diese Diskussionen international seit den 1980er-Jahren unter anderem in den Begriffen *„Transformation"* und *„Public Theology"* zusammengefasst und seit Beginn der 2000er-Jahre wird auch in Deutschland die Bezeichnung „Öffentliche *Theologie"* verwendet.

Warum wir einen „öffentlichen Glauben" brauchen

Im öffentlichen Raum wird also ein sprachfähiger Glaube, eine Öffentliche Theologie benötigt. Diese wurde in Deutschland in den letzten Jahren vom jetzigen Ratsvorsitzende der EKD Prof. Dr. Heinrich Bedford-Strohm geprägt. Ein zentrales Prinzip für eine Öffentliche Theologie sieht er darin, dass Christinnen und Christen bilingual sein sollten, d.h. sie müssen „zweisprachig" argumentieren können. Einerseits sollten sie die strittigen Fragen unserer Zeit kennen und die Sprache der Menschen verstehen und andererseits sollten sie fest in der biblisch-christlichen Tradition und ihrer Argumentation verwurzelt sein. So kann beispielsweise eine christliche Sozialethik für die Zukunft des christlichen Glaubens wegweisend sein, wenn sie es schafft, gesellschaftliche Veränderungsprozesse vor dem Hintergrund der christlichen Botschaft angemessen zu analysieren und zu interpretieren und dies nicht nur auf eine allgemeinverständliche Weise, sondern so, dass klare Handlungsmöglichkeiten und -alternativen aufgezeigt werden; besonders dort, wo Alternativlosigkeit propagiert wird.

In einer pluralistischen und globalisierten Gesellschaft ist es zudem zentral, dass ein öffentlicher Glaube ökumenisch und postkonfessionell ist und stets die globale Dimension im Blick hat. Gleichzeitig braucht ein öffentlicher Glauben eine lokale Gemeinschaft und hat immer das Ziel, die Kirche zu stärken (Bedford-Strohm 2012:47). Dabei bildet die Öffentliche Theologie keine neue Disziplin, sondern ein Paradigma, das sich quer durch die verschiedenen theologischen Disziplinen zieht und das je nach gesellschaftlichem Kontext und theologischem Verständnis unterschiedlich definiert wird. Somit steht der Begriff Öffentliche Theologie nicht für *eine* Theologie, sondern für unterschiedliche theologische Ansätze, die alle darauf zielen, die öffentliche Relevanz und Sprachfähigkeit von Theologie und Kirche zu fördern.

Geschichtliche und internationale Einflüsse auf die „Öffentliche Theologie"

Obwohl Öffentliche Theologie gerade in den letzten Jahren eine hohe Aufmerksamkeit erfährt und zu den bedeutenden neueren Paradigmen der Theologie gehört, wurzeln ihre Inhalte in den ersten Jahrzehnten des zwanzigsten Jahrhunderts. Während Duncan B. Forrester Ursprünge und Wurzeln der Öffentlichen Theologie auf die erste Missionskonferenz in Edinburgh 1910 datiert (Forrester 2004:8), sehen die meisten Theologen den Beginn der Öffentlichen Theologie in den Überlegungen von Karl Barth und Dietrich Bonhoeffer sowie der Barmer Theologischen Erklärung von 1934. Diese deutliche Stellungnahme gegen den Nationalsozialismus gilt als wichtiger theologischer Beitrag zum öffentlichen Leben in dieser Zeit, auch wenn weder Barth noch Bonhoeffer den Terminus „Öffentliche Theologie" explizit nutzten. Während es in Deutschland danach relativ ruhig um die Thematik wurde, wenn man von Wolfgang Huber und seiner Habilitationsschrift absieht[1], entwickelte sich die Thematik international schnell weiter. Beeinflusst von den verschiedenen Befreiungstheologien in den 1960er-Jahren und einer beginnenden spirituellen Graswurzelbewegung in verschiedenen Ländern Süd- und Mittelamerikas erwuchs eine zunehmende Diskussion rund um die Frage, wie Glaube in der Öffentlichkeit wahrgenommen und diskutiert wird. In den USA geschah dies, vor allem im Kontext des „civil rights movement" um Martin Luther King. Martin Marty führte 1974 den Begriff „public theology" ein und der Theologe David Tracy prägte die inhaltliche Diskussion mit seinem Aufsatz „Theology as Public Discourse" (1975). Inhaltlich wurde Tracy vor allem von dem Theologen Reinhold Niebuhr geprägt, der sich mit der Frage auseinandersetzte, welchen Stellenwert Theologie innerhalb der Zivilgesellschaft besitzt und wie sich dies innerhalb einer demokratischen Gesellschaft zeigt. Dies diskutierte er an praktisch politischen Fragen seiner Zeit, beispielsweise, ob es einen gerechten Krieg geben könne. Dabei wurde von ihm auch eine Frage angestoßen, die bis heute diskutiert wird: Was ist überhaupt „Öffentlichkeit" in einer Öffentlichen Theologie? In Deutschland besteht eine enge Verbindung der „Öffentlichen Theologie" mit der „Politischen Theologie", die in Europa (Romano Guardini oder Johann Baptist Metz) und Südamerika (Óscar Romero, Gustavo Gutiérrez) bereits eine längere Tradition hat. In Deutschland waren es Theologinnen wie Dorothee Sölle oder Elisabeth Schüssler Fiorenza und Theologen wie Jürgen Moltmann und Wolfgang Huber, die den Diskurs um eine Öffentliche Theologie in den 1970er- bis 1990er-Jahren inhaltlich prägten.

Auf evangelischer Seite dient der Rückgriff auf Dietrich Bonhoeffer, der auch der Namensgeber der 2008 gegründeten Forschungsstelle für Öffentliche Theologie an der Universität Bamberg ist, immer wieder als Brücke zu dieser Thematik. Als Teildisziplin verortet sie sich theologisch in der Praktischen Theologie und der Sozialethik (Systematische Theologie) und versucht, aus theologischer Perspektive Antworten auf dringende gesellschaftliche Fragen zu geben. Eine christliche Theologie in diesem Sinne ist stets öffentlich, weil sie immer auch eine gesell-

schaftskritische Dimension aufweist. Sie nimmt in den gesellschaftlichen Konfliktfeldern dieser Welt eine katalysatorische,
also reinigende Funktion ein, indem sie sich aktiv in die gesellschaftlichen Belange einmischt und sich auf die Seite der Ent-
rechteten und Armen stellt. Da der christliche Glaube eine Relevanz für alle menschlichen Beziehungsgefüge besitzt – von der
Beziehung zu Gott über die Beziehung zu sich selbst hin zu der
Beziehung zu den Mitmenschen und der Schöpfung –, bietet er
auch eine Reflexionsfläche für gesellschaftliche Herausforderungen und ist an gesellschaftlichen „Problemlösungen" aktiv beteiligt. Wie zeigt sich „Öffentliche Theologie" nun aber praktisch im
Leben? Dazu möchten wir vier wesentliche inhaltliche Merkmale
einer Öffentlichen Theologie nennen.

Aspekte einer Öffentlichen Theologie

a) Die anthropologische Grundlage der Würde des Menschen

Die Begründung der Menschenwürde geht theologisch auf das
alttestamentliche Verständnis der „Imago Dei" zurück (Joas
2011:240), der Ebenbildlichkeit des Menschen gegenüber Gott in
der Schöpfung (Gen 1,26+27). Gott schafft den Menschen nach
seinem Bilde und verschafft ihm dadurch, unabhängig von seinem
Tun, einen absoluten und universalen Wert und eine Teilhabe an
Vernunft und Macht, die der Mensch als Gestaltungsauftrag auf
der Erde verantwortlich nutzen soll. Für den Tübinger Theologen
Jürgen Moltmann ist dies die Grundlage und der Kernbegriff
seiner Anthropologie und er ergänzt, dass der Mensch nicht nur
Repräsentant und Abglanz von Gottes Herrlichkeit ist, sondern
damit auch eine Erscheinungsweise Gottes selbst, so schreibt er:
„Nicht ein Fürst, sondern der Mensch, Mann und Frau gleichermaßen,
alle Menschen und jeder Mensch ist Bild, Stellvertreter, Beauftragter
und Abglanz Gottes" (Moltmann 1985:224). Zur Geschichte des
Menschen gehört aber auch das, was traditionell „Sündenfall"
genannt wird (Gen 3). Durch diesen werden alle menschlichen

Beziehungsebenen gestört; der Mensch entfremdet sich von sich selbst, Gott und der ganzen Schöpfung. Trotzdem nennt der Psalmschreiber David den Menschen „mit Herrlichkeit gekrönt" und „ein wenig niedriger gemacht als Gott selbst" (Psalm 8). Diese Aussage zieht sich durch das ganze Alte und Neue Testament (Ps. 106,20; Röm. 1,23; Eph. 4,24; Kol. 3,10). Der Mensch steht bei aller Gefallenheit in einer unauflöslichen Beziehung zu seinem Schöpfer und in einer großen Geschichte der Wiederherstellung dieser Beziehung. Mit diesem Wissen um die Würde des Menschen sollten sich Christinnen und Christen gegen alle Formen von Verletzungen und Missachtungen dieser Würde einsetzen und mitarbeiten an der Einrichtung und Anwendung von prophylaktischen Maßnahmen zum Schutz der Menschenwürde; sei es durch Schutzmaßnahmen eines Rechtstaates, allgemeine Menschenrechte oder spezifische Rechte wie Kinderrechte.

b) Die Entwicklung prophetischer Kraft

In einer pluralisierten Öffentlichkeit bilden sich an den Rändern zunehmend extreme Positionen, über die sowohl im kirchlichen als auch im gesellschaftlichen Bereich intensiv diskutiert wird. Je extremer die Positionen, desto weniger kompromissbereit sind sie. Genau deshalb braucht es Menschen, die sich in andere, ihnen vielleicht sehr fremde Positionen, hineinversetzen und reflexartige Abgrenzungen und übliche Gräben überwinden. Deshalb schreibt der britische Theologe Duncan B. Forrester zu Recht, dass hier eine große Herausforderung in der Zukunft liegt: *„Es sind gerade die Theologinnen und Theologen der Öffentlichen Theologie, die auf behutsame und sensible Weise, in der Kraft des Heiligen Geistes und der Liebe Christi, angemessen und liebevoll mit der zunehmenden Anzahl von fanatisch religiös geprägten Menschen umgehen können sollten"* (Duncan B. Forrester 2008:19). Dazu ist aber ein Perspektivwechsel notwendig, weg von einem selbstbezogenen Blick hin zum anderen. Miroslav Volf formuliert dazu pointiert: *„Der prophetische Glaube ist also*

*immer wieder auf der Suche danach, einen praktischen Realitäts-
bezug herzustellen und damit weiterzuleiten und nicht für sich zu
behalten. Das Prophetische reißt das individuelle oder institutionelle ‚Für-sich-selbst-Sein' zu einem ‚Für-die-anderen' auf"* (Volf
2011:36). Das prophetische Amt der Kirche besteht aber auch
darin, ungerechte Strukturen und unterdrückende Systeme zu
identifizieren und anzuklagen. Und dies in Art und Weise der
alttestamentlichen Propheten, also in einer Mischung aus Ge-
sellschaftskritik und Poesie, mit Leidenschaft, analytischer
Klugheit, Fantasie und Kreativität. Damit dies gelingt, braucht
es starke Gemeinden, die sich gegenseitig ermutigen und Nachfolge nicht nur auf die eigenen Bedürfnisse zentriert leben, sondern merken, dass glaubwürdiges Christsein immer einen Ort
der Hoffnung für andere darstellt.

c) Die Alltagstauglichkeit: Aktiv und ganzheitlich

Insbesondere die theologischen Ansätze des globalen Südens
fordern uns heraus, den ganzen Menschen in all seinen Kontex-
ten und mit all seinen Bedürfnissen zu sehen. Um noch einmal
mit den Worten Forresters zu sprechen: *„Öffentliche Theologie
hat eine umfassende und aus theologischer Sicht eine holistische Dimension erreicht: Die unlösbar integral miteinander verbundene
Wort-und-Tat-Dimension des Evangeliums fand im aktiven Widerstehen gegen Ungerechtigkeit und Unterdrückung und umfassender Verkündigung seine ganzheitliche Verwirklichung"* (Duncan B. Forrester
2004:15). Besonders die Frage nach der (sozialen) Gerechtigkeit
ist zu einer Schlüsselfrage unserer Zeit geworden und fordert uns
als Christinnen und Christen immer wieder aufs Neue heraus,
sich mit den eklatanten globalen und lokalen Ungerechtigkei-
ten nicht einfach abzufinden. Diese neue Herausforderung zeigt
sich in unserem Alltag, in unseren Beziehungen und in unserem
Verhalten. Genau dadurch wird das Reich Gottes auf Erden vielleicht ein Stück weit sichtbar. Der südafrikanische Theologe Jaco
Dreyer beschreibt dies sehr treffend: *„Der Öffentlichkeitsauftrag*

bewegt sich nicht rein auf einer institutionellen oder politischen Ebene, sondern viel grundlegender ist die Befähigung des Einzelnen, sich in einer pluralistischen Öffentlichkeit mit der christlichen Botschaft zu bewegen und diese in die unterschiedlichen Situationen des täglichen Lebens zu übersetzen. Ohne diese Übersetzungsleistung wird es keine konstruktiven Beiträge von Christen für die gesellschaftlichen Problemstellungen geben" (Dreyer 2011:3). Öffentliche Theologie beginnt somit mit einer Arbeit am eigenen Blick und am eigenen Handeln und in den vielen zwischenmenschlichen Begegnungen des Alltags. Jesus formuliert es bekanntlich wie folgt: *„Behandle die Menschen so, wie du von ihnen behandelt werden willst"* (Mt 7,12). Die Versöhnung, die wir in Christus erleben, und die damit einhergehende Transformation unseres Denkens und Handelns (Röm 12,2) befähigt uns, die Versöhnung auch mit den Menschen zu feiern, die uns fremd sind und deren Andersartigkeit uns herausfordert. Den Fremden und fremd Gewordenen in Liebe zu begegnen, ist der biblische Auftrag für den ganzen Leib Christi. Der Theologe Ulrich Bach bringt es, frei nach Dietrich Bonhoeffer, auf den Punkt, wenn er sagt: *„Ohne die Schwächsten ist die Kirche nicht ganz"* (Bach 2006:336). Gemeinde sollte als Anwältin der Benachteiligten, der Schwachen, Armen und Ausgegrenzten bekannt sein und die Gemeinwesenarbeit vor Ort prägen.

d) Das Leben aus der eschatologischen Kraft des Reiches Gottes

Bei all dem Beschriebenen muss jedoch bedacht sein, dass letztlich Gott selbst der Handelnde ist, der, der die Veränderungen schafft und am Ende das vollendet, was als sein Reich hier auf Erden schon angebrochen ist. Nicht wir müssen das neue Reich Gottes auf Erden schaffen oder bauen, sondern Gott selbst tut dies. Das ist eine entlastende Botschaft mitten in den Herausforderungen unserer Welt. Dies bedeutet jedoch nicht, dass man Passivität und Fatalismus entwickeln sollte, wie Jürgen Moltmann formuliert: *„Die kommende Herrschaft des auferstandenen Christus kann man nicht nur erhoffen und abwarten. Diese Hoffnung*

und Erwartung prägt auch das Leben, Handeln und Leiden in der Ge-
sellschaftsgeschichte ... Sich nicht dieser Welt gleichzustellen, bedeu-
tet nicht nur, sich in sich selbst zu verändern, sondern in Widerstand
und schöpferischer Erwartung die Gestalt der Welt zu verändern, in
der man glaubt, hofft und liebt" (Moltmann 1997:304). Menschen,
die nach den Grundsätzen des Reiches Gottes leben, haben diese
Hoffnung, leben sie mitten in dieser Welt, heben dabei auf gesellschaftlichen Kategorien beruhende Ungleichheiten durch das
Bestehen auf die Gleichwürdigkeit aller Menschen in Christus auf
(Gal 3,28) und schaffen auf diese Weise einen Raum der Versöhnung und Anbetung Gottes. Gott selbst ist es, der versprochen
hat, sein Reich zu vollenden, sodass Ungerechtigkeit, Leiden,
Tod und Trauer nicht das letzte Wort haben werden. Diese Hoffnung gibt im Kampf gegen Armut und Ungerechtigkeit die Kraft,
durchzuhalten und im Vertrauen auf den Vollender immer wieder
neu auch das Unmögliche zu wagen.

Die so beschriebene Öffentliche Theologie weist einige Ähn-
lichkeiten und Überschneidungen zu dem auf, was in der internationalen, theologischen Debatte auch unter dem Terminus
„Transformation" behandelt wird und mit dem „Institut für
Transformationsstudien" auch in Deutschland vertreten wird.
Deshalb sollen nun einige inhaltliche und geschichtliche Punkte
aus der Transformationstheologie aufgenommen werden, die für
das Verständnis der Öffentlichen Theologie hilfreich sein können.

Öffentliche Theologie und Transformationstheologie

Während der Begriff „Transformation" sich im deutschen Kontext erst in den letzten Jahren zunehmend durchsetzt, hat er
international eine analoge Entwicklung wie der Begriff „public
theology" und speist sich aus ähnlichen Quellen. So waren es
vor allem globale Theologen (Vinay Samuel, René Padilla, David
Bosch, Samuel Escobar etc.), die im Kontext des ersten Lausan-
ner Kongresses für Weltevangelisation 1974 sich mit der Frage

auseinandersetzten, wie sich Theologie und Kirche für die Armen dieser Welt engagiert. Sie wandten sich gegen ein einseitiges, individualistisches Heilsverständnis und lösten eine große internationale Debatte aus (Berneburg 1997:54ff.). Infolge dieser Auseinandersetzung, in der es um die Frage ging, ob Evangelisation eine Vorrangstellung gegenüber der sozialen Aktion hat, wurde 1983 in Wheaton (USA) eine weitere Konferenz unter dem Thema: „I Will Build My Church: The Nature and Mission of the Church" durchgeführt, die sich zum Ziel setzte, die Frage nach „Wort und/oder Tat" zu klären und ein Auseinanderdriften der evangelikalen Bewegung zu verhindern. Das Ergebnis war die Einführung eines neuen Begriffes, der beides (Wort und Tat bzw. Evangelisation und soziale Aktion) als gleichwertig zusammenführt: *Transformation*. Die biblisch-exegetische Grundlage für die Wortwahl ging dabei auf Röm 12,2 zurück: „*Do not be conformed to this world, but be transformed by the renewal of your mind, that by testing you may discern what is the will of God, what is good and acceptable and perfect.*" Interessant in Röm 12,2 ist, dass nicht nur der Zusammenhang zwischen „Wort und Tat" in einer inneren Spannung steht, sondern auch eine innere Spannung zwischen Gottes Handeln und dem Tun des Menschen vorliegt. Die grammatische Form von Römer 12,2 im griechischen Grundtext beschreibt dabei einen Imperativ Passiv (*sich umgestalten lassen*), der beides vereint, sowohl den Menschen, der alles tut, um sich Gott hinzugeben, als auch Gott, der am Ende das handelnde Subjekt bleibt. Der Gedanke der Transformation versucht also, wie schon oft in der Kirchengeschichte geschehen, die Ganzheitlichkeit des Heils zu betonen und zu fördern. Darüber hinaus wird das Handeln Gottes auch durch strukturelle Veränderungen auf verschiedenen Ebenen betont – beispielsweise der ethischen, sozialen und politischen. Auch hier wird die große theologische Nähe zwischen „Transformation" und „Öffentlicher Theologie" deutlich. Im akademischen Diskurs vereint Transformation dabei verschiedene Disziplinen der Sozialwissenschaften (besonders Soziologie und Soziale Arbeit) und Theologie (besonders

Praktische Theologie, Ethik, Missionswissenschaft, Diakoniewissenschaft und Spiritualität) und versucht sie fruchtbar in einen interdisziplinären Dialog zu führen. Dabei spielt sich Transformation nicht im „akademischen Elfenbeinturm" ab, sondern in einer ständigen Konfrontation von Theorie und Praxis, im Spannungsfeld zwischen akademischem Arbeiten und Forschen sowie dem konkreten Praxisfeld in Gesellschaft und Gemeinde. Dieser ständige Wechsel prägt das Thema Transformation und macht es zu einem spannenden Dialog. Zugleich wird deutlich, dass die angesprochenen Disziplinen eng miteinander zusammenarbeiten müssen, ja auf den gegenseitigen Dialog angewiesen sind. Transformation versucht daher theologische Antworten zu bieten auf die anfangs genannten Herausforderungen der Veränderungsprozesse einer Gesellschaft. Der indische Missionstheologe Vinay Samuel hat dies folgendermaßen beschrieben: „*Transformation ist die Ermöglichung, dass Gottes Vision in allen Beziehungen, sozialen, wirtschaftlichen und geistlichen, verwirklicht wird, dass Gottes Wille in der menschlichen Gesellschaft widergespiegelt wird und seine Liebe durch alle Gesellschaften erfahren wird, besonders von den Armen*" (Samuel/Sugden 2003:1).

Nach dieser aufgezeigten Verwandtschaft einer Öffentlichen Theologie und einer Transformationstheologie, soll nun gefragt werden, was dies für die zu Beginn der Einleitung aufgeworfene Frage nach einer Sprachfähigkeit innerhalb einer pluralistischen Gesellschaft bedeutet.

Lernfeld öffentlicher Raum

Welche Argumente sind in unserem aktuellen gesellschaftlichen und öffentlichen Raum plausibel? Der erste Reflex mancher Christinnen und Christen ist der Ruf nach der Wahrheit, aber gerade in einer pluralistischen Gesellschaft führt dieser Reflex nicht in die erwartete (Er-)Lösung, sondern in den Konflikt, da natürlicherweise jede Religion und selbst jede spirituelle Spielart von ihrem

Wahrheitsanspruch überzeugt ist. Jedoch gibt es verschiedene Möglichkeiten, wie die unterschiedlichen Akteure auf dem „religiösen Markt" miteinander umgehen. Entweder kommt es zu einem Wettstreit der Religionen (mit verschiedenen Mitteln und Intentionen) oder aber zu deren Vermischung oder gar Vereinheitlichung (Synkretismus). Beide Wege sind unseres Erachtens nicht zielführend. Ein dritter Weg nimmt in der Aufrechterhaltung einer kreativen Spannung Aspekte der ersten beiden Wege auf, wird aber durch eine andere Haltung getragen. Diese Haltung zeigt sich zuerst in der eigenen religiösen Identität. Wie jede Identität braucht diese, bei aller Offenheit, auch Grenzen und Abgrenzungen. Je sicherer Menschen in ihrer Identität sind, desto offener und angstfreier können sie sich mit Menschen anderer Überzeugungen, Erfahrungshorizonte und Weltanschauungen begegnen. Wenn Identität aber notwendig Grenzen braucht, wie ist es dann möglich, nicht ausgrenzend zu sein? Miroslav Volf hat schon in seinem modernen Klassiker „Von der Ausgrenzung zur Umarmung" gezeigt, wie die christliche Botschaft auf genau diese Frage eine Antwort hat und damit einen genuinen Beitrag zu Versöhnungsarbeit auf ganz unterschiedlichen Ebenen geben kann. Volf zeigt, wie die göttliche Selbsthingabe am Kreuz ein Modell für die Gestaltung von Identität sein kann und wie, bei aller Notwendigkeit von Grenzen, diese angesichts der Tatsache der Andersartigkeit der anderen und der Begegnung mit diesen immer wieder neu definiert werden müssen. Anders gesagt: Es braucht eine Identität, die sich ihrer Differenz bewusst ist, d.h. anerkennt, dass Menschen nicht einfach sind, sondern, dass sie gewissermaßen die Beziehung zu sich und anderen sind. Dies aber bedeutet, dass Menschen sich in einem steten Prozess des Werdens und Anders-Werdens befinden. Dieser Prozess ließe sich nur dann stillstellen, wenn es uns gelingen würde, das andere und die anderen vollkommen auszugrenzen und uns somit völlig zu isolieren. Nach Volf ist es somit entscheidend, ob Nachfolger Christi in sich einen Raum für andere und anderes öffnen. Dies ist ein feiner Balanceakt, der immer wieder überprüft und reflektiert werden muss.

Wer macht dann aber den Unterschied aus? Nicht mehr diejenigen, die die Wahrheit am lautesten verkünden, sondern diejenigen, die Frieden und Versöhnung stiften. Dabei sind Frieden und Wahrheit keine Gegensätze, sondern bedingen sich. Dazu müssen jedoch die klassischen objektivistischen und subjektivistischen Verständnisse von Wahrheit überwunden werden, zugunsten eines relationalen Verständnisses von Wahrheit, das im Anspruch Jesu, die Wahrheit zu sein, begründet ist und sich im alttestamentlich-hebräischen Verständnis von Wahrheit bereits ausdrückt.[3] Wahrheit ist demnach nicht eine Sache, sondern eine Person. Das Erkennen der Wahrheit ähnelt damit weniger dem Erkennen einer Sache oder eines Sachverhalts, sondern mehr dem intimen und persönlichen Prozess des gegenseitigen Kennenlernens. Während Subjektivismus und Objektivismus immer eine erkenntnistheoretische Einbahnstraße bilden, liegt im Prozess des Kennenlernens eine nicht auflösbare Gegen- und Wechselseitigkeit: Ich erkenne nicht nur, sondern werde zugleich erkannt. Ein Erkenntnisprozess findet nur statt, wenn sich der Erkennende zugleich auch erkennen und verändern lässt. Wie Parker J. Palmer formuliert: *„Der Objektivismus sagt der Welt, was sie ist, statt darauf zu hören, was sie über sich selbst sagt. Der Subjektivismus ist der Entschluss, auf niemanden zu hören außer uns selbst. Aber die Wahrheit erfordert es, dass wir gehorsam aufeinander hören, auf das antworten, was wir hören, und das Band der Gemeinschaft der Treue [community of troth] anerkennen und neu knüpfen"* (Palmer 1993: 67).

Dass man im gemeinsamen Ringen um Wahrheit zu unterschiedlichen Einschätzungen gelangt, gerade auf dem Hintergrund unterschiedlicher Weltbilder und Religionen, ist sowohl theologisch als auch gesellschaftlich auszuhalten. Die Frage nach der Motivation und Haltung ist entscheidend. Wenn ich mich im öffentlichen Raum bewege, bin ich ein Akteur unter vielen, weshalb es nicht nur um das geht, *was* ich sage, also z. B. mein Verständnis des Evangeliums, sondern es geht auch darum, *wie* ich es sage. Jesus selbst bringt das „Was" mit dem „Wie" in Mt 7,12 zusammen: „Handelt den Menschen gegenüber in allem so, wie ihr es von ihnen euch gegenüber erwartet. Das ist es, was das Gesetz und die Propheten fordern." Diese Worte Jesu sind wie eine Brücke zwischen dem privaten und öffentlichen Bereich, dem Was und dem Wie.

Der christliche Glaube betrifft den ganzen Menschen, sowohl den persönlichen Glauben als auch das öffentliche Leben. Und so gehört gelebter Glaube mitten in unsere Stadt, zu den Menschen und in die öffentlichen Diskussionen. Spätestens seit die Verfolgung von Christen in der Öffentlichkeit zunehmend Gehör gefunden hat, ist vielen klar geworden, dass Glaube auch eine wichtige politische Dimension hat. Privat bedeutet auf Latein *abtrennen* und auch *berauben* und genau das passiert, wenn wir unseren Glauben „privat" verstehen. Denn Glaube ist zwar immer persönlich, aber nie privat. Sonst berauben wir uns der ureigenen Kraft des Evangeliums, das sich von jeher der öffentlichen Debatte gestellt hat und als Korrektiv zum gesellschaftlichen Mainstream sich besonders für die Schwachen, Benachteiligten und Ausgestoßenen eingesetzt hat. Das, was Bonhoeffer vorlebte, war politisch kritisch, ohne eigene Machtansprüche zu stellen. Schon Jesus betete für seine Jünger und sandte sie mitten in die Welt zu den Menschen: „*Ich bitte dich nicht, sie aus der Welt herauszunehmen; aber ich bitte dich, sie vor dem Bösen zu bewahren. So wie du mich in die Welt gesandt hast, habe ich auch sie in die Welt gesandt*" (Johannes 17,15+18).

Zu Person und Werk von Miroslav Volf

Miroslav Volf ist Professor für Systematische Theologie an der Yale University und Direktor des Yale Center for Faith and Culture, das zum Ziel hat, die Praxis des Glaubens in allen Bereichen des Lebens zu fördern und „theologische Ideen mit Beinen auszustatten". Er wuchs im kommunistischen Jugoslawien, im heutigen Serbien, als Kroate und Sohn eines Pfingstpastors auf und gehörte damit der Minderheit einer Minderheit an. Nach eigenen Aussagen hatte er daher nie den Luxus, den christlichen Glauben bloß als eine Ansammlung von wahren Glaubenssätzen zu betrachten. Er studierte Theologie zunächst in Osijek, danach am Fuller Seminar in den USA und promovierte und habilitierte schließlich, jeweils mit Auszeichnung, beim international anerkannten Tübinger Theologen Prof. Dr. Jürgen Moltmann. In die Zeit seiner Promotion fiel die für ihn und seine Theologie sehr prägende, zugleich aber sehr leidvolle Erfahrung des Militärdienstes in Jugoslawien.

Sein Buch „Von der Ausgrenzung zur Umarmung", das 1996 in englischer Sprache veröffentlicht wurde und von vielen als sein Hauptwerk angesehen wird, erregte internationale Aufmerksamkeit. Das Buch gewann nicht nur 2002 den angesehenen „Grawemeyer Award For Religion", sondern wurde auch von der christlichen Zeitschrift „Christianity Today" zu einem der 100 wichtigsten christlichen Bücher des 20. Jahrhunderts gewählt. Bevor es der Francke-Verlag in der deutschen Übersetzung herausgebracht hatte, wurde es z. B. schon ins Tschechische, Koreanische und in Mandarin übersetzt.

Zentrale Themen seiner Theologie sind Gottes bedingungslose Liebe, die trinitarische Natur Gottes, das Wesen christlicher Gemeinschaft, die Herausforderungen einer pluralistischen Gesellschaft, das Problem von Fremdheit und Ausschluss, das Kreuz Christi und die wichtige Rolle des Glaubens auch für die öffentlichen und gesellschaftlichen Dimensionen des Lebens.

Vor allem aber gilt Miroslav Volf als ein Brückenbauer, und ein Lebensthema ist der Dialog zwischen unterschiedlichen Traditionen, Denominationen und auch Religionen. So war er Mitglied des offiziellen Dialogs zwischen der internationalen Pfingstbewegung und dem Päpstlichen Rat zur Förderung der Einheit unter Christen, nahm aber auch teil am offiziellen jüdisch-christlichen Dialog. In den letzten Jahren beschäftigte ihn vor allem das oft angespannte Verhältnis zwischen Christen und Muslimen. Er war Mitverfasser der sogenannten „Yale Response", einer von über 300 angesehenen christlichen Leitern unterschriebenen öffentlichen Reaktion auf die Regensburger Rede von Papst Benedikt. Ein Ergebnis dieses Engagements ist auch das 2012 erschienene Buch „Allah. Eine christliche Antwort".

Miroslav Volf scheut dabei auch nicht den direkten Kontakt zur Politik. So war er bspw. Hauptredner beim Internationalen Gebetsfrühstück der Vereinten Nationen. Und gemeinsam mit dem britischen Ex-Premierminister Tony Blair unterrichtet er in Yale ein interdisziplinäres Seminar zum Thema „Glaube und Globalisierung". Wir haben Miroslav Volf als Gastdozenten in unseren Transformationsstudien persönlich kennen- und schätzenlernen dürfen. Sein umfangreiches Wissen, seine Forschungsarbeiten im Yale Center for Public Faith und seine integere Persönlichkeit machen ihn zu einem spannenden Gesprächspartner über die gesellschaftlichen und theologischen Fragen unserer Zeit. Das vorliegende Buch, in dem Miroslav Volf die Grundlinien einer Öffentlichen Theologie in gewohnt grandioser Weise darlegt, ist aus vielen Überlegungen, Gesprächen und Forschungen entstanden. Wir sind sehr froh, dass es nun auf Deutsch vorliegt und hoffen, dass es die Debatte um Öffentliche Theologie in Deutschland weiter voranbringt und viele Christinnen und Christen dazu ermutigt, sprachfähig(er) zu werden und öffentlich zu glauben.

Prof. Dr. Tobias Faix und Dr. Tobias Künkler
leiten gemeinsam das Institut empirica für Jugendkultur
und Religion an der CVJM-Hochschule Kassel
und das Institut für Transformationsstudien (ITS).

Literatur

Bach, Ulrich 2006. Ohne die Schwächsten ist die Kirche nicht ganz. Bausteine einer Theologie nach Hadamar. Neukirchen-Vluyn: Neukirchener Verlag.

Bedford-Strohm, Heinrich 2013. Position beziehen. Perspektiven einer öffentlichen Theologie. 3. Auflage. München: Claudius Verlag.

Berger, Peter L. 1980. Der Zwang zur Häresie. Religion in der pluralistischen Gesellschaft. Frankfurt: Fischer.

Berneburg, Erhard 2003. Das Verhältnis von Verkündigung und sozialer Aktion in der evangelikalen Missionstheorie. Brockhaus Verlag.

Bosch, David J. 2011. Ganzheitliche Mission. Theologische Perspektiven. Marburg an der Lahn: Francke.

Dressler, Bernhard 2006. Unterscheidungen: Religion und Bildung. Leipzig: Evangelische Verlagsanstalt.

Dreyer, Jaco S. 2011. Public theology and the translation imperative: A Ricoeurian perspective. HTS Teologiese Studies/ Theology 67(3). Online im Internet: URL: http://www.hts.org.za/index.php/HTS/article/viewFile/1157/2024 [PDF-Datei] [Stand 2015-02-22].

Forrester, Duncan B. 2004. The Scope of Public Theology. *Studies in Christian Ethics* 17, 5-19.

Forrester, Duncan B. 2010. *Forrester on Christian ethics and practical theology. Collected Writings on Christianity, India, and the social order.* Farnham/ Burlington: Ashgate.

Huber, Wolfgang 1973. *Kirche und Öffentlichkeit.* Stuttgart: Klett.

Joas, Hans 2012. Die Sakralität der Person. Eine Genealogie der Menschenrechte. 3. Auflage. Frankfurt: Suhrkamp Verlag.

Künkler, Tobias/Weißenborn, Thomas 2014. Exklusive Wahrheit oder inklusive Beliebigkeit? Auf der Suche nach einem dritten Weg. In: Meiß, Klaus/Weißenborn, Thomas (Hg.): Interkulturelles Zusammenleben. Jahrbuch 2014. Marburger Bildungs- und Studienzentrum. Marburg: Francke. 27-48.

Moltmann, Jürgen 1985. Gott in der Schöpfung. Ökologische Schöpfungslehre. München: Kaiser.

Moltmann, Jürgen 1997. Gott im Projekt der modernen Welt: Beiträge zur öffentlichen Relevanz der Theologie, Gütersloh: Gütersloher Verlagshaus.

Palmer, Parker J. 1993. To Know As We Are Known. Education As A Spiritual Journey. New York: HarperOne.

Samuel, Vinay/Sugden, Chris 2003. Mission as Transformation, A Theology of the Whole Gospel. 7. Aufl., Oxford: Regnum.

Schlag, Thomas 2012. Öffentliche Kirche. Grunddimensionen einer praktisch-theologischen Kirchentheorie. Zürich: TVZ.

Volf, Miroslav 2012. Von der Ausgrenzung zur Umarmung: Versöhnendes Handeln als Ausdruck christlicher Identität. Hg. von Tobias Faix, Thomas Weißenborn & Peter Aschoff. Marburg an der Lahn: Verlag der Francke-Buchhandlung.

Einleitung

Heute toben Debatten über die Rolle der Religionen im öffentlichen Leben, und es ist nicht schwer zu sehen, warum. Erstens wachsen Religionen – Buddhismus, Judentum, Christentum, Islam usw. – zahlenmäßig an, und ihre Mitglieder weltweit sind immer weniger bereit, ihre Überzeugungen und die Ausübung der Religion auf die Privatsphäre von Familie oder religiöser Gemeinschaft zu beschränken. Stattdessen möchten sie, dass diese Überzeugungen und Praxis das öffentliche Leben beeinflussen. Vielleicht engagieren sie sich parteipolitisch und versuchen Gesetzgebungsverfahren zu beeinflussen (wie die religiöse Rechte es in den Vereinigten Staaten seit der Präsidentschaft von Reagan getan hat), oder sie konzentrieren sich darauf, die moralische Struktur der Gesellschaft durch religiöse Erweckung zu verändern (das scheint die religiöse Rechte seit Obamas Präsidentschaft zu tun). So oder so versuchen viele religiöse Menschen das öffentliche Leben so zu beeinflussen, dass es ihrer Anschauung vom guten Leben entspricht.

Zweitens lassen sich in der heutigen globalisierten Welt Religionen nicht mehr säuberlich getrennten geografischen Bereichen zuordnen. In dem Maß, wie die Welt schrumpft und die wechselseitige Abhängigkeit der Menschen wächst, werden glühende

Anhänger unterschiedlicher Religionen sich ein und denselben Raum teilen. Aber wie leben solche Menschen zusammen, besonders dann, wenn sie alle das öffentliche Leben nach den Vorgaben ihrer eigenen heiligen Texte und Traditionen prägen wollen? Im Blick auf die öffentliche Rolle der Religionen ist die vorherrschende Furcht die von der Bevormundung – eine Glaubensrichtung zwingt Aspekte ihrer Lebensweise anderen auf. Religiöse Menschen fürchten dieses Diktat – Muslime fürchten die Christen, Christen die Muslime, Juden fürchten beide, Muslime fürchten Juden, Hindus die Muslime, Christen die Hindus und so weiter. Konfessionslose, die sich keiner der traditionellen religiösen Glaubensrichtungen zurechnen, befürchten religiöse Bevormundung – von jeder Glaubensrichtung – zumal sie dazu neigen, alle für irrational und gefährlich zu halten.

Die Furcht, religiöse Ansichten diktiert zu bekommen, führt häufig zu Forderungen nach der Unterdrückung religiöser Stimmen in der Öffentlichkeit. Die Menschen, die diese Ansicht vertreten, argumentieren, dass Politik, der eine große, öffentliche Bereich, „vom Licht der Offenbarung unerleuchtet bleiben" und von menschlicher Vernunft allein geleitet werden solle, wie Mark Lilla das jüngst ausdrückte.[1] Das ist die Idee des säkularen Staates, die der Westen in den vergangenen Jahrhunderten entwickelt hat.

Religiöser Totalitarismus

Im Gegensatz zu denen, die der Auffassung sind, Religion solle sich aus der Politik heraushalten, werde ich in diesem Buch dafür plädieren, dass religiöse Menschen die Freiheit besitzen sollten, ihre Anschauung vom guten Leben in die Öffentlichkeit zu tragen – in die Politik ebenso wie in andere Bereiche des öffentlichen Lebens. Darüber hinaus bin ich der Meinung, dass es eine Form von Unterdrückung darstellen würde, sie davon abzuhalten. Aber sobald jemand so zu argumentieren beginnt, warnen andere schon vor religiösem Totalitarimus.[2]

In den Augen vieler heutiger Säkularisten zeigt der militante Islam, wie ihn etwa Sayyid Qutb repräsentiert, wie Religionen, wenn man sie gewähren ließe, sich in der Öffentlichkeit gebärden würden. Das stellt ein schwerwiegendes Missverständnis der Religionen dar, aber es ist das Gespenst, das in den Diskussionen über die öffentliche Rolle der Religionen herumspukt. Um diesen „Geist" klar in den Blick zu bekommen, werde ich Qutbs Position kurz skizzieren. Er hat sie in *Milestones* dargelegt, einem kurzen und revolutionären Buch, das er im Gefängnis verfasste (1954–64), das ihm 1966 die Todesstrafe einbrachte. Qutb wurde als der „Pate des radikalen Islam" bezeichnet; was Marx für den Kommunismus war, sagt man, ist Qutb für den radikalen Islam. Das ist eine Übertreibung. Es ist jedoch wahr, dass er „der wesentliche Einfluss auf das Weltbild radikaler Bewegungen in der muslimischen Welt" gewesen ist.[3] Für mich ist er der eindrücklichste und gegenwärtig einflussreichste Repräsentant dessen, was ich als religiösen Totalitarismus beschreiben würde – intellektuell rigoroser als zeitgenössische christliche Vertreter des religiösen Totalitarismus, etwa die Anhänger des sogenannten „Dominionismus".[4] Die Position, für die ich mich in diesem Buch einsetzen werde, wird eine Alternative sein sowohl zum völligen säkularistischen Ausschluss aller Religionen aus dem öffentlichen Leben als auch zu Qutbs völliger Durchdringung des öffentlichen Lebens mit einer einzelnen Religion.

Ich bin Christ und Qutb ist Muslim. Aber der Kontrast, den ich zeichne, besteht nicht zwischen christlichen und islamischen Positionen. Für eine große Mehrheit der Muslime ist Qutbs Position gänzlich unannehmbar, da sie weder den autoritativen Quellen des Islam entspricht, noch der jahrhundertelangen Erfahrung von Muslimen mit einer ganzen Palette politischer Arrangements in vielen Teilen der Welt. Vielmehr besteht der Kontrast zwischen religiösem politischen Pluralismus und religiösem Totalitarismus. Die Position, die ich hier als „religiösen politischen Pluralismus" bezeichne, entwickelte sich zwar innerhalb des Christentums, aber sie ist nicht *die* christliche Position. Nicht alle Christen stimmen ihr zu, und manche haben sich ihr in den vergangenen Jahrhunderten hartnäckig widersetzt. Umgekehrt sind es unter allen glaubenden Menschen nicht allein die Christen, die sich heute für religiösen politischen Pluralismus aussprechen. Viele Juden, Buddhisten und Muslime vertreten das, unter anderen, auch.[5] Qutbs Argumentation lässt sich folgendermaßen skizzieren:

1. Da es „keinen Gott außer Gott" gibt – *die* grundlegende Überzeugung der Muslime – hat Gott auf Erden die absolute Souveränität. Für traditionell geprägte Juden und Christen ist das, nicht weniger als für Muslime, ein unbestrittener Anspruch. Aber viele Anhänger abrahamitischer Religionen betrachten die Schlussfolgerungen, die Qutb daraus zieht, als zutiefst problematisch.

2. Dass Gott allein Gott ist, bedeutet für Qutb, dass alle Autorität von Menschen – ob nun Priester, Politiker oder gewöhnliche Leute – über andere illegitim ist. Jede menschliche Autorität (außer der des Propheten Mohammed als Gottes Sprachrohr) ist ein Götze, und sie schränkt Gottes Einheit und Souveränität ein.

3. Weisung, wie man sein persönliches Leben zu führen hat und wie man das öffentliche Leben organisieren soll, kommt allein von Gott (so wie er sich durch den Propheten Mohammed offenbart hat). So wie der eine Gott „es nicht verzeiht, wenn man seine Person [mit einer anderen Gottheit] in Verbindung bringt," so „akzeptiert [Gott] auch keine Verbindung seiner offenbarten Lebensweise"[6] mit einer anderen. Geboten zu gehorchen, die aus einer anderen Quelle als von Gott stammen, ist ebenso Götzendienst, wie eine andere Gottheit zu verehren.

4. Der Islam ist keine Sammlung von Glaubenssätzen, sondern eine Lebensweise in völliger Unterwerfung unter die Herrschaft des einen Gottes. Die Gemeinschaft der Muslime ist „der Name einer Gruppe von Menschen, deren Gebräuche, Ideen und Konzepte, Regeln und Vorschriften,

Werte und Kriterien alle aus der Quelle des Islam abgeleitet wurden."[7]

Qutb fasst die interne Verfasstheit der muslimischen Gemeinschaft folgendermaßen zusammen: „Kein Gott außer Gott" bedeutet „keine Souveränität außer Gottes Souveränität, kein Gesetz außer Gottes Gesetz, und keine Autorität eines Menschen über den anderen, da Autorität in jeglicher Hinsicht nur Gott zusteht.[8] Eine Gemeinschaft, die diese Prinzipien als Lebensweise annimmt, ist eine muslimische Gemeinschaft. Sie ist exklusiv und ihre Regeln bestimmen alle Aspekte des Lebens ihrer Mitglieder. Das ist die innere Verfassung. Wie verhält sich das nach außen?

1. Muslime sind aufgerufen, sich völlig abzusondern von Gemeinschaften, die Gottes Weisung augenscheinlich nicht kennen.
2. Da Gott einer ist und der Schöpfer, ist das Gesetz Gottes, das das persönliche und gemeinschaftliche Leben der Menschen regelt, so wie es der Prophet Mohammed formuliert hat, nicht weniger allgemeingültig als die sogenannten Naturgesetze; beides gilt immer und überall.
3. „Die vornehmste Pflicht des Islam in dieser Welt ist es, die *Dschahiliyyah* [Unkenntnis göttlicher Weisung] aus der Menschenführung zu verdrängen und die Führung in die eigenen Hände zu nehmen und jene bestimmte Lebensweise durchzusetzen, die ihr dauerhaftes Merkmal ist."[9]
4. Muslime sind dazu aufgerufen, den Glauben anzunehmen, dass es „keinen Gott außer Gott" gibt – ein Glaube, der freiwillig angenommen werden muss, da es in der Religion keinen Zwang gibt.

Das Diktat der Herrschaft des einen Gottes, wie ihn der Prophet Mohammed darstellt, in der ganzen Welt – das ist die Mission des politischen Islam, wie Qutb ihn auslegt. Es kann religiöse Freiheit recht verstanden nur innerhalb einer politischen Ordnung geben, die die muslimische Lebensweise verkörpert. Der politische Islam ist religiös an seiner Basis, und im Unterschied zum Hauptstrom des Islam ist er aggressiv totalitär in seinem Charakter.[10] „Es gibt nur einen Ort auf der Erde, den man die Heimat des Islam nennen kann (Dar-Ul-Islam)", schreibt er in der Zusammenfassung seiner Position,

> „und das ist jener Ort wo ein islamischer Staat errichtet wird, die Scharia die Autorität ist und Gottes Grenzen beachtet werden, und alle Muslime die Angelegenheiten des Staates in gegenseitigem Benehmen handhaben. Der Rest der Welt ist die Heimat der Feindschaft (Dar-ul-Harb).[11]

Noch einmal die Erinnerung: das ist nicht *die* islamische Position. Die große Mehrheit der Muslime – einschließlich der einflussreichsten religiösen und säkularen Gelehrten – stimmen ihr nicht zu. Dies ist eine extremistische Variante der islamischen Position, deren Urheber kein ausgebildeter islamischer Theologe war. Sie fungiert für mich hier als ein Beispiel für die Art von religiösem Totalitarismus, den Angehörige verschiedener Glaubensrichtungen, einschließlich der Christenheit, in der Vergangenheit befürwortet haben und heute immer noch befürworten.[12]

Auf dem Weg zu einer Alternative

In diesem kleinen Band entwerfe ich eine Alternative sowohl zur totalitären Sättigung des öffentlichen Lebens mit einer einzigen Religion als auch zum säkularen Ausschluss aller Religionen aus dem öffentlichen Leben. Ich schreibe als christlicher Theologe an Nachfolger Christi. Ich schreibe nicht als allgemein religiöser Mensch an Anhänger jeglicher Religion, ein Projekt, das von Beginn an zum Scheitern verurteilt wäre. Um bei Qutbs Beispiel zu bleiben: Es ist die Aufgabe muslimischer Gelehrter, spezifisch islamische Alternativen zu Qutb zu erarbeiten. Meine Aufgabe ist es, eine Vorstellung von der Rolle der Nachfolger Jesu Christi im öffentlichen Leben zu entwickeln, einer Rolle, die ausreichend Abstand hält zu den Gefahren von Ausschluss oder Sättigung.

Einer der am breitesten diskutierten christlichen Texte zum Verhältnis von Religion und Kultur, einschließlich der Politik, ist H. Richard Niebuhrs *Christ and Culture*.[13] Niebuhr schrieb Mitte der Fünfzigerjahre und analysierte fünf christliche Haltungen der Kultur gegenüber: Christus gegen Kultur, der Christus der Kultur, Christus über Kultur, Christus und Kultur im Paradox und Christus, der die Kultur verwandelt. Würden wir Niebuhrs Kategorien anwenden, so könnte man sagen, dass Qutbs Position eine Kombination des sektiererischen „Religion gegen Kultur" und des politischen Aktivismus von „Religion, die Kultur verwandelt" ist, mit der Zielsetzung, die Identität von Religion und Kultur herzustellen.

Wie Niebuhrs Typologie nahelegt, gibt es in der christlichen Tradition – und in gewisser Weise trifft das auch auf andere Religionen zu – mehr als einen Weg, Religion in Beziehung zu Kultur zu setzen. Und Niebuhrs verschiedene Typen sind breit und abstrakt genug, um als die Idealtypen fungieren zu können, als die er sie versteht. Die tatsächlichen Vertreter dieser fünf Haltungen der Kultur gegenüber sind weniger klar umrissen und tendieren dazu, Elemente aus mehr als einer Kategorie zu vereinen.

Ich behaupte in diesem Buch, dass es mehr als einen einzigen Weg gibt, wie sich der christliche Glaube zu Kultur insgesamt verhält und verhalten sollte (vgl. Kapitel 5). Die Beziehung zwischen Glaube und Kultur ist dafür zu komplex. Glaube steht im Widerspruch zu manchen Elementen der Kultur und in Distanz gegenüber anderen. In manchen Aspekten ist der Glaube identisch mit Elementen einer Kultur und darauf bedacht, viele andere auf vielfältige Weise zu transformieren. Außerdem kann sich die Haltung des Glaubens einer Kultur gegenüber im Laufe der Zeit verändern, so wie sich auch die Kultur verändert. Wie also bestimmt sich die Haltung des Glaubens gegenüber einer Kultur? Sie bestimmt sich – oder sollte sich bestimmen – vom Zentrum des Glaubens aus, durch ihren Bezug zu Christus als dem göttlichen Wort, das Fleisch geworden ist, und als dem Lamm Gottes, das die Sünde der Welt wegnimmt.

Das Zentrum des christlichen Glaubens legt ein Verhältnis zur umgebenden Kultur nahe, das sich mit den folgenden sechs Punkten grob beschreiben lässt:

1. Christus ist das Wort Gottes und das Lamm, das in die Welt gekommen ist zum Wohl aller Menschen, die alle Gottes geliebte Geschöpfe sind. Christlicher Glaube ist daher ein „prophetischer" Glaube, der darauf aus ist, die Welt zu heilen. Ein untätiger oder überflüssiger Glaube – ein Glaube, dem es nicht darum geht, die Welt zu heilen – ist ein Glaube mit einer gravierenden Funktionsstörung (vgl. Kapitel 1 und 2). Der Glaube sollte in allen Bereichen des Lebens aktiv sein: Bildung und Kunst, Wirtschaft und Politik, Kommunikation und Unterhaltung und vieles mehr.

2. Christus kam, um die Welt zu erlösen, indem er predigte, Menschen aktiv half und den Tod eines Verbrechers um der Gottlosen willen starb. In allen Aspekten seines Wirkens war er ein Überbringer der Gnade. Ein erzwungener Glaube – ein Glaube, der sich und seine Lebensweise anderen durch Zwang jeglicher Art aufdrängt – ist ebenfalls ein Glaube mit ernsthafter Fehlfunktion (vgl. Kapitel 1 und 3).

3. Was das Leben in der Welt angeht, bedeutet Christus nachzufolgen, für andere zu sorgen (so wie für sich selbst) und auf ihr Wohlergehen bedacht zu sein, sodass das Leben für alle gut verläuft und dass alle lernen, ihr Leben gut zu führen (vgl. Kapitel 4). Eine Vorstellung vom gelingenden Leben und dem Gemeinwohl ist der wichtigste Beitrag des christlichen Glaubens zur öffentlichen Debatte.

4. Da die Welt Gottes Schöpfung ist und das Wort in sein Eigentum kam, auch wenn die Seinen ihn nicht aufnah-

men (Johannes 1,11), kann die angemessene Haltung der Christen weder uneingeschränkte Opposition sein noch die völlige Umgestaltung. Eine sehr viel komplexere Haltung ist nötig – die ihrer Annahme, des Widerspruchs gegen sie, des Lernens von ihr, ihrer Veränderung, des Untergrabens oder des Umfunktionierens verschiedener Elemente einer innerlich differenzierten und sich rasch wandelnden Kultur (vgl. Kapitel 5).

5. Jesus Christus wird im Neuen Testament als ein „treuer Zeuge" beschrieben (Offenbarung 1,5) und seine Nachfolger verstanden sich selbst als Zeugen (z. B. Apostelgeschichte 5,32). Christen bewirken das Wohl anderer Menschen nicht dadurch, dass sie anderen ihre Anschauung von menschlichem Wohlergehen und vom Gemeinwohl aufdrängen, sondern indem sie Christus bezeugen, der das gute Leben verkörpert (vgl. Kapitel 6).

6. Christus kam nicht mit einer Blaupause für politische Arrangements; viele Arten politischer Arrangements sind kompatibel mit dem christlichen Glauben, von der Monarchie bis zur Demokratie. Aber in einem pluralistischen Kontext impliziert das Gebot Christi, „in allen Dingen andere so zu behandeln, wie ihr möchtet, dass sie euch behandeln" (Matthäus 7,12), dass Christen anderen religiösen Gemeinschaften dieselben politischen und religiösen Freiheiten zugestehen, die sie für sich selbst beanspruchen. Anders formuliert: Christen, und zwar auch jene, die ihrer religiösen Überzeugung nach Exklusivisten sind, sollten sich den Pluralismus als politisches Projekt auf die Fahnen schreiben (vgl. Kapitel 7).[14]

Das ist, grob skizziert, die Alternative, die ich zum religiösen Totalitarismus vorschlage, und darin lässt sich der wesentliche Inhalt dieses Buches zusammenfassen. Auf den folgenden Seiten möchte ich drei Fragen nachgehen:

1. In welcher Hinsicht weist der christliche Glaube in der heutigen Welt Fehlfunktionen auf und wie sollten wir diese abstellen?
2. Worauf sollten Nachfolger Christi heute besonders bedacht sein, wenn sie versuchen, in der heutigen Welt gut zu leben (Kapitel 4)?
3. Wie sollten Nachfolger Christi sich an die Umsetzung ihrer Vision vom guten Leben in der heutigen Welt machen, im Verhältnis zu anderen Glaubensrichtungen und gemeinsam mit unterschiedlichen Menschen, mit denen sie unter dem Dach eines gemeinsamen Staates leben (Kapitel 5-7)?

Indem ich versuche, diese einfachen Fragen zu beantworten, ist es mein Ziel, eine Alternative aufzuzeigen sowohl zur säkularen Verdrängung der Religion aus der Öffentlichkeit als auch gegenüber allen Formen des „religiösen Totalitarismus" – eine Alternative, die nicht in der Abschwächung christlicher Überzeugungen besteht, sondern darin, sie nachdrücklich zu bekräftigen und fröhlich zu leben.

Teil 1

Fehlfunktionen des Glaubens beheben

1

Fehlfunktionen des Glaubens

Wenn ich das Yale Center für Glaube und Kultur, das ich leite, einem Publikum zum ersten Mal vorstelle, zeige ich oft das Siegel des Zentrums. Dort ist ein offenes Buch abgebildet mit einer leeren Seite und einem grünen Blatt. Ich frage meine Zuhörer, was sie sehen.

„Neues Leben, das aus einem Buch entspringt?", fragt vielleicht jemand. Jemand anders meint vielleicht: „Das Buch ist das Buch des Lernens."

„Warum nicht beides?", wirft ein Dritter ein und verweist darauf, dass die Symbole mehrere Bedeutungen haben können und dass der Name des Zentrums sowohl Glaube als auch Kultur enthält.

„Und was ist das grüne Blatt", frage ich dann.

„Es steht für eine vitale Kultur, die aus der Schrift erwächst, aus dem Glauben", sagt wieder jemand, der versucht, alle Punkte zu verbinden.

„Ja", antworte ich und fahre fort: „Die Abbildung des Blattes wurde inspiriert von dem Baum, der am Ende des Buches der Offenbarung erwähnt wird, dessen Blätter der ‚Heilung der Völker‘ dienen.“ Darum geht es uns in diesem Zentrum – die christliche Glaubenspraxis in allen Lebensbereichen zu fördern, damit alles, was in unserem persönlichen Leben und unseren Kulturen kaputt ist, geheilt werden kann und wir alle als Gottes Geschöpfe gedeihen – endlich, zerbrechlich, mangelhaft und in alledem herrlich. Wichtiger noch: Darum geht es dem christlichen Glauben als prophetischer Religion.

Fehlfunktionen

Im Laufe der langen Geschichte des Christentums – voller bemerkenswerter Errungenschaften seiner Heiligen und Denker, Künstler und Baumeister, Reformatoren und gewöhnlichen Leute – ist der christliche Glaube manchmal daran gescheitert, nach seinen eigenen Maßstäben als prophetische Religion zu leben. Allzu oft trägt er weder dazu bei, dass die Welt heil wird, noch hilft er einzelnen Menschen, sich zu entfalten. Im Gegenteil, er scheint Dinge in Stücke zu schlagen, das Neue und Schöne zu ersticken, noch bevor es Wurzeln schlagen kann, und das Gute und Wahre mit den Füßen zu treten. Wenn das geschieht, ist der Glaube keine Quelle des frischen Wassers mehr, die das gute Leben üppig sprießen lässt, sondern ein vergifteter Brunnen, schädlicher für alle, die aus ihm trinken als jedes Laster – so bezeichnete es Friedrich Nietzsche, ein scharfer Kritiker des Christentums, in seinem letzten und zornig-prophetischen Buch *Der Antichrist*.[1]

Zugegeben, manche schädlichen Wirkungen des Glaubens können weitgehend auf unterschiedliche Standpunkte zurückgeführt werden. Nietzsche zum Beispiel gab der Macht einen hohen Stellenwert und verspottete daher das Christentum für sein „Mitleiden der That mit allen Mißrathnen und Schwachen“[2]. Aber im direkten Vergleich zwischen Nietzsches Macht und Christi

Mitleid erscheint der Glaube am Ende nur dann abträglich, wenn man Nietzsches Anti-Glauben höher schätzt.

Oder nehmen wir ein konkretes Thema wie etwa Abtreibung. Wenn man denkt, dass ungeborenes Leben menschlich ist und deswegen heilig, dann wird ein Glaube, der die Entscheidung der Mutter über die Achtung des ungeborenen Lebens stellt, selbstsüchtig, unterdrückerisch, gewalttätig und sogar mörderisch erscheinen, da wo menschliches Leben am verletzlichsten ist.[3] Wenn man umgekehrt denkt, dass ein ungeborenes Leben noch kein menschliches Wesen ist, wird ein Glaube, der dieses Leben zu schützen sucht, während er das Wohlbefinden seiner Mutter gegen deren Willen preisgibt, als verächtlich, bedrückend und manchmal sogar gewaltsam der Mutter gegenüber erscheinen.[4]

Nicht jedes Versagen der Christenheit jedoch ist lediglich eine Frage des Standpunktes. Wenn wir uns die Frage stellen, wie Nachfolger Christi dem Gemeinwohl dienen können, ist es wichtig, diese schädlichen Wirkungen im Gedächtnis zu behalten. Ich nenne sie „Fehlfunktionen". In diesem und den beiden folgenden Kapiteln werde ich einigen dieser Fehlfunktionen christlichen Glaubens nachgehen. Ich werde nicht die Bedenken all derer ansprechen, die glauben, dass Religion an sich und der christliche Glaube im Besonderen, eine einzige große Fehlfunktion menschlichen Geistes und menschlicher Kultur ist – Leute, die ihr Gedankengut von den großen kontinentalen Religionskritikern wie Ludwig Feuerbach, Karl Marx, Friedrich Nietzsche oder Sigmund Freud beziehen. Für sie gibt es keinen Himmel, durch den man aufsteigen, und keinen Gott, dem man begegnen könnte; es gibt nur die Welt, dieses unermesslich weite und kalte Universum. Dazu kommt: Schlimmer noch als zu glauben, dass es einen Höchsten gibt, wenn es diesen einen tatsächlich gar nicht gibt, ist es, mit unerschütterlichem, aus dem Glauben an das Absolute geborenen Starrsinn darauf zu bestehen, die Welt nach den Vorschriften eines nichtexistenten Gottes zu gestalten. Vom Standpunkt dieser Kritiker aus erscheint Religion als der Gipfel zwanghafter Unvernunft. Aber ich werde mich hier nicht mit Religion als Defekt beschäftigen; mir geht es um die Fehlfunktionen von Religion, insbesondere die des christlichen Glaubens.

Im Teil 2 dieses Buches werde ich darlegen, dass es für Christen wichtig ist, sich an Gott zu orientieren, um Fehlfunktionen des Glaubens abzuwehren, und an einem angemessenen Verständnis menschlichen Gedeihens. Denn darum geht es dem christlichen Glauben als prophetischer Religion letzten Endes – ein Werkzeug Gottes für gelingendes menschliches Leben zu sein, in diesem Leben und dem künftigen.

Prophetische Religionen

Um die Fehlfunktionen des christlichen Glaubens recht zu verstehen, kann es hilfreich sein, sich die alte Unterscheidung zwischen prophetischen und mystischen Typen von Religion zu vergegenwärtigen. Erstere treten für eine aktive Umgestaltung der Welt ein, Letztere ermuntern die Seele, sich zu Gott zu flüchten.[5]

In einem Kommentar zum unter Muslimen weit verbreiteten Glauben, dass der Prophet Mohammed von der Stelle, wo in Jerusalem heute der Felsendom steht, durch die sieben Himmel in die Gegenwart Gottes aufstieg, sagte Abdul Quddus von Gangoh: „Mohammed aus Arabien stieg zum höchsten Himmel hinaus und kehrte zurück. Ich schwöre bei Gott: Hätte ich diesen Ort erreicht, ich wäre nie zurückgekehrt." Quddus' Satz offenbart die grundlegende Differenz zwischen den prophetischen und den mystischen Religionstypen. In den Worten des pakistanischen muslimischen Philosophen und Staatsmannes Muhammad Iqbal († 1938), aus dessen Buch *Die Wiederbelebung des religiösen Denkens im Islam* ich das Zitat entnommen habe, klingt das wie folgt:

Der Mystiker wünscht nicht zurückzukehren aus der Ruhe der „Vereinigungserfahrung"; und selbst wenn er zurückkehrt, weil er muss, bedeutet seine Rückkehr nicht viel für die Menschheit im Großen und Ganzen. Die Rückkehr des

Propheten ist schöpferisch. Er kehrt zurück, um sich in den Strom der Zeit hineinzugeben in der Absicht, die Kräfte der Geschichte zu beherrschen und damit eine neue Welt von Idealen zu schaffen. ... Das Verlangen zu sehen, dass seine religiöse Erfahrung sich in eine lebendige Welt-Kraft verwandelt, steht für den Propheten an höchster Stelle. Daher läuft seine Rückkehr auf eine Art Praxistest für den Wert seiner religiösen Erfahrung hinaus.[6]

Wenden wir Iqbals Kommentar auf prophetische Religionen im Allgemeinen an und nicht nur konkret auf Mohammed, könnten wir zwar bekritteln, dass Propheten den Ehrgeiz haben sollten, „die Kräfte der Geschichte zu beherrschen", den strikten Primat des Verlangens im Leben des Propheten, religiöse Erfahrung „in eine lebendige Welt-Kraft" umzusetzen, oder den „ Praxistest für den Wert seiner religiösen Erfahrung". Trotzdem überzeugt Iqbals Grundaussage und sie ist außerhalb des Islams anwendbar: Prophetische Religionen sind darauf aus, die Welt im Namen Gottes zu verändern, anstatt aus der Welt hinaus in die Arme Gottes zu flüchten, so wie mystische Religionen es tun.

Wie der Hauptstrom des Islams und des Judentums ist das Christentum ein prophetischer Religionstyp. Die drei großen abrahamitischen Glaubensrichtungen (so werden sie manchmal genannt) unterscheiden sich leicht im Blick auf die Substanz der prophetischen Vision und die angemessene Art und Weise, wie sich der Prophet in der Welt einbringt, um diese Vision umzusetzen. Sie stimmen jedoch darin überein, dass eine authentische religiöse Erfahrung zu einer Kraft werden sollte, die sich in der Welt auswirkt. „Erfahrungen der Vereinigung" sind, selbst wenn man ihnen einen hohen Wert beimisst, kein Selbstzweck; sie dienen wenigstens zum Teil dazu, den Propheten in die Welt hineinzusenden. Auf „Aufstiege", auch wenn diese unverzichtbar sind, muss eine Rückkehr folgen.

Der hebräischen Bibel zufolge stieg Mose auf den Berg Sinai und kehrte mit den Tafeln des Gesetzes zurück (Exodus 14,12-

13; 32,15-16). Nach den Hadithen – authentischen Geschichten über den Gründer des Islams – stieg Mohammed hinauf bis in die unmittelbare Gegenwart Gottes und kehrte zurück, um seine weltverändernde Mission fortzuführen. Ein ähnliches Muster gilt in gewisser Hinsicht auch für Jesus Christus, der für Christen nicht nur ein Prophet ist, sondern das Fleisch gewordene Wort (Johannes 1,14): Er stieg auf den Berg der Verklärung und kehrte zurück, um eine Welt, die vom Bösen geplagt wurde, zu heilen (Matthäus 17,1-9; Markus 9,2-9; Lukas 9,28-37); noch grundlegender – Jesus kam „von oben" herab, um Heilung und Erlösung zu bringen (Johannes 8,23) und wird, nachdem er am Ende seines irdischen Weges zum Himmel aufgefahren ist, wieder zurückkehren, um diese Welt zu richten und zu verwandeln (z. B. Matthäus 25,31-46; 1. Thessalonicher 4,15-17; Offenbarung 21,1-8).

Der christliche Glaube hat eine Fehlfunktion, wenn er als mystische Religion praktiziert wird, in der dem Aufstieg eine unfruchtbare statt eine schöpferische Rückkehr folgt, eine Wiederkehr, die keinen positiven Sinn für die Welt hat, sondern nur das unvermeidliche Resultat davon ist, dass ein Mensch aus Fleisch und Blut die Erfahrung der Vereinigung nicht beliebig lange aufrechterhalten kann. Mystische Fehlfunktionen sind heute aber nicht das Problem. Obwohl mystische Glaubensrichtungen weiterhin existieren, gewinnen manche traditionell mystischen Glaubensrichtungen sogar eine prophetische Dimension dazu, wie das Beispiel des „engagierten Buddhismus" zeigt.[7] Was den christlichen Glauben betrifft, ist seine mystische Fehlfunktion derzeit selten und bleibt ohne nennenswerte Folgen. Wir können sie beiseitelassen, ohne Schaden befürchten zu müssen, und uns auf andere, schwerwiegendere Fehlfunktionen konzentrieren.

Aufstieg und Wiederkehr

Wie die Beispiele von Mose, Jesus und Mohammed zeigen, sind für prophetische Religionen sowohl „Aufstieg" als auch „Wiederkehr" entscheidend. „Aufstieg" ist der Punkt, an dem Repräsentanten prophetischer Religionen in der Begegnung mit dem Göttlichen ihre Botschaft empfangen und sich der Kern ihrer Identität bildet – ob durch die mystische Einigung mit Gott, durch prophetische Inspiration oder ein vertieftes Verstehen der heiligen Texte. Der Aufstieg ist das *rezeptive* Moment. „Wiederkehr" ist der Punkt, an dem im Austausch mit der Welt die Botschaft gesprochen, dargestellt, in Liturgien oder Institutionen gekleidet oder in Gesetze gegossen wird. Die Wiederkehr ist das *schöpferische* Moment.

Ich habe Aufstieg als rezeptiv und Wiederkehr als schöpferisch beschrieben. Die Beschreibungen sind in der Hinsicht angemessen, dass sie auf die hauptsächliche Stoßrichtung dessen abzielen, was sich in Aufstieg und Wiederkehr ereignet. Und doch ist „Aufstieg" nicht *nur* rezeptiv. Im Empfangen werden die Propheten selbst verwandelt – sie gelangen zu neuer Einsicht; ihr Charakter wird verändert. So ist der Aufstieg ausgesprochen schöpferisch – ein Fall von schöpferischer Empfänglichkeit. In ähnlicher Weise muss die „Wiederkehr" auch nicht rein schöpferisch sein – als beeinflussten die Propheten die Gesellschaft nur nach dieser einen Richtung. Sie können von diesem Prozess auch selber geprägt werden, in diesem Fall wäre die Wiederkehr ein Fall von rezeptiver Kreativität.

Wenn wir dieses komplexere Verständnis prophetischer Rezeptivität und Kreativität im Gedächtnis behalten, können wir sagen, dass es ohne einen „rezeptiven Aufstieg" keine verändernde Botschaft von Gott gäbe; ohne die „schöpferische Wiederkehr" gäbe es kein Engagement, das sich auf die Welt auswirkt. Zusammengenommen bilden „Aufstieg" und „Wiederkehr" das pulsierende Herz prophetischer Religion – zeigen sie doch, dass obwohl „prophetisch" und „mystisch" kontrastierende Typen von Religion sind, religiöse Erfahrungen und Engagement in der Welt beides wesentliche Bestandteile des prophetischen Religionstyps sind.

Bisher habe ich hauptsächlich über die Gründergestalten der

abrahamitischen Glaubensrichtungen gesprochen und deren allgemeinen Charakter als prophetische Religionen; ich habe die gewöhnlichen Gläubigen und ihre Anführer nicht erwähnt. Doch auch sie sind einbezogen. Damit eine Religion ihren prophetischen Charakter aufrechterhalten kann, müssen gewöhnliche Gläubige und ihre Anführer den Aufstieg und die Wiederkehr ihrer großen Gründergestalten auf ihre je eigene Weise nachvollziehen. Tatsächlich hängt der Charakter dieser Glaubensrichtungen als prophetische Religionen auf Dauer hauptsächlich von Aufstieg und Wiederkehr dieser gewöhnlichen Menschen ab. Die Gründergestalten legen die korrekten Funktionen einer Religion fest (intern definiert und unabhängig davon, ob Außenstehende die Religion als wahr und ihre korrekten Funktionen als heilsam anerkennen); gewöhnliche Gläubige und ihre Anführer setzen diese Funktionen im Verlauf der Geschichte entweder schöpferisch fort, oder sie führen zu einer Funktionsstörung der Religion – in der Regel tun sie beides gleichzeitig.

Als zwei Aspekte prophetischer Religion sind „Aufstieg" und „Wiederkehr" auch die beiden Punkte, an denen prophetische Religionen die ernsthaftesten Fehlfunktionen aufweisen. Entsprechend lassen sich zwei Kategorien von Fehlfunktionen benennen: „Fehlfunktionen des Aufstiegs" und „Fehlfunktionen der Wiederkehr".

„Fehlfunktionen des Aufstiegs"

Fehlfunktionen des Aufstiegs resultieren aus einem Scheitern in der Gottesbegegnung des Propheten oder beim Empfang der Botschaft. Es gibt zwei solcher Fehlfunktionen.

Funktionale Reduktion
Die erste Fehlfunktion des Aufstiegs besteht in der funktionalen Reduktion des Glaubens. Sie tritt ein, wenn Menschen, die

eine prophetische Religion praktizieren, den Glauben an die Bedeutung der Begegnung mit Gott *als Gott* verlieren und religiöse
Sprache dazu verwenden, Standpunkte und Praktiken zu fördern,
deren Inhalt und Antrieb nicht aus dem Glauben stammen oder
nicht integral mit dem Kern des Glaubens verbunden sind. Es ist
kein Aufstieg geschehen; stattdessen benutzt man einen vorgeb-
lichen Aufstieg und das Reden und Handeln im Namen Gottes
dazu, schon vorhandene erstrebenswerte Absichten voranzutrei-
ben. Solche „Propheten" nutzen aus, dass Gott für ihre Zuhörer
eine Autorität hat, die er für sie selbst längst verloren hat. Sie
haben den lebendigen Gott reduziert auf eine Funktion der religiösen Sprache des Propheten.

In der Mehrheit der Situationen ist die funktionale Reduktion nicht ein Fall schlechten Glaubens; selten legen es Repräsentanten prophetischer Religionen zynisch darauf an, Menschen
zu manipulieren, indem sie religiöse Symbole benutzen, die sie
selbst für hohl halten. Es geschieht etwas Subtileres. Allmählich
wird die Sprache über Gott von innen heraus ausgehöhlt, vielleicht durch Mangel an Vertrauen und inkonsequenten Gebrauch,
bis nur noch eine Schale übrig bleibt. Und dann wird diese Schale
für vermeintlich nützliche Zwecke verwendet. Die Propheten predigen, aber sie vertrauen ihrer eigenen Einsicht – vielleicht von
einem Körnchen psychologischer Weisheit befruchtet (Dr. Phil!)
oder einem Stück Sozialwissenschaft (Noam Chomsky!) – ohne
überhaupt damit zu rechnen, dass der Glaube zum Thema einen
eigenständigen Beitrag leisten kann. Ob bewusst oder nicht, damit liegt eine ernsthafte Funktionsstörung vor – vorausgesetzt,
wir verstehen den christlichen Glauben nicht als allgemeine moralische Belehrung, sondern als prophetischen *Glauben* an den
Schöpfer, Erlöser und Vollender der Welt.

In dem berühmten Abschnitt aus der *fröhlichen Wissenschaft*
über die Tötung Gottes – nicht des Todes Gottes, sondern der Er-
mordung Gottes! – beschreibt Nietzsche Kirchen unvergesslich
als „Grüfte und Grabmäler Gottes".[8] In einem wichtigen Sinne
(freilich nicht dem, der Nietzsche vorschwebte), werden Kirchen

und religiöse Sprache genau das, wenn der Aufstieg – funktionale Reduktion – nur ein vorgegebener ist: Wenn die Propheten den lebendigen Gott verlassen, verwandeln sich Kirchen und religiöse Sprache in Orte, an denen Gott früher einmal gewirkt, Menschen und deren soziale Wirklichkeit geprägt hat, an denen Gott aber jetzt tot daliegt, keine verwandelnde Wirklichkeit mehr, nur noch als topografische Erinnerung lebendig.

Der Ersatz durch Götzen

Die zweite Fehlfunktion des Aufstiegs ist der Ersatz durch Götzen.[9] Für den christlichen Glauben hängt viel davon ab, dass man den Willen des Einen, in dessen Namen die Propheten reden und handeln, richtig erkennt und heraushört. Aber Gott wohnt in unzugänglichem Licht, sagt das Neue Testament (1. Timotheus 6,16), und es ist bekanntermaßen schwer, die heiligen Texte zu interpretieren. Da sie sich mit der Welt im Namen Gottes auseinandersetzen müssen, es jedoch als schwierig, unbequem oder sogar gegen ihre tief sitzenden Überzeugungen empfinden, Gott richtig zu identifizieren und Gottes Willen zu erkennen, verwandeln Propheten Gott manchmal in ihrer Fantasie in eine Karikatur der wahren Gottheit. Das Gottesbild des Propheten verdunkelt die Wirklichkeit Gottes und nimmt deren Platz ein. Der Irrtum der Ersetzung durch einen Götzen ist eingetreten, und der Glaube erleidet eine schwere Funktionsstörung.

Denken Sie an das Paradebeispiel für Götzendienst in der hebräischen Bibel, die Geschichte vom goldenen Kalb: Mose war auf den Berg gestiegen, um bei Gott zu sein und von Gott „Tafeln aus Stein mit dem Gesetz und den Geboten" zur Unterweisung des Volkes zu empfangen (Exodus 24,12). Die Israeliten haben Mühe, auf Moses Rückkehr zu warten, also drängen sie Aaron, Götter für sie zu machen, „die vor uns hergehen sollen" (Exodus 32,1). Aaron sammelt Gold von den Israeliten, um „ein Kalb daraus zu gießen" als ihren Gott (Exodus 32,4). Als Mose vom Berg herabkommt und die Steintafeln trägt, auf die der Finger Gottes geschrieben hatte, wird er zornig über den Verrat. Die Israeliten haben Jahwe, der sie aus Ägypten befreit hatte, durch das goldene Kalb ersetzt.

Stellen Sie sich nun eine andere Szene vor. Aaron und die Israeliten warten geduldig und treu auf Moses Rückkehr. Schließlich sehen Sie ihn herankommen. Aber statt Steintafeln trägt er das goldene Kalb. Und dann hören sie ihn sagen: „Das sind deine Götter, Israel, die dich aus Ägypten herausgeführt haben" (Exodus 32,4). Nun hätte der Prophet selbst Gott durch einen Götzen ersetzt. Er hatte den Berg bestiegen, um Gott zu begegnen, aber er kam mit einem Götzenbild zurück. Unmöglich? Es passiert jeden Tag, und zwar den Besten unter den alltäglichen Propheten, wenn auch nicht auf so krasse Weise: Vielleicht bringen die Propheten Steintafeln vom Berg herab, aber zumindest Teile der Aufschrift lassen sich eher auf das goldene Kalb als auf den wahren Gott Israels zurückführen. Zum Beispiel verwandelt sich manchmal durch eine merkwürdige Alchemie der Satz „nimm dein Kreuz und folge mir nach" in „ich bringe den Siegertyp in dir heraus"[10], oder das Kreuz selbst – Symbol der schöpferischen Liebe, die Feindschaft überwindet, – wird zum Symbol von Zerstörung und Gewalt.

Fehlfunktionen der Wiederkehr

Jede Fehlfunktion des Aufstiegs ist zugleich auch eine Fehlfunktion der Wiederkehr. Ob Propheten nur angeblich zum Berg Gottes hinaufsteigen, oder ob sie vom Berg heruntersteigen mit etwas, das nach Gottes Wort aussieht, sächlich aber die Botschaft des goldenen Kalbes ist – auch die Wiederkehr hat Schaden genommen. Vielleicht verändern die Propheten die Welt, aber Gott hat an diesen Veränderungen keinen Anteil; sie verwandeln sie in ihrem eigenen Namen oder im Namen eines fremden Gottes.

Es gibt jedoch andere Fehlfunktionen des Glaubens, die nicht in erster Linie den Aufstieg betreffen, aber dennoch die Integrität der Wiederkehr beeinträchtigen. Diese „Fehlfunktionen der

Wiederkehr" erscheinen vorwiegend in zwei Formen: untätigem Glauben oder einem übergriffigen Glauben. Sie entsprechen grob den beiden Arten von Sünde, die man in der christlichen Tradition kategorisiert hat als Unterlassungssünden, bei denen wir es versäumen, das zu tun, was wir sollten, und Tatsünden, bei denen wir das tun, was wir nicht tun sollten.[11] In diesem Buch beschäftige ich mich vorwiegend mit der Untätigkeit des Glaubens oder mit Glauben, der mit Zwang arbeitet. Ich werde das in Kapitel 2 und 3 erläutern. Hier erwähne ich diese Konzepte, um sie einzuführen und in den größeren Rahmen der Fehlfunktionen des christlichen Glaubens als prophetischer Religion einzuordnen.

Untätiger Glaube

Die erste Fehlfunktion der Wiederkehr ist ein *untätiger Glaube*. Ein wesentliches Anliegen des christlichen Glaubens ist es, das Leben von Einzelnen und Gemeinschaften zu prägen. Doch in vielen Lebensbereichen bleibt der Glaube wirkungslos, er dreht durch wie das Rad eines Autos, das im Schnee feststeckt. Zugegeben, der Glaube ist nie ganz und gar untätig – wäre er das, würde man ihn bald aufgeben, denn ein Glaube, der nichts bewirkt, bedeutet auch nichts.

Manchmal bleibt der Glaube aufgrund einer Versuchung untätig. Sogar Menschen, die hohe moralische Ansprüchen an sich stellen, erliegen Versuchungen: Betrug im Geschäft, Untreue in der Ehe, Plagiate im Wissenschaftsbetrieb, Missbrauch priesterlicher Autorität oder eine Vielzahl anderer Vergehen. Der Glaube verlangt Christen eine integere Lebensführung ab, aber wir erleben, wie machtlos wir gegenüber den Verlockungen des Bösen sind. Begrenzt, zerbrechlich und fehlbar, wie wir sind, erliegen wir leicht dem Reiz von Macht, Besitz oder Ruhm.

Nachzugeben ist so alt wie die Menschheit – aber der Sieg über die Versuchung ebenso. Um integer zu leben, ist es wichtig zu wissen, was richtig ist und was falsch, moralisch gebildet zu sein. Wissen allein ist jedoch nicht genug. Ein tugendhafter Charakter ist wichtiger als moralisches Wissen. Der Grund ist einfach: Wie schon der Apostel Paulus in seinem Bekenntnis in Römer 7 von sich sagt, wissen die meisten von uns, die Unrecht tun, was richtig ist, fühlen sich aber unwiderstehlich angezogen vom Gegenteil. Wenn der Charakter verkümmert, läuft der Glaube ins Leere.

In unserer modernen Welt bleibt der Glaube vielleicht noch öfter aufgrund der Macht von Systemen wirkungslos. Der Reiz der Versuchung wird verstärkt durch die Macht der Systeme, die uns umgeben und in denen wir mitwirken. So verhält es sich in den meisten Lebensbereichen, aber vielleicht am häufigsten in dem fast allgegenwärtigen Markt, sei es der Markt der Ideen, Waren und Dienstleistungen, politischen Einflussnahme oder der Massenkommunikation.

Vor mehr als einem Jahrhundert schloss Max Weber seinen Klassiker „Die protestantische Ethik und der Geist des Kapitalismus", indem er den modernen Markt als einen „eisernen Käfig" bezeichnete.[12] Er wollte dabei ungefähr Folgendes sagen: Wenn man das Spiel spielt, muss man es nach den geltenden Regeln spielen, die im Falle des Marktes bedeuten, dass man den Profit maximieren muss. Diese Regeln, und nicht etwa moralische Erwägungen, bestimmen, wie das Spiel gespielt wird. Der Markt lockt einen in die Falle, zwingt einen, nach seinen Regeln zu handeln. Andere haben angemerkt, dass umfangreiche bürokratische Strukturen ähnlich funktionieren.[13] Zum Beispiel ist der Soldat einer Kampfeinheit oft bereit, Dinge zu tun, die er als Privatmensch nie täte. Er gehorcht lediglich Befehlen, oder er nimmt die Rolle an, die ihm das System zuschreibt.[14]

In solchen Situationen bleibt der Glaube nicht ganz ohne Wirkung auf das Leben von Menschen und ihre gesellschaftliche Wirklichkeit. Vielmehr beschränkt sich seine Wirkung auf einen engen Bereich – das Leben der Seele, private Tugendhaftigkeit, familiäre Themen oder das kirchliche Leben. Die Folge ist, dass der Glaube in wichtigen Bereichen, in denen er als prophetischer Glaube aktiv sein sollte, untätig bleibt.

Dass der Wirkungsbereich des Glaubens oft eingeschränkt

ist, ist keine Überraschung, vor allem unter den Bedingungen der Moderne. Die moderne Welt, die in vielschichtige und relativ autonome Sphären differenziert ist, ist eine Welt vieler Götter.[15] Jede Sphäre – sei es Politik, Recht, Wirtschaft, Medien oder was immer sonst – erlegt allen, die an ihr teilnehmen wollen, ihre eigenen Regeln auf. In diesem neuen Polytheismus folgen wir der Stimme eines Gottes bei der Arbeit, eines anderen zu Hause und vielleicht wieder eines anderen in der Gemeinde. Jede Sphäre widersetzt sich dem Anspruch des einen Gottes, das ganze Leben zu bestimmen.[16]

Die meisten Glaubenden, die in der modernen Welt leben, haben diesen Druck geteilter Loyalitäten erlebt. Auch wenn ihm viele nachgegeben haben, viele andere haben ihm auch standgehalten. Jene, die standhielten, haben sich geweigert, das Spiel mitzuspielen, wenn die Regeln mit ihren tiefsten religiösen Überzeugungen in Konflikt gerieten. Sie haben versucht, ihr Arbeitsumfeld von innen heraus zu verändern, es gewagt, gerechtere Regeln für ein Engagement zu schaffen, und manchmal darauf hingearbeitet, alternative Institutionen zu schaffen, damit die Anforderungen ihrer Arbeit im Einklang bleiben können mit dem Anspruch ihres Glaubens. Warum? Weil sie wissen, dass sie Menschen des Glaubens nicht nur im inneren Heiligtum ihrer Seele sein können, in ihrem Privatleben, oder wenn sie sich in der Kirche mit Gleichgesinnten treffen, sondern auch in ihren alltäglichen Tätigkeiten, an den unterschiedlichen Orten, wo sie ihre tägliche Arbeit verrichten.

Die Untätigkeit des Glaubens könnte auch von einer *Fehlkonstruktion des Glaubens* herrühren. Ein falsches Verständnis davon, wie unser Glaube funktionieren sollte, kann fruchtbarer Boden für den Reiz der Versuchung und die Macht der Systeme sein. In manchen solchen Situationen gelingt es dem Glauben überhaupt nicht, die Wirklichkeit zu prägen. Stattdessen bietet er seinem Anhänger einen anderen Nutzen. In einem frühen Text, der etwas ungelenk „Zur Kritik der Hegel'schen Rechtsphilosophie" heißt, merkte der junge Karl Marx bekanntermaßen an, die Religion –

er meinte primär den christlichen Glauben – sei „das Opium des Volkes".[17] Sie ist eine Droge, ein Sedativum oder Beruhigungs-mittel, das Menschen von dem Schmerz bedrückender sozialer Wirklichkeit befreit und sie tröstet mit einer Traumwelt himm-lischer Wonne. Umgekehrt kann die Religion als ein Aufputsch-mittel fungieren, ein Stimulans, das Menschen Energie gibt für die Aufgaben, vor denen sie stehen – eine Funktion der Religion, die Marx nicht begriff.

Aber der wichtigste Punkt, den Marx übersah, ist, dass der christliche Glaube tatsächlich nicht richtig funktioniert, solange er nur als beruhigende oder leistungssteigernde Droge eingesetzt wird. Diesen Fehler machen nicht nur Marx oder die Kritiker des Christentums im Allgemeinen. Viele, die den Glauben angenom-men haben, haben diesen immens wichtigen Punkt auch überse-hen, zumindest von der Zeit der alttestamentlichen Propheten bis heute. Solche Leute haben den Glauben mehr oder weniger als Droge verwendet. Ein so konstruierter Glaube ist, wenn es darauf ankommt, untätig und kann das Leben des Einzelnen und der Ge-sellschaft nicht verändern.

Vielleicht haben Sie bemerkt, dass ich geschrieben habe, der Glaube funktioniere dann nicht richtig, wenn er ausschließlich dazu dient, Schmerz zu lindern – oder vielleicht weiter gefasst – zu heilen und Kraft zu spenden. In der christlichen Bibel gibt es zwei große Traditionen, die diese beiden Funktionen des Glau-bens ungefähr abbilden. Es sind die Traditionen der „Befreiung" und des „Segens". Der Glaube hilft, Verletzungen an Leib und Seele zu heilen, einschließlich der Wunden und Enttäuschungen, die uns im hektischen Trubel der Alltagswelt zugefügt wurden. Der Glaube hilft uns auch, indem er uns Kraft spendet, sodass wir unsere Aufgaben bestmöglich erfüllen können, mit der erforderli-chen Kraft, Konzentration und Kreativität (vgl. Kapitel 2).

Warum also in dieser Hinsicht von Fehlfunktionen des Glau-bens reden? Lassen Sie es mich so sagen: Wenn der Glaube *nur* heilt und stärkt, ist er nur eine Krücke, deren wir uns nach Belie-ben bedienen, aber kein Lebensstil. Doch der christliche Glaube ist als prophetische Religion entweder ein Lebensstil oder eine Karikatur seiner selbst. Zugespitzt und in Anlehnung an den Jakobusbrief gesagt: Ein untätiger Glaube ist gar kein christlicher Glaube.

Der Glaube wirkt dann am besten, wenn er uns (1.) auf einen Weg schickt, (2.) auf diesem Weg leitet und (3.) jedem Schritt, den wir gehen, einen Sinn verleiht. Wenn wir den Glauben annehmen – wenn *Gott uns* annimmt – werden wir zu neuen Kreaturen, die dazu bestimmt und berufen sind, dem Volk Gottes anzugehören. Das ist der Beginn eines Weges: Wir werden einbezogen in die Geschichte von Gottes Engagement für die Menschheit. Wenn wir uns auf diesen Weg machen, leitet uns der Glaube, indem er sich uns als Lebensstil anbietet, der uns auf Pfade hinweist, denen wir folgen, und auf dunkle Wege oder Sackgassen, die wir meiden sollten, und uns sagt, was unsere konkreten Aufgaben in der Geschichte sind, in die wir hineingehören. Schließlich gibt diese Geschichte allem, was wir tun, einen Sinn, von der kleinsten bis zur gewichtigsten Tat. Steht das, was wir tun, im Einklang mit dieser Geschichte? Dann ist es sinnvoll und wird die Zeit überdauern, glänzend wie Gold, das nicht rostet. Läuft es dieser Geschichte zuwider? Dann hat es letztlich keinen Sinn und wird verbrennen wie Stroh, selbst wenn wir finden, es sei die aufregendste und erfüllendste Aktivität, die wir je unternommen haben.

Damit christlicher Glaube in der Welt nicht untätig ist, muss die Arbeit von Ärzten und Müllmännern, Geschäftsleuten und Künstlern, Familienfrauen und -männern und Wissenschaftlern in Gottes Geschichte dieser Welt aufgenommen werden. Diese Geschichte muss die Grundregeln liefern, nach denen sich das „Spiel" in allen diesen Sphären richtet. Und diese Geschichte muss den Charakter der Mitspieler prägen.

Übergriffigkeit des Glaubens

Die zweite Fehlfunktion der Rückkehr ist die Übergriffigkeit des Glaubens. In diesem Fall ist der Glaube nicht untätig, sondern aktiv – hyperaktiv sogar – indem er sich anderen gegen deren Willen gewaltsam aufdrängt. In der modernen Welt schwanken Christen häufig zwischen beiden Fehlfunktionen der Rückkehr. Indem er seine Untätigkeit überwinden will, wird der Glaube übergriffig; will er Übergriffigkeit vermeiden, wird er untätig.

Manchmal wird ein prophetischer Glaube auch dann als Druck empfunden, wenn er gar nicht übergriffig ist. Alle, die sich für einen sozialen „Polytheismus" stark machen, werden jeden Glauben als zwanghaft einstufen, der behauptet, dass Gott der Gott aller Wirklichkeit ist, und das ganz unabhängig davon, wie dieser Glaube Gott zu all den Dingen des Lebens in Beziehung setzt. Sie möchten beispielsweise, dass religiöse Menschen ihre religiöse Tracht – ihre heiligen Texte und Überlegungen, die auf religiöse Überzeugungen zurückgehen – zu Hause lassen oder in der Kirche und am Arbeitsplatz oder in der Öffentlichkeit weltliche Kleidung tragen. Weigern sie sich, dem Anlass entsprechend gekleidet zu erscheinen, betrachtet man sie als Menschen, die anderen ihren Glauben aufdrängen. Aus der Perspektive von Menschen, die meinen, dass der Glaube ihre Anschauung menschlicher Entfaltung und des Gemeinwohls prägen sollte, ist das Reden mit einer religiösen Stimme nicht aufdringlich, sondern heilsam; sie würden sich selbst verraten und ihren Glauben falsch leben, wenn sie stumm blieben oder die religiösen Gründe für ihren Standpunkt verschwiegen.[18] Und die Befürworter eines prophetischen Glaubens werden Versuche, sie davon abzuhalten, ihren Glauben im Privaten und der Öffentlichkeit zu leben, als Säkularismus empfinden, den man ihnen aufzwingt.

Obwohl die schlichte Tatsache, dass jemand als religiöse Stimme öffentlich redet, noch keinen Übergriff darstellt, kann es die Art und Weise, wie Menschen den Glauben in Bezug zu Angelegenheiten des öffentlichen Lebens setzen, durchaus sein, und sie ist es häufig tatsächlich. Anhänger einer prophetischen Religion könnten sich Ziele setzen (zum Beispiel einen militärischen Erstschlag), um dafür dann mithilfe des Glaubens schändliche Mittel zu legitimieren (etwa die Behauptung, die

Gegner glaubten an einen bösen Gott und seien deshalb böse Menschen).[19] Häufiger jedoch werden die Anhänger einer prophetischen Religion ihren Glauben die Ziele bestimmen lassen, die erreicht werden sollen (etwa den Schutz ungeborenen Lebens oder die Abschaffung der Todesstrafe), aber den Glauben nicht auch die Mittel bestimmen lassen, mit denen man diese Ziele erreicht (Gegner werden nicht geachtet oder wohlwollend und wohltätig behandelt). In allen solchen Fällen – und vielen weiteren – werden Fehlfunktionen des Glaubens zu einem Werkzeug der Unterdrückung.

Es sind hauptsächlich Christen, die sich um die Untätigkeit ihres eigenen Glaubens sorgen. Für sie ist der Glaube ein wertvolles Gut, die wertvollste persönliche und soziale Ressource. Lässt man sie ungenutzt, werden Menschen sich nicht richtig entfalten können, und das Gemeinwohl – nicht nur das Eigeninteresse der Christen – leidet. Im Gegensatz dazu würden heute viele Nichtchristen einen untätigen Glauben als einen kleinen Segen betrachten. *Aktiver* Glaube ist gefährlich, glauben sie, und an sich schon giftig. Ein Kritiker aus neuerer Zeit, Sam Harris, schreibt in *The End of Faith*, die Bibel enthalte „bergeweise lebenszerstörendes Geschwafel".[20] Wenn Christen die Bibel als ihre letztgültige Autorität betrachten, behauptet Harris, dann handeln sie gewalttätig, unterdrückerisch, lebenszerstörend und schaden so dem Gemeinwohl.

Nehmen wir zum Beispiel einen serbischen Soldaten, der auf einem Panzer fährt und triumphierend drei Finger in die Luft hält – ein Symbol der allerheiligsten Dreieinigkeit, ein Zeichen, dass er zu einer Gruppe gehört, die an den richtigen Gott glaubt. Ganz offenbar verwendet er seinen Glauben in gewisser Hinsicht dazu, seine Triumphfahrt auf einer Tötungsmaschine zu legitimieren. Und er ist nicht der Einzige, der den wild dreinblickenden Kriegsgott oder die rabiate Göttin der Nationalität mit dem legitimierenden Mantel religiösen Glaubens bekleidet. Manche ihrer kroatischen Gegner haben das Gleiche getan, wie auch viele Amerikaner, die eifrig das Kreuz und die Flagge verschmolzen;

und sie alle folgen den Fußspuren von Christen, die im Lauf der Jahrhunderte im Namen des Glaubens eine Spur aus Blut und Tränen hinter sich herzogen.

Manche Kritiker (wie auch manche Suchende!) fragen jedoch pointiert: „Ist das nicht schlicht das, was christlicher Glaube tut?" Zusammen mit vielen anderen in der intellektuellen Kultur des nach-aufklärerischen Westens geht es ihnen darum, den Glauben aus dem gesellschaftlichen Leben herauszuhalten, ihn möglicherweise sogar ganz abzuschaffen. Wie sollen Christen darauf reagieren? Sicher nicht, indem sie versuchen, das Offensichtliche zu leugnen – die lange und verstörende Geschichte der Komplizenschaft ihres Glaubens mit Gewalt (selbst wenn diese Komplizenschaft nicht einmal den Großteil der christlichen Geschichte ausmachte)!

Stattdessen sollten Christen zeigen, wie Glaube, auch wenn er anfällig ist für Missbrauch, eine heilsame Lebensweise ist und seine Aussagen über ein gutes Leben in alle Lebensbereiche einbringen. Aber selbst wenn wir akzeptieren, dass das Christentum in seinem Kern gewaltfrei ist und dass es – richtig praktiziert – der menschlichen Entfaltung eher dient als sie einschränkt, müssen wir uns immer noch fragen: Warum haben Christen so oft Unterdrückung und Gewalt verschuldet? Es gibt dafür drei Hauptgründe, und sie entsprechen streckenweise den drei Gründen für die Untätigkeit des Glaubens: ausgedünnter Glaube (der entspräche einem falsch konstruierten Glauben), ein anscheinend irrelevanter Glaube (der grob gesehen der Macht der Systeme entspricht) und die fehlende Bereitschaft, den schmalen Weg zu gehen (das entspricht dem Reiz der Versuchung).

Erstens: der *ausgedünnte Glaube*. Ich habe schon erwähnt, dass ein Mensch den Glauben als Quelle der Kraft oder Heilung für Leib und Seele gebrauchen kann, aber nicht als Richtlinie für seine Vorstellung menschlicher Entfaltung. Oder jemand könnte sich die Ziele aneignen, die ihm sein Glaube vorgibt (für manche zum Beispiel die Heiligkeit ungeborenen Lebens oder gerechte soziale Verhältnisse), nicht aber die Mittel, mit denen man diese Ziele dem Glauben gemäß erreichen sollte (Überzeugung statt Gewalt, da ein Unrecht das andere nicht aufhebt, wie Sokrates im *Kriton* anmerkt).[21] Das führt zu einem ausgedünnten Glauben: Der Glaube hat keine freie Hand, die Lebensweise der Christen zu bestimmen, sondern er wird entweder dazu verwendet, Ziele zu erreichen, für deren Bestimmung der Glaube keine Rolle spiele, oder er bestimmt zwar die Ziele, aber nicht die Methoden, mit denen man sie zu erreichen sucht. Wenn das stimmt, ist das Mittel gegen religiös verursachte Gewalt nicht weniger, sondern *mehr* Glaube – Glaube in seiner ganzen Breite, Glaube, der von seinen Heiligen integer und mutig gelebt wird, Glaube, den seine großen Theologen verantwortungsvoll durchdacht haben.

Zweitens: der *anscheinend irrelevante Glaube*. Warum sollten Menschen, die den christlichen Glauben angenommen haben, seine Vision nicht vollständig verkörpern wollen? Manchmal scheint der ursprüngliche Glaube überholt, nicht umsetzbar, bedeutungslos. Kann ein Glaube, dem ursprünglich nur eine Minderheit angehörte – zumal eine manchmal verfolgte Minderheit – uns etwas Nützliches darüber sagen, wie man regiert, große Firmen leitet oder ein Volk vor seinen Feinden beschützt? Kann ein Glaube, der vor 2000 Jahren geboren wurde, irgendeine Bedeutung haben für Demokratien, die damit ringen, wie sie ihr gewaltiges technisches Potenzial zum Guten der Menschheit einsetzen und nicht zu deren Selbstzerstörung? Wir fürchten in unserem Innersten, unser Glaube könnte tatsächlich irrelevant sein; wir spüren eine Spannung, also klammern wir die Moral aus und nutzen den Glauben nur, um abzusegnen, was wir ohnehin für das Richtige halten. Es erfordert harte geistige und geistliche Arbeit, den Glauben unter veränderten Bedingungen zu verstehen und authentisch zu leben. Und diese Art von Arbeit darf nicht allein den Theologen aufgebürdet werden, sondern sie ist eine Unternehmung, an der sich Akademiker verschiedener Fachrichtungen und glaubende Menschen aus allen Lebensbereichen beteiligen müssen.

Drittens: die *mangelnde Bereitschaft, den schmalen Weg zu ge-*

hen. Wenn jemand uns oder unserer Gemeinschaft geschadet hat, spüren wir den Drang, uns zu rächen – und wir drücken uns um das ausdrückliche Gebot, unsere Feinde zu lieben, ihnen Gutes zu wünschen und zu tun. Oder wir glauben, dass unsere Kultur auf einem gefährlichen Weg ist und möchten ihren selbstzerstörerischen Kurs ändern – aber wir vergessen, dass die Ziele, die der christliche Glaube hochhält, seine Aussagen über die angemessenen Mittel nicht außer Kraft setzen. Oder wir sehen das immense Potenzial der Forschung, mit embryonalen Stammzellen kräftezehrende und schmerzhafte Krankheiten zu heilen – und wissen nicht mehr so recht, was wir davon halten sollen, dass Embryonen zerstört werden, damit die Wissenschaft erfolgreich vorankommt, also klammern wir die Forderungen des Glaubens im Blick auf dieses Thema aus. Wir schätzen den moralischen Anstoß, der von unserem Glauben ausgeht, als nicht umsetzbar ein, dann wird aus der fehlenden Umsetzbarkeit eine „Überforderung" – und schließlich weisen wir das, was wir früher für richtig hielten, als einen Weg zurück, der nicht mehr gangbar ist. So und auf viele andere Weise passen wir den Glauben unseren Wünschen und der Fähigkeit an, in einer vorgegebenen Situation zu leben.

Damit sind wir wieder bei der Frage nach dem Charakter. Wir brauchen nicht nur einen authentisch verstandenen Glauben, den wir auf die verschiedenen Lebensbereiche anwenden, sondern auch richtig geformte Persönlichkeiten, die den gewaltsamen Missbrauch des Glaubens verhindern. Der Glaube hat für den Christen verheerende Wirkung, wenn er zu einer reinen persönlichen oder kulturellen Ressource für Menschen degeneriert, deren Leben sich um alles andere dreht als diesen Glauben.

2

Untätigkeit

Untätigkeit ist, wie ich im zurückliegenden Kapitel erläutert habe, eine wesentliche Fehlfunktion des christlichen Glaubens. Anstatt Ziele zu setzen und einen Menschen auf diese hinzubefördern, befindet sich der untätige Glaube im Leerlauf, er dreht durch wie ein Reifen auf eisigem Untergrund. Ich habe mindestens drei Gründe für diesen Leerlauf des Glaubens angeführt. Beim ersten geht es um den Charakter der Glaubenden; manchen verlangt der Glaube, den sie angenommen haben, zu viel ab, also picken sie sich wie in einer Cafeteria einzelne Dinge heraus, und stapeln die Süßspeisen auf ihrem Tablett, während sie Broccoli und Fisch meiden. Zweitens erleben Glaubende, wie sie durch kleine und große Systeme, in denen sie leben und arbeiten, eingeschränkt werden; sie haben das Gefühl, dass sie, damit es ihnen gut geht oder sie wenigstens überleben, der Logik dieses Systeme gehorchen müssen, nicht den Forderungen des Glaubens, dem sie angehören. Der dritte Grund für den Leerlauf des Glaubens betrifft den Glauben selbst; entweder wird er auf neue Umstände gar nicht angewandt oder er scheint in Gegenwartsfragen nicht relevant zu sein – von der Atomkraft bis zu neurowissenschaftlichen Entdeckungen. Kommen diese drei Gründe für einen untätigen Glauben zusammen, dann ist es kein Wunder, dass Menschen den Glauben falsch verstehen und ihn als leistungssteigernde Droge betrachten oder schmerzlindernde Salbe, aber nicht als eine Ressource, an der sie ihr Leben in der Welt ausrichten können.

In diesem Kapitel werde ich Vorschläge machen, wie ein aktiver Glaube zu verstehen ist und gelebt werden kann. Ich werde vier Grundweisen unterscheiden, wie sich Glaube auf das tägliche Leben bezieht – auf unsere Alltagsarbeit im weitesten Sinne. Das hängt eng zusammen mit vier Grundfragen, die wir bei jeder Aktivität stellen, die wir auf uns nehmen. (1) Wie wird man erfolgreich? (2) Wie geht man mit Scheitern um? (3) Was soll ich tun und was kann ich lassen? (4) Warum sollte ich diese Aktivität überhaupt unternehmen?

Segen

In allen unseren Aktivitäten und gewiss in aller Arbeit, die wir tun, streben wir nach Erfolg. Ich meine damit, dass wir (1) das erreichen wollen, wozu wir uns entschlossen haben, (2) unsere Sache sehr gut machen wollen und hoffentlich (3) damit einen Beitrag zu einem größeren Gut leisten. Zusätzlich zu unseren angeborenen Fähigkeiten und dem, was wir gelernt haben, brauchen wir dazu etwas, das man grob gesagt als *Macht* bezeichnen kann – die Fähigkeit, uns einer Anstrengung fortwährend zu unterziehen, unseren Projekten nachhaltige Aufmerksamkeit und Konzentration zu widmen und in kritischen Situationen die Oberhand zu behalten. Zweitens brauchen wir für einen Erfolg häufig *Kreativität* – eine Fähigkeit, uns Neues vorzustellen und neue Wege zu finden, das Alte zu tun. Kreativität ist besonders wichtig in den heutigen Hochgeschwindigkeits- und Konkurrenzkulturen, die ganz stark auf Neuheiten setzen.

Wir brauchen Macht und Kreativität, um Erfolg zu haben, aber wir leben in einer brüchigen und ungewissen Welt, ja wir sind selbst brüchige und unvorhersehbare Wesen. Das ist die metaphysische Bedingung, unter der wir leben. Unser Wille beherrscht unsere Aktivität oder ihre Resultate nicht immer. Wir werden müde und leer; wir lassen uns ablenken und unsere Aufmerksamkeit wird zerstreut; wir machen unter dem Druck einer kritischen Situation einen schweren Fehler. Außerdem garantiert, selbst wenn wir alles getan haben, was an uns lag, der Einsatz nicht immer das Ergebnis. Harte Arbeit ist nicht immer von Erfolg gekrönt, weil manchmal Unerwartetes und Unerwünschtes dazwischenkommt. Oder vielleicht arbeiten wir bis spät in die Nacht, aber es kommt keine zündende Idee.

Da Macht und Kreativität Mangelware sind, suchen wir im Streben nach Erfolg oft die Hilfe einer „höheren Macht", wie wir sagen. Sportler beten vor Wettkämpfen, Studenten während der Examina, hochrangige Unterhändler beten vor wichtigen Vertragsabschlüssen. Die Kultivierten unter uns belächeln solche Gebete manchmal. Erstens wirken die Sorgen, die sie hervorbringen, im Gesamtzusammenhang oft unbedeutend. Spielt es für Gott wirklich eine Rolle, welche Mannschaft gewinnt oder was für eine Note ich bekomme? Zweitens macht es uns Sorgen, dass solche Gebete ein Missbrauch des Glaubens sein könnten. Sich der Hilfe Gottes in kritischen Situationen zu versichern, scheint Gott auf eine leistungssteigernde Droge zu reduzieren und verschafft im Grunde der einen Seite einen ungerechten Vorteil. Schließlich könnten sich manche Menschen auch sorgen, dass solche Gebete das Verhältnis zwischen Gott und der Welt missverstehen. Die Gebete setzen, so ließe sich einwenden, eine Vorstellung vom „Gott-der-Ergebnisse" voraus. Man betet, und Wissen wird einem wundersam eingegeben, auch wenn man nicht so eifrig gelernt hatte. Damit drückt man sich mit einem Gebet um seine Pflicht.

Doch ungeachtet dieser Bedenken, auf die ich gleich kurz eingehen werde, ist es wichtig, Gott und den Erfolg unserer Arbeit in Beziehung zueinander zu setzen. Die biblischen Schriften stellen diesen Zusammenhang recht durchgängig her, vor allem in der Tradition des Segens in den hebräischen Schriften. Es gibt dort, grob gesagt, zwei Arten von Segen. Erstens der Segen der Kraft Gottes, der die Welt erhält, durch den Gott menschliches Leben ständig behütet und gedeihen lässt. Das ist beispielsweise der Sinn, wenn die ganze Menschheit im Anbruch der Schöpfung gesegnet wird (vgl. Genesis 1,28).[1] Zweitens ist Segen ein ganz konkretes Handeln Gottes, das menschlichen Unternehmungen gilt. Gott krönt eine Anstrengung mit Erfolg, sei das nun die Fortpflanzung, ein Geschäft oder ein Krieg (vgl. Genesis 26,12-13).

Geht man in eine große Buchhandlung und betrachtet das Regal über Spiritualität und Arbeit, dann wird man feststellen, dass das Hauptthema der meisten Bücher ist, wie man spirituelle Energien so einsetzt, dass man Erfolg hat.[2] Esoterische „Theologen" werden dem gutgläubigen Leser verraten, wie er Erfolg hat und die Konkurrenz sogar aussticht. Im Gegensatz dazu haben christliche Theologen, vor allem in den Großkirchen, oft versucht, Gott und weltlichen Erfolg auf Abstand zu halten, und stattdessen Gottes Forderungen an uns in den Vordergrund gestellt. Wie ich gleich zeigen werde, sind Gottes Gebote außerordentlich wichtig, wenn der Glaube dann, wenn es darauf ankommt, nicht untätig sein soll – besonders im heutigen Klima, das gekennzeichnet ist von aufsehenerregenden Skandalen in vielen Bereichen des Lebens: in der Industrie, im Journalismus, in Wissenschaft, Politik, Lehrbetrieb und – für Christen am empörendsten – im geistlichen Amt.

Und doch ist Gott im Grunde keiner, der Forderungen stellt; Gott ist ein Geber.[3] Das drückt die Tradition des Segens aus, die sich in den hebräischen Schriften offenbart. Gottes Großzügigkeit erweist sich nicht nur, wenn es um das Heil geht, wenn das Wohlergehen unserer Seele auf dem Spiel steht. Sie erweist sich auch im Raum der Schöpfung und damit des alltäglichen Tuns. Gott ist der Ursprung unseres Seins und daher auch die Macht unseres Gelingens. Gott gibt, und deshalb existieren wir und können wir arbeiten. Gott gibt, und deshalb können wir in unserer Arbeit Erfolg haben.

Hin und wieder sind unsere Bemühungen fehlgeleitet und müssen korrigiert werden, etwa dann, wenn wir auf Kosten anderer Erfolg haben wollen. Wir wünschen vielleicht zu Unrecht, dass Gott zu unseren Gunsten handelt, etwa bei Sportwettkämpfen (die Mannschaft, die sich von Gott helfen ließe, würde ja betrügen!). Aber kein Unterfangen und kein Anliegen ist Gott zu gering. Gott möchte uns zum Erfolg befähigen. Gott ist die Kraft unseres Seins und daher auch die Kraft unseres Erfolgreichseins. Außerdem ist auch die ganz banale Arbeit Teil unseres Gottesdienstes. Gott ist es, der uns erhält; Gott ist es, der uns Kraft und Kreativität gibt; Gott ist es, für den wir letzten Endes arbeiten. Daher ist es auch angebracht, Gott zu bitten, unser Tun zu segnen.

Drücken wir uns nicht ein Stück weit vor der eigenen Verantwortung, wenn wir Gott bitten, uns zum Erfolg zu verhelfen? Das wäre wohl der Fall, wenn wir glaubten, der Segen Gottes bedeute, dass Gott Dinge täte, die wir andernfalls selbst tun müssten. Aber das ist nicht der Fall. Wenn Gott segnet, dann liefert er kein fertiges Produkt; er wirkt in menschlicher Weise, um Gottes Ziele zu erreichen. Im Blick auf den beruflichen Erfolg beten wir weniger darum, dass Gott ein gewünschtes Ergebnis wundersam herbeiführt, sondern dass er uns zu bereitwilligen, fähigen und wirksamen Instrumenten in Gottes Hand macht – dazu sind wir ja ohnehin geschaffen.[4]

Befreiung

Die zweite Weise, in der der Glaube in unserem Leben eine Rolle spielt, hat mit unseren Zusammenbrüchen zu tun – mit dem Scheitern bei der Arbeit. Niemand gesteht sein Scheitern gern ein. Wir richten unser Leben so ein, dass Fehlschläge begrenzt und, wenn sie doch eintreten sollten, unsichtbar gemacht werden können. Das führt dazu, dass wir uns selbst kaum noch als jemanden vorstellen können, der versagt hat. Und doch droht uns, immer wenn wir arbeiten, das Scheitern in irgendeiner Art, und oft beunruhigen uns die Fehlschläge, die wir erlitten haben, zutiefst. Wir brauchen also nicht nur Hilfe, um Erfolg zu haben, sondern auch, wenn wir gescheitert sind.

Zusammenbrüche ereignen sich trotz unserer Vorkehrungen; im entscheidenden Moment werden wir krank, verletzen uns bei der Arbeit und derlei mehr. Es gelingt uns nicht, trotz erheblicher Anstrengung unsere Ziele zu erreichen; wir haben hart gearbeitet und bekommen trotzdem eine schlechte Note, verlieren unseren Arbeitsplatz oder verlieren einen Großauftrag an die Konkurrenz. Noch schlimmer ist es, wenn wir das Richtige tun und gerade deswegen scheitern. Und dann gibt es noch das Scheitern, das dem Erfolg innewohnt. Wir sind bis an die Spitze geklettert und immer noch zutiefst unzufrieden; wie ein kalter Nebel legt sich die Melancholie um unseren Erfolg. In einer endlichen, brüchigen und konkurrenzbesessenen Welt droht immer das Scheitern.

Wenn Menschen versagen und Dinge zusammenbrechen, dann wenden sie sich häufig dem Glauben zu. Nun mag ein Kritiker wieder einwenden: Wenn man in seinem Versagen zu Gott kommt, macht man Gott dann nicht zum Knecht der eigenen Bedürfnisse? Wenn Gott im Erfolgsfall als göttliche leistungssteigernde Droge fungiert, fungiert er im Falle des Scheiterns nicht als göttliches Pflaster? Aber wenn Gott sich für uns interessiert, wird er uns die Kraft zum Erfolg geben (und zugleich festlegen, was Erfolg bedeutet!), und uns ebenso helfen, wenn wir scheitern.

In den hebräischen Schriften gibt es neben der Tradition des Segens auch die Tradition der Befreiung Gottes (vgl. Exodus 14,10-13; Psalm 65,5; Jesaja 51,6-8).[5] Im Herzen der Befreiungstradition begegnet uns, das mag keine Überraschung sein, das Problem menschlicher Arbeit. Befreiung von der Sklavenarbeit in Ägypten war das prägende Geschehen in Gottes Erlösung für das Volk Israel. Grausame Sklaventreiber unterdrückten das Volk Israel, und Gott erlöste sie. So ist der Auszug der Kinder Abrahams und Sarahs aus Ägypten in weiten Teilen eine Erlösung von schlechter Arbeit.

Bedenken wir zuerst, wie häufig wir trotz unserer Integrität scheitern. Was kann der Glaube daran ändern? Gott verheißt, dass wir, wenn wir das Richtige tun, letztlich nicht dabei scheitern werden, unser Glück zu finden oder im umfassenden Wortsinn Erfolg zu haben. Wir rätseln oft, warum wir das tun sollten, was moralisch gut ist – und nicht einfach um des Nutzens willen, den wir davon haben – wenn es jenen, die Böses tun, oft gut geht. Die Antwort von Immanuel Kant lautete, dass es nur dann einen Sinn ergibt, wenn Menschen das Gute um seiner selbst willen tun, wenn die Welt so aufgebaut ist, dass man nicht unmoralisch handeln muss, um letztendlich glücklich zu werden.[6] Er folgerte, nur Gott könne der Urheber einer solchen Welt sein; nur Gott kann sicherstellen, dass tugendhaftes Leben und Glück schließlich zur Deckung kommen.

Zweitens gibt uns Gott selbst dann, wenn wir scheitern, ob wir nun unser Bestes gegeben haben oder dazu nicht in der Lage waren, ein Gefühl für unseren Wert jenseits von Erfolg und Versagen. Gewiss ist die Arbeit ein fester Bestandteil unserer Identität.[7] Wer wir sind, ist zum Teil davon geprägt, was für eine Arbeit wir tun und was für Arbeiter wir sind. Aber wir sind mehr, viel mehr als unsere Arbeit, weil wir Gottes geliebte Kinder sind, im Erfolg wie im Scheitern. Gott liebt uns nicht wegen unseres Erfolgs, und Gott hört nicht auf, uns zu lieben, wenn wir versagen. Wenn es um das Empfinden unserer Würde geht, trumpft Gottes Liebe alles andere.[8]

Schließlich erlöst uns Gott von der melancholischen Leere, die manchmal gerade mit unserem Erfolg einhergeht. Wir haben erreicht, was wir wollten – das Büro in der Ecke haben wir bekommen – und fühlen uns immer noch leer. Wir sind wie ein Kind, das ein Spielzeug will, und wenn es dieses bekommt, spielt es einen oder zwei Tage lang damit und wünscht sich dann ein anderes. Melancholie setzt unweigerlich ein, wenn wir vergessen, dass wir dazu gemacht sind, unsere Erfüllung im unendlichen Gott zu fin-

den und nicht in einem endlichen Gegenstand.[9] Sie würde auch
da einsetzen, wo wir nur für uns selbst arbeiten und unsere Arbeit nicht als Dienst an einer Gemeinschaft sehen und als Teil von
Gottes fortlaufendem Wirken in seiner Schöpfung. Ich werde auf
diesen Gedanken zurückkommen, wenn ich das Verhältnis zwischen Gott und Sinn behandle.

Zwischenspiel: Untätigkeit und fehlgeleitete Geschäftigkeit

Die zwei Funktionen des Glaubens, die wir bisher betrachtet haben, haben ihre Bedeutung aus sich selbst heraus und würden
doch, wenn wir bei ihnen stehen blieben, in Fehlfunktionen des
Glaubens umschlagen – sofern es jedenfalls um einen prophetischen Glauben geht. Die Funktionen des Glaubens würden, grob
gesagt, beschränkt auf Antrieb und Reparatur; Glaube gäbe keine
Orientierung, die von Bedeutung wäre dafür, wie Menschen in
der Welt leben. Im entscheidenden Sinne befände sich der Glaube
immer noch im Leerlauf, weil ein prophetischer Glaube eine Lebensweise sein sollte, nicht nur eine „religiöse" Ressource für eine
Lebensweise, deren Inhalt von Faktoren bestimmt wird, die außerhalb des Glaubens liegen (etwa die nationale Sicherheit, wirtschaftlicher Wohlstand, unser Hunger nach Vergnügen, Macht
und Ehre). In einer anderen Hinsicht wäre ein Glaube, der nur
segnete und befreite, freilich sehr beschäftigt – problematisch damit beschäftigt, das zu segnen und zu erlösen, was aus der Sicht
des Glaubens selbst weder gesegnet noch erlöst werden sollte. So
ebnet die Untätigkeit des Glaubens den Weg für die Übergriffigkeit des Glaubens – eine Fehlfunktion, auf die ich im folgenden
Kapitel zu sprechen komme. Ein Glaube, der authentische Auswirkungen hat, ist ein Glaube, der uns in dem leitet, was wir in
der Welt tun, und der prägt, wie wir die Welt verstehen und unseren Platz in ihr.

Leitung

Wie kann uns der Glaube in unserem Tun leiten? Auf die Arbeit
im weiteren Sinne angewandt, hat die Frage eine moralische Seite
– welche Art von Arbeit ist moralisch zulässig und anzuraten? –
wie auch eine persönliche Seite – in was sollten wir unsere Energien hineinstecken und wozu unsere Talente einsetzen?[10] Lassen
Sie mich hier die moralische Seite aufgreifen. Sie ist zweifellos
grundlegender, denn wir können von Gott nicht berufen und be-
gabt werden, etwas moralisch Unzulässiges zu tun.

Die Müllabfuhr mögen wir vielleicht nicht besonders attraktiv
finden, aber von einem moralischen Standpunkt aus ist es eine
anständige Arbeit und nötig für das Gemeinwesen. Andere Tätigkeiten jedoch sind moralisch inakzeptabel. Selbst wenn ich eine
Stange Geld verdienen könnte, dürfte ich nie zum Auftragsmör-
der werden; und selbst, wenn ich eine Sache für gut halte, darf ich
nicht zum Terroristen werden, um sie voranzubringen. Aber es
gibt auch Tätigkeiten, die ambivalent sind. Ist es moralisch zulässig, Angriffswaffen oder Sexspielzeug herzustellen, zu vermark-
ten und zu verkaufen (um Produkte zu erwähnen, die die beiden
mächtigsten menschlichen Triebe betreffen)? Ist es moralisch zulässig, in einer Industrie zu arbeiten, die die Umwelt in großem
Stil verseucht?[11]

Vielleicht ist es noch wichtiger, innerhalb moralisch akzeptab-
ler Formen von Arbeit zu unterscheiden. Denken Sie etwa an
die Unterscheidung, die in der Theorie vom gerechten Krieg oft
gemacht wird zwischen einem gerechten Kriegsgrund (ius ad
bellum) und einer gerechten Kriegsführung (ius in bello).[12] Den
Vertretern der Theorie vom gerechten Krieg zufolge kann ein
Volk einen gerechten Kriegsgrund haben und den Krieg doch ungerecht führen. Dasselbe gilt für all unsere Arbeit, nicht nur die
Kriegsführung. Innerhalb einer Tätigkeit, die moralisch zulässig
ist, müssen wir immer noch entscheiden, was ethisch vertret-
bar ist und was nicht, und entsprechend handeln. Der größere
Rahmen, innerhalb dessen wir arbeiten – sei es eine Firma, ein

Industriezweig oder der gesamte Markt – wird uns unter Druck setzen, den Erfolg nach seinen Maßgaben anzustreben. Wenn wir unseren Glauben nicht an der Garderobe beim Eingang abgeben wollen, müssen wir ihm in der Frage, was wir tun sollten und was nicht, das letzte Wort überlassen.

Beachten Sie, dass die moralische Anleitung durch den Glauben etwas anderes ist als gesetzliche Einschränkungen innerhalb politischer Vorgaben. Gesetze sind zum Teil dazu gemacht, die Öffentlichkeit vor skrupellosen Individuen und Institutionen zu schützen. Doch so wichtig gesetzliche Einschränkungen auch sind, sie reichen allein nicht aus. Die Tatsache, dass etwas legal ist, bedeutet noch nicht, dass es moralisch richtig ist. Die moralische Fragestellung lautet „richtig oder falsch", nicht einfach nur legal oder illegal, auch wenn sich freilich beides oft überschneidet. Es ist legal, Firmen zu betreiben, die von Kinderarbeit in verarmten Ländern Gebrauch machen, so wie es an vielen Orten legal ist, die Umwelt massiv zu verschmutzen. Aber ist das moralisch richtig? Es gibt in Fragen der Moral natürlich Grauzonen, und manchmal werden wir, egal was wir tun, die Grenze des moralisch Guten überschreiten.

Schließlich gibt uns ein Glaube, der richtig funktioniert, den Anstoß, über das hinauszugehen, was moralisch zulässig ist, und das zu tun, was moralisch vortrefflich ist. Vor ein paar Jahren sprach ich bei einer Cocktailparty mit Abendgarderobe mit jemandem, der sich mir als Absolvent der Harvard-Universität vorstellte. Wir kamen ins Plaudern, und ich fragte ihn, was er von Beruf sei. Er antwortete: „Sie werden lachen, wenn ich Ihnen das sage." Ich sagte: „Dann stellen Sie mich auf die Probe." Er sagte: „Ich stelle Urinale her." Ich sagte: „Na, das brauchen die meisten Männer ..." Und er antwortete: „Ich stelle Urinale her, die ohne Spülung funktionieren." Was für ein ungewöhnliches Projekt! Wasser wird ein knapper Rohstoff, und er trug dazu bei, viel Wasser zu sparen, und zwar pro Urinal etwa 150.000 Liter im Jahr. Die Arbeit dieses Mannes war moralisch vortrefflich, nicht nur zulässig.

Ein Glaube, der etwas verändert, ist ein Glaube, der uns hilft zu unterscheiden und der uns anspornt, das zu tun, was moralisch richtig und vortrefflich ist. Manche Christen halten Gott aus der moralischen Dimension ihres Arbeitslebens heraus. Sie glauben, dass Gott Seelen rettet und uns zu individueller Moral anhält, dass Gott sogar unser Leistungsvermögen fördert und Wunden heilt. Gott scheint allerdings losgelöst von den moralischen Entscheidungen, die unser eher öffentliches Leben mit sich bringt. Wenn wir Gott auf die Privatsphäre beschränken, statt Gott unser ganzes Leben bestimmen zu lassen, dann scheitert ein prophetischer Glaube an einer seiner wichtigsten Aufgaben. In einer seiner entscheidenden Funktionen ist der Glaube wirkungslos. Und was noch schlimmer ist: Wirkungslosigkeit an diesem Punkt nimmt ihm auch seine Wirkung als Quelle des Segens und der Befreiung.

Sinn

Es reicht nicht aus, Erfolg zu haben und Fehlschläge zu vermeiden, nicht einmal dann, wenn wir moralisch integer und vortrefflich leben. Wir sind auch deshalb Menschen, weil wir, ob wir nun arbeiten oder spielen, das nicht „einfach so machen" (wie es der Nike-Slogan „just do it" vor Jahren formulierte). Wir *reflektieren* über den Sinn dessen, was wir tun, und stellen die Frage, wozu wir das tun, was wir tun. Wir reflektieren auch, ob unsere Antworten auf diese Frage des „Warum?" einen Sinn ergeben. Reicht der Zweck, für den ich arbeite, auf Dauer dafür aus, dass ich nicht nur ein „ökonomisches Tier" sein kann, sondern ein menschliches Wesen? Steht er im Einklang mit dem Wesen der Wirklichkeit – mit dem, was ich bin als leibliches, geistiges und gemeinschaftliches Wesen und damit, wie die Welt eingerichtet ist?[13] Ein Glaube, der etwas bewegt, wird auf diese Fragen plausible Antworten geben. Das ist sogar eine seiner wichtigsten Funktionen.

Es gibt viele Möglichkeiten, den Sinn von Arbeit zu konstruieren. Ein Zweck, der uns sofort einfällt, ist es, Essen auf den

Tisch zu bringen – und ein Auto in die Garage oder einen Kunstgegenstand ins Wohnzimmer, würden manche hinzufügen. Abstrakter formuliert dient die Arbeit dazu, die Bedürfnisse dessen zu stillen, der sie tut. Oft mühen wir uns ab für Dinge, die wir im eigentlichen Sinn des Wortes gar nicht brauchen, nicht einmal deswegen, weil sie das Leben erleichtern und uns Freude machen würden, sondern weil wir mehr und Besseres haben wollen als unsere Nachbarn. Arbeit und die Dinge, die sie uns einbringt, dienen dann dazu, unser Selbstbild aufzublähen und unseren Erfolg festzustellen. „Der mit dem meisten Spielzeug gewinnt.“

Wenn wir es aber als unsere Hauptaufgabe ansehen, für uns selbst zu sorgen, geraten wir, ohne dass es uns auffällt, in den Kreisel der Unzufriedenheit. Was wir besitzen, hinkt immer dem hinterher, was wir ersehnen, und so fallen wir dem Fluch von Lewis Carroll zum Opfer: „Hier, siehst du, nur wenn du so schnell läufst, wie du kannst, bleibst du an der gleichen Stelle.“[14] In unseren stilleren Momenten wissen wir, dass wir möchten, dass unser Leben Gewicht und Substanz hat und auf eine Art Fülle hinwächst, die jenseits unserer selbst liegt. Unser eigenes Selbst, und vor allem die Vergnügungen des eigenen Selbst, genügen nicht, um unserem Leben einen Sinn zu geben. Wenn sich der Sinn unserer Arbeit auf das Wohlergehen des arbeitenden Selbst beschränkt, führt das zu einem Gefühl der Melancholie und des Unerfülltseins, sogar mitten im offensichtlichen Erfolg.

Ein zweiter Zweck von Arbeit ist die Blüte von Gemeinschaften. Wir sind Gemeinschaftswesen. Wir leben aus Gemeinschaft, und selbst das größte „Self-made“-Individuum ist von anderen maßgeblich geprägt worden; es hatte eine Mutter und einen Vater, hatte einen Lehrer, es hatte eine Kultur mit ihren Bräuchen, Institutionen und Traditionen. Und weil wir solche Gemeinschaftswesen sind, finden wir den Sinn der Arbeit in Gemeinschaft. Diese Gemeinschaft kann eine Familie sein, für deren Bedürfnisse wir sorgen, eine Firma, für deren Erfolg wir arbeiten, eine kirchliche Gemeinschaft, zu deren Auftrag wir etwas beisteuern wollen, eine

Bürgergemeinschaft, deren Strahlkraft wir erhalten möchten, oder gar die Weltgemeinschaft.

Wenn wir am Wohlergehen von Gemeinschaften arbeiten, gewinnt unsere Arbeit eine reichere Sinnstruktur, als wenn wir nur für uns selbst arbeiten. Wir sind daher nicht nur auf uns selbst bedacht; wir leben zum Nutzen anderer. Wir lesen schon in der Schrift: „Geben ist seliger als Nehmen" (Apostelgeschichte 20,35). Ein Glaube, der etwas bewegt, drängt uns dazu, nicht nur aus der Liebe zu uns selbst zu arbeiten, sondern auch aus der Liebe zu unseren Nächsten nah und fern.

Und doch ist nicht klar, ob selbst die Sorge um das Wohl einer Gemeinschaft ausreicht, unserer Arbeit und unserem Leben genug Sinn zu geben. Wenn unser Wohl und das Wohl unserer Gemeinschaft alles ist, wofür wir arbeiten, wäre unsere Arbeit dann nicht wie das Bauen von Sandburgen am Strand? Sie hat Sinn, solange die Aktivität und ihre Erträge bestehen, letztlich aber ist sie vergeblich. Die Flut kommt und spült all die harte Arbeit davon, ohne dass noch eine Spur von ihr bliebe. Ginge es bei unserer Arbeit um nichts als unser persönliches und gemeinschaftliches Wohlbefinden, verschlänge die reißende Zeit uns und die Früchte unserer Mühen, und unsere Arbeit bliebe letztlich sinnlos.[15] Ihren letztendlichen Sinn findet unsere Arbeit, wenn wir sie, indem wir für uns und unsere Gemeinschaften arbeiten, für Gott tun.

Was bedeutet die Beziehung zu Gott für den Sinn unserer Arbeit? Es gibt vier wesentliche Rollen, die Gott für unsere Arbeit spielt. Erstens ist Gott in gewisser Hinsicht unser *Arbeitgeber*. Indem wir unsere Bedürfnisse stillen und zum Gemeinwohl beitragen wollen, arbeiten wir für Gott, dienen wir Gott. Hier gibt Gott uns Aufgaben, die wir in der Welt ausführen sollen – gebietet uns, uns die Welt untertan zu machen (Genesis 1), oder den Garten zu bewahren und zu bebauen (Genesis 2) – und wir tun, was Gott gebietet.

Zweitens können wir uns unsere Arbeit nicht nur als die Erfüllung von Gottes Gebot, sondern auch als das Erreichen von Gottes Zielen in der Welt vorstellen. Im Matthäusevangelium sagt

Jesus, wenn er das Weltgericht beschreibt, den Schafen zu seiner Rechten: „Kommt her, die ihr von meinem Vater gesegnet seid, nehmt das Reich in Besitz, das seit der Erschaffung der Welt für euch bestimmt ist. Denn ich war hungrig und ihr habt mir zu essen gegeben; ich war durstig und ihr habt mir zu trinken gegeben; ich war fremd und obdachlos und ihr habt mich aufgenommen; ich war nackt und ihr habt mir Kleidung gegeben; ich war krank und ihr habt mich besucht; ich war im Gefängnis und ihr seid zu mir gekommen" (Matthäus 25,36). Alles, was die „Schafe" den Geringsten der Familie Jesu getan haben, das haben sie für ihn getan. Gott liebt seine Schöpfung und alle Geschöpfe, und wenn wir uns um ihr Wohl kümmern, setzen wir uns für Gottes Ziele ein und damit auch für Gott selbst.

Drittens arbeiten wir in unserer Arbeit *mit Gott zusammen*, und das gibt unserer Arbeit Sinn. Denken Sie an den zweiten Schöpfungsbericht, der in Form einer Geschichte Gottes ursprüngliche Absicht für die Menschheit offenlegt (Genesis 2,4-25). Er beginnt mit der Aussage, dass es keine Vegetation auf der Erde gab, nachdem Gott sie geschaffen hatte. Zwei Gründe werden dafür genannt: Erstens hatte Gott noch keinen Regen auf den Boden fallen lassen, und zweitens waren noch keine Menschen da, um ihn zu bebauen. Erst wenn die Menschen auf den Plan treten und zu arbeiten beginnen, kann Gottes Schöpfungswerk vollendet werden. Gott erschafft, Gott bewahrt, Gottes Segen wird ausgeführt, Gott verwandelt diese Welt in Erwartung der kommenden, und in dem allem macht Gott uns zu seinen Mitarbeitern.[16] Wir arbeiten mit Gott zusammen, und Gott wirkt durch uns. Wir treffen in Sitzungszimmern Entscheidungen, wir wenden die Hamburger bei McDonald's, wir reinigen Häuser, fahren Busse, veröffentlichen Bücher und halten Vorlesungen – und indem wir das tun, arbeiten wir mit Gott und Gott wirkt durch uns. Eine größere Würde können wir unserer Arbeit nicht zuschreiben.

Schließlich gibt uns Gott die Gewähr, dass nichts Wahres, Gutes und Schönes in unserer Arbeit verloren gehen wird. In Gott hat alles, das wir im Zusammenwirken mit Gott getan haben,

Bestand. In der kommenden Welt wird unsere Arbeit sich nicht verflüchtigen. Unsere Werke werden uns nachfolgen, wie es im Buch der Offenbarung heißt (14,13). Das ergibt einen Sinn, wenn unsere Identität zum Teil auf unseren Werken und Leistungen beruht. Selbst in der kommenden Welt könnte ich Gutenberg nicht begegnen, ohne an die Druckerpresse zu denken, oder Einstein, ohne an seine Relativitätstheorie zu denken, oder dem Apostel Paulus, ohne an den Römerbrief zu denken. Die Resultate unserer Arbeit – die zusammengenommenen Resultate von Generationen von Arbeitern auf der Welt – werden in der kommenden Welt auch aufgehoben sein.[17] Vielleicht werden sie nur in Gottes Erinnerung bewahrt oder als tatsächliche Bausteine dieser neuen Welt. Die Arbeit eines jeden von uns ist also ein kleiner Beitrag zum großartigen Wandteppich des Lebens, den Gott webt, indem er die Welt erschafft, sie erlöst und indem er sie vollenden wird. Das ist der tiefste und letzte Sinn unserer Arbeit.

Schluss: Unsere Arbeit gut tun

Hier sehen wir nun die Konturen eines Glaubens, der sich weigert, untätig zu sein: Gott segnet uns, und wir haben Erfolg bei unserer Arbeit; Gott erlöst uns, damit wir von unseren Fehlschlägen nicht erdrückt werden und dauerhaftes Glück erleben; Gott leitet uns, sodass wir moralisch verantwortungsvoll und vortrefflich arbeiten können. Und Gott gibt unserer Arbeit Sinn, indem Gott alle unsere Mühen um unserer selbst und unserer Gemeinschaften willen sammelt und durch sie wirkt, um die Welt zu schaffen, zu erlösen und zu vollenden. Unser Glaube wird sich positiv auswirken, wenn Gott in unserer Arbeit auf diese vier Weisen wirkt.

3

Übergriffigkeit

Während der Nachwehen der Terrorschläge auf das World Trade Center war es nichts Ungewöhnliches, wenn es hieß, die Anschläge hätten „alles verändert". „Alles" ist gewiss übertrieben, aber der 11. September veränderte eine ganze Menge, und die Haltung vieler Menschen im Westen der Religion gegenüber gehört dazu. Die Angriffe, die mehr als tausend Menschen das Leben kosteten und zwei größere Kriege auslösten (in Afghanistan und im Irak) waren zum Teil religiös motiviert. Was sorgfältige Analytiker und Menschen überall auf der Welt schon seit einiger Zeit wussten, wurde nun auch den säkularen Westlern klar: Religion ist heute höchst lebendig, und sie ist eine Kraft nicht nur im privaten, sondern auch im öffentlichen Leben der Menschen in der Welt. Seit einigen Jahren ist eine Aufsatzsammlung mit dem Titel *Religion, die fehlende Dimension der Staatskunst* (die, als sie erstmals 1994 veröffentlicht wurde, die Grenzen ihrer Zunft zu sprengen schien) Pflichtlektüre für Diplomaten in vielen westlichen und nichtwestlichen Ländern.[1]

Religion eliminieren?

Soziologen des Mainstreams im 20. Jahrhundert hatten im Anschluss an Karl Marx, Max Weber und Emile Durkheim vorhergesagt, Religion würde allmählich verwelken oder sich leise in die Privatsphäre gläubiger Herzen zurückziehen. Stattdessen erwies sich die Religion als ein wichtiger Mitspieler auf der nationalen und internationalen Bühne. Es ist noch zu früh zu sagen, wie dauerhaft dieses Wiederaufleben der Religion sein wird. Der Prozess der Säkularisierung könnte sich fortsetzen (wie in Kontinentaleuropa), wenn auch wahrscheinlich nicht im Sinne eines umfassenden Rückgangs religiöser Betätigung, sondern eher im Sinne eines abnehmenden Einflusses der Religion auf heutige Gesellschaften. Wenn die Säkularisierung weitergeht, wird sich das Problem der Untätigkeit als bedeutsamer erweisen als das einer unangebrachten Selbstbehauptung des Glaubens.

Im Denken vieler Menschen ist eine mit Bestimmtheit auftretende Religiosität als politischer Faktor nichts Gutes. Es hat den Anschein, als seien die Götter vorwiegend auf Terror aus, wie der Buchtitel von Mark Juergensmeyer über den globalen Anstieg religiöser Gewalt andeutet: *Terror in Gottes Sinn.*[2] Unter den intellektuellen Eliten im westlichen Kulturmilieu nährt sich die derzeitige Paarung von Religion und Gewalt hauptsächlich von Erinnerungen an die Kriege, die Europa im sechzehnten und siebzehnten Jahrhundert heimsuchten und in denen Religion, so sagt man, „die brennende Motivation [war], die eine fanatische Hingabe und den bösartigsten Hass hervorrief."[3] Diese Kriege trugen zu einem großen Teil dazu bei, dass sich eine säkulare Moderne entwickelte.[4]

Wie die Schlüsselgestalten der Aufklärung sehen auch viele Zeitgenossen Religion als ein zerstörerisches gesellschaftliches Übel, das aggressiv bekämpft werden muss, und nicht eine Medizin, von der sich Heilung erwarten ließe. Beriefen sich nicht die Täter des 11. September auf die Religion als Motivation für ihre Gewalt? Kämpften nicht jüngst im Balkankrieg die Serben um das Land, auf dem ihre heiligen Stätten lagen? War der Unterschied zwischen Katholiken und Protestanten nicht der Kern des nordirischen Bürgerkriegs? Ist Religion nicht ein wesentlicher Faktor der Zusammenstöße in Indien? Die derzeitige Rückkehr der Religion scheint Hand in Hand zu gehen mit dem Aufflammen religiös legitimierter Gewalt – zumindest in der öffentlichen Wahrnehmung. Aus diesem Grund, so argumentieren viele, ist es notwendig, Religion als Faktor des öffentlichen Lebens zu schwächen, zu neutralisieren oder sie gänzlich auszuschalten.

Der Impuls, Religion im öffentlichen Bereich zu neutralisieren oder auszuschalten, irrt jedoch. Er irrt, weil es kaum möglich sein dürfte, Religion ohne Gewalt auszuschalten – Gewalt gegen religiöse Menschen, für die Religion eine Lebensweise darstellt, privat wie öffentlich. Der Impuls, Religion auszuschalten, irrt auch, weil Religion häufig eine Rolle spielt oder spielen könnte, wenn es darum geht, gesunde soziale Beziehungen zu fördern. Das sind steile Behauptungen, die ich an dieser Stelle unhinterfragt stehen lasse. Im vorliegenden Kapitel widme ich mich einer bescheideneren Aufgabe: Ich werde die Behauptung anfechten, der christliche Glaube nähre vor allem die Gewalt. Auch das mag ein kühner Anspruch sein. Um nicht missverstanden zu werden, möchte ich ihn präzisieren.

Dicker und dünner Glaube

Erstens werde ich nicht argumentieren, christlicher Glaube sei nie gewalttätig gewesen oder er würde nicht fortwährend dazu herangezogen, Gewalt zu schüren. So kann man offenkundig nicht argumentieren. Christen haben im Lauf ihrer langen Geschichte nicht nur Gräueltaten begangen und weniger drastische Formen von Gewalt angewandt, sie haben sich auch auf religiöse Überzeugungen berufen, um solche Taten zu rechtfertigen.[5] Außerdem gibt es Elemente im christlichen Glauben, die, wenn man sie isoliert betrachtet oder über Gebühr in den Vordergrund rückt, dazu verwendet werden könnten, Gewalt zu legitimieren. Zweitens werde ich nicht argumentieren, das Christentum sei geschichtlich weniger in Gewalt verstrickt gewesen als andere Religionen. Ich bin nicht sicher, ob das der Fall ist oder nicht, und ich bin nicht sicher, wie diese Frage entschieden werden könnte.

Ich werde aber darlegen, dass, zumindest insofern es um das Christentum geht, das Gegenmittel gegen religiös induzierte und legitimierte Gewalt fast das genaue Gegenteil dessen ist, was ein wichtiger intellektueller Strang im Westen seit der Aufklärung propagiert hat. Das Gegenmittel gegen christliche Gewalt ist nicht weniger vom christlichen Glauben, sondern, in einem qualifizierten Sinn, *mehr* christlicher Glaube. Ich meine freilich nicht, dass vermehrter religiöser Eifer der Gewalt abhilft; blinder religiöser Eifer ist Teil des Problems. Vielmehr hilft eine stärkere und intelligentere Bindung an den christlichen Glauben als Glaube.

Im Blick auf die Wahrnehmung und Praxis christlichen Glaubens lautet meine These: Je mehr wir Glauben reduzieren auf eine vage Religiosität, die primär dazu dient, uns zu stärken, zu heilen und dem Geschäft des Lebens einen Sinn zu geben, dessen Kurs von ganz anderen Faktoren bestimmt wird als dem Glauben (etwa nationale Wirtschaftsinteressen), desto schlechter werden wir dran sein. Je mehr andererseits der christliche Glaube seinen Anhängern als Glaube bedeutet, der eine Lebensweise vorgibt, und je mehr sie ihn als eine fortwährende Tradition mit starker Bindung an die Geschichte und seine Ursprünge praktizieren, und das mit klarem kognitiven und moralischem Inhalt, desto besser sind wir dran. „Dünne", aber eifernde Praxis des christlichen Glaubens wird der Gewalt wahrscheinlich Vorschub leisten, „dicke" und verbindliche Praxis wird dazu beitragen, eine Kultur des Friedens zu schaffen und zu erhalten.[6] Diese These besagt, dass der Ansatz, das Thema Religion und Gewalt im Blick auf die *Quantität* religiöser Bindung zu betrachten – mehr Religion, mehr Gewalt – undifferenziert und fehlerhaft ist. Der relevanteste Faktor ist vielmehr die *Qualität* religiösen Engagements.

Im vorliegenden Kapitel werde ich auf einflussreiche Argumente über den gewalttätigen Charakter des Christentums eingehen, um die Behauptung zu untermauern, dass der christliche Glaube eine ernsthafte Funktionsstörung aufweist, wenn er Gewalt legitimiert. Das ist nur die eine Hälfte dessen, was ich brauche, um meine These plausibel zu machen, die negative Hälfte. Die andere, positive Hälfte wäre zu zeigen, dass im Herzen des Christentums, und nicht nur an seinen Rändern, wichtige Ressourcen liegen, um eine Kultur des Friedens zu schaffen und zu erhalten.[7]

In der Vergangenheit haben Wissenschaftler auf unterschiedliche Art begründet, dass der christliche Glaube Gewalt hervorbringt. Ich werde mich repräsentativ mit vier Argumenten befassen, die nach meiner Einschätzung den Kern der Sache betreffen.[8]

Monotheismus

Einige Gelehrte, wie etwa Regina Schwartz in ihrem Buch *Der Fluch des Kain: Das gewaltsame Erbe des Monotheismus*, vertreten die Auffassung, der christliche Glaube sei ein Komplize der Gewalt, indem sie auf die Tatsache verweisen, dass das Christentum zusammen mit dem Judentum und dem Islam eine monotheistische Religion ist. „Ob als Einzahl (dieser Gott gegen andere) oder Totalität (es gibt abgesehen davon nichts Göttliches), der Monotheismus verabscheut, verunglimpft, verwirft und vertreibt alles, was er als außerhalb seines Kompasses begreift", argumentiert Schwartz.[9] Vorausgesetzt, dass der Glaube an einen Gott „Identität antithetisch formt", äußert sich die religiöse Bindung an den einen Gott in einer verfehlten Identität („wir sind ‚wir', weil wir nicht ‚sie' sind") und trägt zu einer gewaltsamen Praxis bei.

Zusätzlich führt der Monotheismus die Kategorie universaler „Wahrheit" in die Sphäre der Religion ein.[10] Neben vielen anderen hat Zeljko Mardesic, ein kroatischer Religionssoziologe, angemerkt, dass diese Tatsache im Herzen der monotheistischen Exklusivität gründet. Zu glauben, es gibt nur einen Gott, bedeutet zu glauben, es gibt nur einen *wahren* Gott. Mehr noch, da ein solcher Wahrheitsanspruch über das moralische und metaphysische Wesen Gottes universal sein muss, ist er unweigerlich öffentlich. Allgemeingültige öffentliche Behauptungen verursachen Streit, wenn sie auf widerstreitende Behauptungen partikularer oder universaler Art treffen. Auch deswegen muss der Monotheismus ein gewalttätiges Erbe hinterlassen, so die Argumentation.[11] „Wir", die Treuen, haben den einen wahren Gott auf unserer Seite und stehen gegen „sie", die Abtrünnigen und Widerspenstigen.

Es ist allerdings nicht klar, dass die Bekräftigung der Einheit Gottes *an sich* schon zur Gewalt führt. Wirkt nicht die Einheit Gottes auch gegen die Tendenz, Menschen in „sie" und „uns" zu trennen? Nimmt jemand den Glauben an den einen Gott an, dann gehört in einem wichtigen Sinne jeder dazu, und jeder gehört zu den exakt gleichen Bedingungen dazu. Ja, „zu denselben Bedingungen dazuzugehören" kann als Zwang empfunden werden, wenn man nicht dazugehören möchte oder zu anderen Bedingungen. Aber nehmen wir den Monotheismus weg, dann wird die Trennung und die Gewalt zwischen „uns" und „ihnen" kaum verschwinden, und wenn „wir" oder „sie" religiös sind, dann wird sich jeder auf seinen Gott berufen, um Krieg zu führen. In einem polytheistischen Kontext könnte Gewalt sich noch mächtiger durchsetzen, weil sie notwendigerweise von lokalen oder willkürlich legitimierten Vorlieben gerechtfertigt wird, denen gegenüber in Abwesenheit einer Gottheit, die über den Parteien steht, an keine höhere Instanz mehr appelliert werden kann. Selbst wenn Monotheismus vage und abstrakt als Glaube an einen Gott ohne nähere Bestimmung verstanden wird, ist nicht klar, wie wahrscheinlich er zu mehr Gewalt führen würde als Polytheismus oder Atheismus.

Keine der monotheistischen Religionen vertritt jedoch einen solchen vagen und abstrakten Monotheismus. Speziell der christliche Monotheismus enthält wichtigen zusätzlichen Druck gegen Gewalt, ganz besonders die Gewalt in sich geschlossener und exklusiver Identitäten des Typs, den Schwartz kritisiert. Denn der christliche Monotheismus ist trinitarischer Natur.[12] Was verändert die Dreieinigkeit?[13] Im Blick auf soziale Beziehungen betrifft einer der wichtigsten Aspekte der Trinitätslehre die Auffassung von Identität. Zu glauben, dass der eine Gott Vater, Sohn und Heiliger Geist ist, heißt zu glauben, dass die Identität beispielsweise des Vaters nicht getrennt von Sohn und Heiligem Geist verstanden werden kann. Die Identität des Vaters ist von vornherein durch den Sohn und den Geist bestimmt und daher nicht undifferenziert und abgeschlossen. Ohne nähere Ausführungen kann man nicht sagen, der Vater sei nicht der Sohn oder der Geist, denn der Vater zu sein bedeutet, den Sohn und den Geist in sich gegenwärtig zu haben. Dasselbe gilt natürlich auch für den Sohn und den Geist im Blick auf den Vater und untereinander.

Zudem werden die göttlichen Personen in der christlichen Tradition als Identitäten verstanden, die nicht in sich abgeschlossen sind und so eine vollkommene Gemeinschaft der Liebe bilden. Die Personen geben sich einander hin und erhalten sich vom anderen in Liebe zurück. Keiner muss dem anderen etwas abringen, keiner muss dem anderen etwas aufzwingen und niemand muss sich vor den Übergriffen der anderen in Sicherheit bringen. Das Leben des göttlichen Wesens ist weit davon entfernt, ein gewaltsames Leben zu sein, sondern gegenseitige ungezwungene und willkommene Großzügigkeit macht es aus.

Es wäre schwer zu erweisen, dass ein solcher Monotheismus Gewalt schürt.[14] Stattdessen gründet sie den Frieden hier und jetzt im Raum der „Transzendenz", der Liebe und Friedfertigkeit des göttlichen Seins. Das Argument für eine dem christlichen Glauben innewohnende Gewalt funktioniert nur, wenn man die „dicke" religiöse Beschreibung Gottes unzulässigerweise reduziert auf eine nackte Einzahl, und dann postuliert, eben diese Einzahl spiele die entscheidende soziale Rolle. Ich bestreite nicht, dass eine solche Reduktion unter Christen stattfindet – aber wenn sie stattfindet, dann leidet der christliche Glaube an einer ernsthaften Störung. Nur Gottes Einheit zu bekräftigen ist ein Zeichen dafür, dass man den Glauben nicht ernst genug nimmt, nicht dass er als solcher gewalttätig ist.

Schöpfung

Bislang habe ich dargelegt, dass der christliche Glaube in seiner „dünnen", nicht aber seiner „dicken" Form Gewalt erzeugen kann – wenn eine „dicke" Beschreibung der differenzierten und komplexen Identität von Gottes Wesen (dessen Natur von Liebe bestimmt wird, die frei geschenkt und angenommen wird) auf eine undifferenzierte Einzahl reduziert wird. Wie aber sieht es mit dem Argument aus, dass einige sehr „dicke" und konkrete christliche Überzeugungen Gewalt fördern? Hier sind die Überzeugungen über die Erschaffung und Vollendung der Welt zentral.

Es ist eine grundlegende Behauptung des Christentums, dass Gott die Welt geschaffen hat. In ihrem einflussreichen Buch *Sexismus und Gottesrede* macht Rosemary Radford-Ruether die Beobachtung, dass der Schöpfer in den hebräischen Schriften wie ein Künstler ist, der mit Material außerhalb seiner selbst arbeitet. Das tut Gott, so argumentiert sie, „in einer Kombination aus männlicher Fruchtbarkeits- und Kulturmacht (Wort-Handlung), die es ‚von oben' formt."[15] In einer solchen Darstellung ist Schöpfung ein Resultat davon, dass formloser Materie von außen durch eine fremde Macht eine Form aufgezwungen wird. Also ist Schöpfung ein Gewaltakt.

Was ist verkehrt an dieser Darstellung oder Schöpfung? Alles – beinahe. Nehmen wir einen Augenblick lang an, wir sollten die Genesis wörtlich lesen, sodass Schöpfung am besten so beschrieben wird, dass vorhandenes Material geformt wird („formen" also nicht als Bild verstanden wird, das auf ein Tun verweist, das nur eine Analogie darstellt zu gewöhnlicher Formgebung). Dann wäre immer noch zu begründen, dass dieses Material „etwas" ist, und zwar eine spezielle Form des Etwas, die Achtung verdient.

Es ist jedoch keineswegs klar, dass das Chaos, das nach dem Schöpfungsbericht gestaltet wird, ein solches „Etwas" ist. Und wenn das Chaos ein „Etwas" wäre, warum nicht analog zu einem Steinblock, aus dem ein Künstler eine Skulptur formt? Trotz aller Funken, die sein Meißel schlägt, kann man Michelangelos Arbeit an seinem „David" kaum als Gewaltakt bezeichnen. Damit der Akt des „Formens" zur Gewalttat wird, muss das, was da geformt wird, eine eigene Integrität besitzen, die Achtung gebietet. Würde hingegen jemand Michelangelos „David" zertrümmern, dann wäre das ein Gewaltakt. Aber ein solches Zertrümmern hat keinerlei Ähnlichkeit mit dem göttlichen Formen in der Genesis.

Im Großen und Ganzen hat die christliche Tradition Schöpfung nicht als „Formung" verstanden. Vielmehr hat sie darauf bestanden, dass Gott kein Demiurg ist, der mit vorhandener Materie arbeitet; Gott schafft *ex nihilo,* aus dem Nichts. Die Folgen dieses Schöpfungsverständnisses für seinen vermeintlich gewaltsamen Charakter sind signifikant. Rowan Williams schreibt: Wenn wir sagen, dass Gott erschafft, dann meinen wir nicht, Gott „zwingt eine Definition auf", sondern dass Gott „eine Identität schafft". Und er fährt fort: „Vor dem Wort Gottes gibt es nichts, dem man etwas aufzwingen könnte."[16] Daraus folgt, dass Schöpfung nicht das Ausüben einer fremden Macht ist, ja sogar gar keine Machtausübung im herkömmlichen Sinn. Williams schreibt:

Macht wird von x über y ausgeübt; aber Schöpfung ist keine Macht, weil sie sich auf nichts richtet. Natürlich könnten wir sagen, dass Schöpfung eine göttliche Potentialität voraussetzt oder über bestimmte Mittel verfügt oder einen Überschuss an aktivem Leben; und manchmal wird „Macht" in einem solchen Sinn verwendet. Aber Schöpfung ist ganz bestimmt keine Art von Zwang oder Manipulation: Gott zwingt uns keine göttlich festgelegten Rollen auf außen denen, die wir „natürlicherweise" vielleicht haben, oder definiert uns aus unserem System hinaus in sein eigenes. ... Und das impliziert, dass der Prometheus-Mythos von der Menschheit, die gegen Gott um ihr

Wohlergehen und ihre Interessen streitet, keinen Sinn ergibt: Geschöpf zu sein, bedeutet nicht, Opfer einer fremden Macht zu sein.[17]

Schöpfung ist mithin nicht durch Zwang verursacht. Man könnte sogar argumentieren, dass ohne ein Verständnis der Welt als Schöpfung alle Beziehungen zwischen Größen dieser Welt, vor allem menschlichen Wesen, zwangsläufig gewalttätig wären.[18] Wenn Identitäten nicht geschaffen sind, dann stammen die Grenzen zwischen unterschiedlichen Größen aus den Interaktionen dieser Größen. Und diese Interaktionen müssen dann als gewaltsam beschrieben werden, da Grenzen – eben weil sie stets angefochten sind – willkürlich sind. Bei knappen Ressourcen werden Grenzen immer das Resultat von Machtkämpfen sein, selbst wenn diese Machtkämpfe die Gestalt von Verhandlungen annehmen. Außerdem kann keine der Streitparteien eine Schlichtung durch eine Instanz außerhalb dieses Machtkampfes beantragen.

Erlösung

Aber wie steht es mit der *Neuschöpfung*, mit Gottes Handeln zur Erlösung seiner Schöpfung von den Folgen der Sünde? Die Neuschöpfung ist ja keine *creatio ex nihilo* (Schöpfung aus dem Nichts), sondern eine *creatio ex vetere* (Schöpfung aus der alten Schöpfung). Jene „alte" und „sündige" Schöpfung besitzt ihre eigene Integrität (selbst wenn das dem christlichen Glauben zufolge eine Integrität ist, die in Spannung steht zu ihrem wahren Wesen), und sie kann und wird ihren Willen Gott gegenüber behaupten. Gott greift in die bestehende sündige Welt ein, um sie zu verwandeln in eine Welt vollkommener Liebe. Ist das kein gewaltsamer Eingriff, und führt er daher nicht zu Gewalt auf der Seite der Menschen?

Die radikalste Kritik an göttlichem Erlösungshandeln stammt von poststrukturalistischen Denkern. Für sie erzeugt jede Festlegung des Ziels, das die göttliche Verwandlung der Welt erreichen soll, und jede konkrete Aussage über den Agenten dieser Verwandlung Gewalt. In ihrer Darstellung muss das Kommende, um im Gegensatz zum Vorfindlichen nicht gewalttätig zu sein, immer etwas völlig anderes bleiben und kann nicht ausgesagt werden als „onto-theologisches oder teleo-eschatologisches Programm oder Entwurf".[19] John Caputo formuliert im Ton seines Lehrers Derrida: „Wenn der Messias tatsächlich jemals käme ... würde das alles ruinieren."[20] Ein jeglicher Messias ist problematisch, weil er und sein Programm notwendigerweise etwas oder jemanden ausschließen könnte. Daher ist als Ziel erstrebenswerten Wandels nur „absolute Gastfreundschaft" annehmbar, eine Haltung, die den Fremden ohne alle Vorbedingungen annimmt, so wie das einzig annehmbare Engagement, das zu erreichen, „radikale und unabschließbare, endlose ... Kritik" ist.[21]

„Absolute Gastfreundschaft" erscheint großzügig und friedfertig, bis man sich daran erinnert, dass unbußfertige Übeltäter und ihre nicht geheilten Opfer dann am selben Tisch säßen und ihr Zuhause teilten, ohne dass der Rechtsbruch, der stattgefunden hat, jemals die Aufmerksamkeit erhalten hätte, die ihm zusteht. In entscheidender Hinsicht kommt die Idee zu nahe an Nietzsches Bejahung des Lebens, in der ein heiliges „Ja" zu allem gesprochen wird, was ist, und in dem „aber so wollte ich es" zu allem gesagt wird, was war, mit all den kleinen und großen Schrecken der Geschichte.[22] Absolute Gastfreundschaft wäre keineswegs gleichbedeutend mit der Abwesenheit von Gewalt. Im Gegenteil, sie würde der Gewalt unter dem Deckmantel der Gewaltlosigkeit die Krone aufsetzen, sie ließe die Täter unverändert und die Folgen der Gewalt unbehandelt. Gastfreundschaft kann erst dann absolut sein, wenn die Welt zu einer Welt der Liebe geworden ist, in der jeder Mensch allen anderen gegenüber gastfreundlich ist. In einer Welt des Unrechts, der Täuschung und Gewalt kann Gastfreundschaft nur bedingt sein – selbst wenn der Wille zur Gastfreundschaft und das Angebot der Gastfreundschaft bedingungslos bleiben.[23]

Radikale Veränderung, nicht nur ein Akt unterschiedsloser Annahme, ist nötig, um aus der Welt eine Welt der Liebe zu machen. Die christliche Tradition hat diesen Wandel an das Kommen des gekreuzigten und auferstandenen Messias geknüpft, dessen Erscheinen in Herrlichkeit noch erwartet wird. Ist diese messianische Intervention gewaltsam? Sanktioniert sie menschliche Gewalt? Die Antwort ist einfach, sofern sie das erste Kommen des Messias angeht. Jesus Christus kam nicht in die Welt, um die Übeltäter durch einen Gewaltakt zu besiegen, sondern um in einem Akt der Selbsthingabe aus Liebe für sie zu sterben und sie so mit Gott zu versöhnen. Die ausgebreiteten Arme des leidenden Leibes am Kreuz qualifizieren die ganze Sendung Christi. Er verurteilte die Sünde der Menschheit, indem er sie auf sich nahm; und indem er sie trug, befreite er die Menschheit von ihrer Macht und stellte ihre Gemeinschaft mit Gott wieder her. Obwohl das Leiden am Kreuz nicht alles ist, was Christus tat, stellt das Kreuz doch das entscheidende Kriterium dafür dar, wie sein Wirken zu verstehen ist.

Erzeugt der Glaube an den Gekreuzigten Gewalt? Spätestens seit der Bekehrung des Kaisers Konstantin haben selbsternannte Nachfolger Christi grauenhafte Gewalttaten unter dem Kreuzeszeichen verübt. Die Jahrhunderte über waren die Passionszeit und die Karwoche für Juden eine Zeit der Furcht und des Zitterns; Christen haben einige der schlimmsten Pogrome begangen, während sie der Kreuzigung Christi gedachten, die sie den Juden vorwarfen. Auch die Muslime bringen das Kreuz mit Gewalt in Verbindung; unter seinem Zeichen fanden die Plünderungen der Kreuzfahrer statt.

Das unvoreingenommene Lesen der Geschichte Jesu Christi deckt eine solche Gewaltanwendung jedoch nicht. Der Bericht über seinen Tod im 1. Petrusbrief fasst das Zeugnis des Neuen Testaments gut zusammen:

Dazu seid ihr berufen worden; denn auch Christus hat für euch gelitten und euch ein Beispiel gegeben, damit ihr seinen Spuren folgt. Er hat keine Sünde begangen und in seinem Mund war kein trügerisches Wort. Er wurde geschmäht, schmähte aber nicht; er litt, drohte aber nicht, sondern überließ seine Sache dem gerechten Richter. Er hat unsere Sünden mit seinem Leib auf das Holz des Kreuzes getragen, damit wir tot seien für die Sünden und für die Gerechtigkeit leben (1. Petrus 2,21-24).

Wenn es in der Geschichte vom Kreuz die Gefahr der Gewalt gibt, dann indem sie zum bloßen Erdulden verleitet, wenn man von anderen misshandelt wird, nicht aber, dass sie zu Misshandlungen Anlass gäbe. Immer wenn im Namen des Kreuzes Gewalt verübt wurde, wurde das Kreuz seiner „dicken" Bedeutung innerhalb der größeren Geschichte Jesu Christi entleert und „ausgedünnt" zu einem Symbol religiöser Zugehörigkeit und Macht – und das Blut derer, die nicht dazugehörten, floss, während Christen sich von Nachfolgern des Gekreuzigten in Nachahmer derer verwandelten, die ihn kreuzigten.

Neue Schöpfung

Wie verhält es sich schließlich mit dem Messias, der in Herrlichkeit kommen wird? Er wird mit Gnade für seine Nachfolger kommen. Aber beschreibt ihn das Buch der Offenbarung nicht als den Reiter auf einem weißen Pferd, dessen „Augen wie Feuerflammen" sind, dessen „Mantel mit Blut getränkt" ist, aus dessen „Mund ein scharfes Schwert kommt, mit dem man die Völker niederschlägt", und der kommt, um „die Kelter mit dem Zorn des Allmächtigen Gottes zu treten" (19,12-15)? Einige Neutestamentler haben versucht, den Reiter so umzuinterpretieren, dass er zum generell gewaltlosen Standpunkt des Neuen Testaments passt.[24] Richtig an solchen Bemühungen ist, dass in der Offenbarung die Märtyrer die wahren Sieger sind, sodass der Sieg des Tieres über sie paradoxerweise ihr Sieg über das ausbeuterische und gewalttätige Tier ist. Darin spiegeln sie Jesus Christus wider, das geschlachtete Lamm, das seine Feinde gerade durch seinen Opfertod überwindet.[25]

Und doch ist der Reiter nicht einfach das Lamm; er ist das Lamm in seiner Funktion als *letzter Richter*. Warum ist ein letztes Gericht eigentlich nötig? Ohne es müssten wir davon ausgehen, dass alle Menschen, egal wie tief sie in Bosheit verstrickt waren, letztlich entweder dem Liebeswerben Gottes erliegen, oder, wenn sie das nicht tun, nicht nur das Böse, das sie tun, bereitwillig annehmen, sondern auch die zerstörerische Wirkung des Bösen auf ihr Leben. Dieser Glaube ist nicht viel mehr als ein moderner Aberglaube, der aus der Unfähigkeit geboren wurde, ohne mit der Wimper zu zucken ins „Herz der Finsternis" zu schauen. Erstens kann das Gute das Böse zweifellos besiegen, und das tut es ja auch. Aber die Macht des Bösen beruht zum großen Teil auf der Tatsache, dass der Schild, der einen vom Guten abschirmt, desto dicker wird, je mehr Böses jemand tut. Zweitens steht das Böse im Widerspruch zu sich selbst und wird sich selbst zerstören, wenn man ihm nicht entgegentritt. Aber Übeltäter tun Böses effektiver und wissen besser, wie sie anderen Schaden zufügen können und es sich zugleich gutgehen lassen. Das Buch der Offenbarung weigert sich zu Recht, anzunehmen, dass alles Böse entweder vom Guten überwunden sein oder sich selbst zerstören wird. Daher kann es die Möglichkeit nicht ausschließen, dass Gott gegen hartnäckige und fortwährende Schurken mit Zwang reagiert. Jene, die sich weigern, sich mit den Mitteln der Liebe von der Gewalt zur Liebe erlösen zu lassen, werden aus der Welt der Liebe ausgeschlossen.

Wie soll man diesen möglichen göttlichen Zwang verstehen? Im Kontext des gesamten christlichen Glaubens beschreibt man das am besten als symbolische Darstellung des letztendlichen Ausschlusses alles dessen, was sich von Gottes leidender Liebe nicht erlösen lässt. Wird Gott am Ende wirklich manche Menschen ausschließen? Nicht unbedingt. Ich habe den göttlichen Zwang als „möglich" bezeichnet, denn er hängt von der menschlichen Weigerung ab, sich von Gott zu einem liebenden Menschen machen zu lassen, und deshalb nicht zur Welt der Liebe zugelassen zu werden. Werden manche Menschen sich weigern? Ich hoffe nicht – und die Bibel zusammen mit dem Besten der christlichen Tradition hat es nie mit Gewissheit bekräftigt, dass manche sich weigern und daher ausgeschlossen werden.[26]

Ist es möglich (wenn auch nicht notwendig), dass das Kommen der Neuen Schöpfung den göttlichen Ausschluss dessen erfordern wird, was einer Welt der vollkommenen Liebe im Weg steht? Die entscheidende Frage für uns lautet, ob ein möglicher göttlicher Zwang am Ende der Geschichte konkrete menschliche Gewalt in deren Verlauf rechtfertigt. Die Antwort, die im ganzen Neuen Testament widerhallt, auch im Buch der Offenbarung, ist ein lautes und anhaltendes „Nein!" Auch wenn die Nachahmung Gottes der Gipfel menschlicher Heiligkeit ist, gibt es Dinge, die nur Gott tun darf. Eines davon ist der Einsatz von Gewalt.

Christen haben sich offenkundig nicht unter dem Banner des Reiters auf dem weißen Pferd zu sammeln, sondern ihr Kreuz auf sich zu nehmen und dem Gekreuzigten zu folgen. Handelten sie anders, dann würden sie, noch einmal, eine „dicke" Dimension des Glaubens „ausdünnen" und ihn mutwillig auf schädliche Weise benutzen. In welcher Hinsicht? Erstens maßten sie sich unzulässigerweise an, was Gott vorbehalten ist. Zweitens würden sie fälschlich die Gewalt vom Ende der Zeit in eine Zeit verlagern, in der Gott ausdrücklich auf Gewaltanwendung verzichtet, um eine Umkehr möglich zu machen. Schließlich würden sie zu Unrecht die zukünftige Möglichkeit von Gewalt in eine gegenwärtige Tatsache verwandeln. Eine „dicke" Lesart christlicher eschatologischer Überzeugungen wird keine Gewalt in der Gegenwart absegnen; im Gegenteil: Sie wird sich ihr widersetzen.[27]

Unterm Strich möchte ich noch einmal betonen, dass es mir in diesem Kapitel nicht darum ging, dass der christliche Glaube nie zur Legitimierung von Gewalt verwendet wurde, oder dass es keine Elemente dieses Glaubens gäbe, auf die sich diese Verwendung stützt. Vielmehr ging es mir darum, dass weder der Charakter des christlichen Glaubens (als einer monotheistischen Religion), noch einige seiner grundlegendsten Überzeugungen (etwa dass Gott die Welt geschaffen hat und dabei ist, sie zu erlösen) zu Gewalt verleiten. Der christliche Glaube wird *missbraucht*, wenn er dazu eingesetzt wird, Gewalt zu veranlassen.

Wie kommt es zu solch falschem Gebrauch und wie können wir ihn verhindern? Wenn wir christlichen Überzeugungen ihren ursprünglichen und historischen kognitiven und moralischen Gehalt nehmen und den Glauben reduzieren auf ein kulturelles Versatzstück, das von einer diffusen Aura des Heiligen umweht wird, werden wir in Konfliktsituationen wahrscheinlich religiös legitimierte und inspirierte Gewalt bekommen. Wenn wir Menschen in ihren religiösen und moralischen Überzeugungen stärken, die in den heiligen Texten gründen, werden wir wahrscheinlich militante Friedensstifter bekommen. Das ist, denke ich, nicht nur ein Resultat sorgfältiger Betrachtung der inneren Logik christlicher Überzeugungen; es stammt auch aus einem sorgfältigen Blick auf christliche Praxis. R. Scott Appleby hat aufgrund von Fallstudien in *Die Ambivalenz des Heiligen* argumentiert, dass religiöse Menschen entgegen eines weit verbreiteten Missverständnisses nicht dann eine positive Rolle in der Welt menschlicher Konflikte spielen und zum Frieden beitragen, wenn sie „ihre Religion mäßigen oder ihre tief angelegten, lebendig symbolisierten und oft höchst besonderen Glaubensansichten außen vor lassen", sondern „wenn sie religiöse Akteure bleiben."[28]

Statt eines Schlusses

Wenn der christliche Glaube nicht aus sich heraus gewalttätig ist und wenn Christen, die ihren Glauben ernst nehmen, wahrscheinlich keine Gewalt verüben werden, warum gibt es dann so viele Fehleinschätzungen über den gewaltsamen Charakter des christlichen Glaubens? Ich habe einen Teil der Antwort schon gegeben: Christen haben ihren Glauben dazu benutzt und tun das noch immer, um Gewalt, die sie für notwendig halten, zu legitimieren – und zwar im ganz großen Stil. Fehleinschätzungen des christlichen Glaubens spiegeln das weit verbreitete Fehlverhalten von Christen wider; und das Fehlverhalten der Christen beruht auf Fehlkonstruktionen ihres eigenen Glaubens, dem „Ausdünnen" seiner „dicken" und ursprünglichen Elemente.[29] Aber es gibt noch mehr. Denn es lässt sich leicht zeigen, dass die Mehrheit der Christen (und die Mehrheit religiöser Menschen insgesamt) gewaltlose Bürger sind, friedliebend, Friedensstifter, manche sogar Friedensaktivisten – und zwar eben aus religiösen Gründen. Die Anstifter zur Gewalt, die religiöse Legitimation suchen, sind statistisch eine kleine Minderheit unter den Christen (wie auch unter anderen Religionen).

Warum also ist diese Ansicht so weit verbreitet? Es gibt viele Gründe. Was Avishai Margalit über ethnische Zugehörigkeit schreibt, gilt ebenso gut für Religion. „Eine Kakerlake, die sich in deinem Essen findet, genügt, um die andernfalls köstlichste Mahlzeit in eine schlechte Erfahrung zu verwandeln. ... 30 bis 40 ethnische Gruppen, die einander bekämpfen, reichen aus, um 1.500 und mehr bedeutsame ethnische Gruppen in der Welt, die mehr oder weniger friedlich leben, schlecht aussehen zu lassen."[30] Man könnte dies als das *Selbstaufblasen des Negativen* bezeichnen, also die Tendenz des Bösen, größer auszusehen als vergleichbar vieles, was weitgehend gut ist.

Diese generelle Tendenz wird verstärkt in einer modernen Welt, deren Informationsflüsse durchgehend von Massenmedien dominiert werden. Denken Sie an den folgenden Kontrast. Ein Paramilitär mit Kreuz um den Hals, der muslimische Frauen vergewaltigt, schafft es in die Schlagzeilen und in Bücher über religiöse Gewalt. Katarina Kruhonja, eine Ärztin aus dem kroatischen Osijek und Träger des „Right Livelihood Award" (alternativer Nobelpreis) für ihre Friedensinitiativen, bleibt vergleichsweise unbekannt – ganz zu schweigen von der Motivation für ihre Arbeit, die durch und durch religiös ist. Sie schreibt, dass sie Friedensaktivistin wurde, als sie während des Beschusses von Osijek durch die Serben sich selbst neu auf den Gekreuzigten ausrichtete, wie Christus ihren „Willen befreite" und „sie der Macht der Exklusion und der Logik des Krieges widerstehen konnte."[31] Wir wissen wenig über Menschen wie Frau Kruhonja, weil zum einen Teil der Erfolg ihrer Arbeit solche Unsichtbarkeit erfordert. Unsere Unkenntnis liegt aber auch am Charakter der Kommunikation durch Massenmedien in einer marktorientierten Welt. Gewalt verkauft sich gut, also bekommen die Zuschauer Gewalt zu sehen, ohne dass die Medienanbieter sich am Unverhältnis zwischen der tatsächlichen und der abgebildeten Gewalt stören.

Die Massenmedien schaffen Wirklichkeit, jedoch indem sie auf die Vorlieben der Zuschauer setzen. Warum scheint der vergewaltigende paramilitärische Serbe „interessanter" als Frau Kruhonja? Und warum neigen wir alle dazu, von dem Kreuz um seinem Hals darauf zu schließen, dass sein Glaube für seine Taten eine Rolle spielt, während wir nie auf die Idee kämen, von dem Ring an seinem Finger darauf zu schließen, dass die Institution der Ehe eine Schuld trifft? Religion wird zum Teil auch deshalb in der öffentlichen Wahrnehmung mehr mit Gewalt verknüpft als mit Frieden, weil die Öffentlichkeit von der Gewalt fasziniert ist. Wir, die friedliebenden Bürger von Staaten, in denen die Ruhe durch grünliche Polizeiarbeit garantiert wird, sind unersättliche Betrachter von Gewalt. Und als Voyeure zeigen wir, dass wir stellvertretende Teilnehmer eben jener Gewalt sind, die wir äußerlich verabscheuen.[32] Religiöse Gewalt zieht uns besonders an, weil wir verständlicherweise ein starkes Interesse haben, Heuchelei zu entlarven, vor allem religiöse. Setzen Sie beide Faktoren zusammen – die innere Gewaltneigung und die Lust an der Enthüllung – und es hat den Anschein, dass wir zum Teil auch deshalb von der Beteiligung religiöser Menschen an Gewalt hören möchten, weil wir selbe gewalttätig sind, von ihnen jedoch etwas anderes erwarten.

Wären wir selbstkritischer über unsere heimlichen Gewaltneigungen und misstrauischer gegenüber der Darstellung von Gewalt in den Medien, könnten wir in der religiösen Landschaft nicht nur Gewaltausbrüche sehen, sondern auch einen steten Strom der Arbeit, die religiöse Menschen tun, um unsere Welt friedlicher zu machen. Dann wäre unsere Fantasie zum Beispiel nicht besetzt von Religion als Macht, die die nicht unbedingt besonders religiös eifernden Terroristen motiviert, die die Zwillingstürme zerstörten. Stattdessen wären wir beeindruckt von dem Ausmaß, in dem Religion der Mehrheit der Amerikaner als Trost und Orientierung in einer Krisenzeit diente, von der Motivation, die sie vielen von ihnen gab, um den Opfern zu helfen, Muslime vor Vorurteilen zu bewahren und Brücken zu bauen zwischen religiösen Kulturen, die einander aufgrund von Gewalt entfremdet sind, die im wesentlichen von nichtreligiösen Motiven beseelt war. Diese Namenlosen sind es, die aus dem wahren Geist des Glaubens handelten.

Versteht man ihn richtig, dann ist der christliche Glaube weder übergriffig noch untätig. Als prophetische Religion wird christlicher Glaube ein aktiver Glaube sein, der sich in der Welt engagiert, ohne Zwang auszuüben – unsere Vorhaben segnet, uns bei Fehlschlägen tröstet, moralische Wegweisung in einer komplexen Welt gibt und einen Rahmen, der unserem Leben und Handeln Sinn verleiht. Um sich gut in der Welt zu engagieren, müssen Christen vor allem auf eines bedacht sein: die Beziehung zwischen Gott und menschlichem Gedeihen.

4

Menschliches Gedeihen

Hoffnung im christlichen Sinn ist Liebe, die sich in die Zukunft erstreckt.

Wenn ich hoffe, dann erwarte ich etwas von der Zukunft. Aber ich hoffe nicht auf alles, was ich erwarte. Manchen Dingen, die ich erwarte – etwa einem Zahnarztbesuch – sehe ich eher mit Furcht entgegen, als dass ich sie in Hoffnung begrüßen würde. „Von Hoffnung aber rede ich nur", schrieb Josef Pieper in *Hoffnung und Geschichte*, „wenn das, was ich erwarte, *gut* für mich ist."[1] Und doch sind nicht einmal alle guten Dinge, die mir begegnen, eine Sache der Hoffnung. Ich hoffe nicht, dass nach einer langen, geruhsamen Nacht wieder ein neuer Tag anbricht, ich *weiß* mehr oder weniger, dass die Sonne aufgehen wird. Aber ich kann hoffen, dass eine kühle Brise einen heißen Sommertag erfrischt. In unserem alltäglichen Sprachgebrauch ist „Hoffnung", grob gesagt, die *Erwartung guter Dinge, die uns nicht ohnehin zufallen*.

Christlicher Glaube fügt dem Alltagsgebrauch von „Hoffnung" noch eine Schicht hinzu. In *Theologie der Hoffnung* unterscheidet Jürgen Moltmann bekanntlich zwischen Hoffnung und Optimismus. Beide haben mit positiver Erwartung zu tun, und doch sind sie ganz verschieden. Optimismus hat mit Gutem in der Zukunft zu tun, das in der Vergangenheit und Gegenwart latent vorhanden ist; die Zukunft, auf die sich der Optimismus bezieht – Moltmann nennt sie *futurum* – ist eine Entfaltung dessen, was schon da ist. Wir betrachten die Vergangenheit und die Gegenwart, verlängern die Linien in die Zukunft, und wenn die Aussichten gut stehen, dann werden wir optimistisch. Hoffnung hingegen hat mit Dingen in der Zukunft zu tun, die uns *von außen* erreichen, von Gott; die Zukunft, die sich mit der Hoffnung verbindet – Moltmann nennt sie *adventus* – ist das Geschenk des Neuen.[2] Wir hören das Wort der göttlichen Verheißung, und weil Gott Liebe ist, vertrauen wir seiner Treue. Dann bringt uns Gott „etwas Neues": die betagte Sara, unfruchtbaren Leibes, bringt einen Sohn zur Welt (Genesis 21,1-2; Römer 4,18-21); der gekreuzigte Jesus Christus wird von den Toten auferweckt (Apostelgeschichte 2,22-36); ein mächtiges Babylon fällt und ein neues Jerusalem kommt vom Himmel herab (Offenbarung 21,1-5); noch allgemeiner: Das Gute, das unmöglich schien, wird nicht nur möglich, sondern wirklich.

Die Erwartung guter Dinge, die als Geschenk von Gott kommen – das ist Hoffnung. Und das ist auch Liebe, die sich in unsere Zukunft und die der Welt hineinprojiziert. Denn Liebe macht immer Geschenke und ist selbst ein Geschenk; umgekehrt ist jedes echte Geschenk ein Ausdruck von Liebe. Im Herzen der erhofften Zukunft, die vom Gott der Liebe kommt, steht das Gedeihen von Menschen, Gemeinschaften und unseres ganzen Planeten. Aber wie verhält sich Gott, „der den Toten Leben gibt und Dinge ins Dasein ruft, die nicht existieren" (Römer 4,17) gegenüber menschlichem Gedeihen? Und wie sollen wir das Gedeihen des Menschen verstehen, wenn es ein Geschenk Gottes ist?

Menschliches Gedeihen

Betrachten Sie mit mir eine vorherrschende westliche Vorstellung menschlichen Gedeihens, wie sie von früheren Vorstellungen abweicht und was ihre Folgen sind.

Befriedigung

Viele Menschen im Westen sind heute der Meinung – „Bauchgefühl" mag eine saloppe, aber zutreffendere Art sein, es zu bezeichnen – dass ein gelingendes Menschenleben ein Leben voll befriedigender Erfahrungen sein muss. Damit meinen sie nicht nur, dass das Erleben von Befriedigung ein wünschenswerter Aspekt menschlichen Gedeihens ist, sodass, wenn sich alles andere gleich verhielte, Menschen, die Befriedigung verspüren, vollständiger gedeihen würden als jene, die es nicht tun. Wir blühen zum Beispiel mehr auf, wenn wir Energie haben und gesund sind, als wenn uns Trauer einhüllt und Schmerz plagt (auch wenn es manchmal wahr ist, dass Schmerz ein Diener des Guten und Hochgefühl trügerisch sein kann). Obwohl die Stoiker in der Antike meinten, man könne auf der Folterbank ebenso aufblühen wie in der Bequemlichkeit des eigenen Heims, dachten die meisten Menschen in allen Epochen der Menschheitsgeschichte, dass Befriedigung zu erleben das Gedeihen fördert.

Im Gegensatz dazu dreht sich für viele im Westen alles im Leben darum, Befriedigung zu erleben. Sie fördert das Gedeihen nicht nur; sie definiert es. Solche Menschen können sich nicht vorstellen, dass ihr Leben gelingt, wenn sie keine Befriedigung erfahren, wenn sie sich nicht *glücklich fühlen*, wie sie es dann gern sagen. Für sie besteht ein erfülltes Leben darin, dass sie befriedigende Erfahrungen machen. Keine Befriedigung, kein Wohlbefinden. Die Quellen der Befriedigung variieren vielleicht, von klassischer Musik auf der einen bis zum Drogenkonsum auf der anderen Seite, vom Genuss der Haute Cuisine bis zu sadomasochistischem Sex, von Sport bis Religion. Nicht die Quelle der Befriedigung zählt, nur die schlichte Tatsache. Ein Lebensstil oder eine Tätigkeit rechtfertigt sich gegenüber anderen dadurch, dass sie Befriedigung verschafft – die Lust. Und wenn sie Befriedigung verspüren, empfinden Menschen, dass sie gedeihen.

Philipp Reiff merkte in *Der Triumph des Therapeutischen* vor ein paar Jahrzehnten an, dass unsere Kultur zwar den Lustgewinn regelt, aber die Menschen nicht dazu anhält, das gute Leben zu führen, das von grundlegenden Werten und Überzeugungen bestimmt wird.[3] Das ist eine grobe Verallgemeinerung mit vielen Ausnahmen. Und doch beschreibt sie den überwiegenden und zunehmenden Trend zutreffend.

Die Liebe Gottes und universale Solidarität

Wir können die westliche Kultur und ihre implizite Standardbeschreibung menschlichen Gedeihens mit zwei bestimmenden Modellen aus der Geschichte der westlichen Tradition vergleichen. Der Kirchenvater Augustinus aus dem fünften Jahrhundert, eine der einflussreichsten Gestalten westlicher Religion und Kultur, steht für die erste dieser beiden Beschreibungen. In seinem großen Werk *De Trinitate* – seinen Reflexionen über das glückliche Leben – schreibt er: „Gott ist die einzige Quelle, die sich in jedem guten Ding finden lässt, besonders aber in jenen, die einen Menschen gut machen und jenen, die ihn glücklich machen; nur von ihm her kommen sie in einen Menschen und verbinden sich mit einem Menschen."[4] Folglich gedeihen Menschen und sind wahrhaft glücklich, wenn ihr Leben sich um Gott dreht, die Quelle von allem, was wahr, gut und schön ist. Was die geschaffenen Dinge angeht, so soll man sie auch lieben. Aber die einzige Weise, sie richtig zu lieben und wahrhaft zu genießen ist, sie „in Gott" zu lieben und zu genießen.

Nun pflichtet Augustin dem bereitwillig bei, was die meisten Menschen denken, dass nämlich die glücklich sind, die alles haben, was sie wollen. Aber er fügt sofort hinzu, dass dies nur gilt, wenn sie nichts „auf falsche Weise"[5] wollen, soll heißen: wenn sie alles im Einklang mit dem Charakter und Willen des Schöpfers wollen, dessen Wesen Liebe ist. Das höchste Gut, das Menschen wahrhaftig glücklich macht – in meiner Ausdrucksweise: der Inhalt, der zu einem gedeihenden Leben gehört – besteht in der Liebe zu Gott und dem Nächsten und der Freude an beidem. In seinem *Gottesstaat* definiert Augustinus es als eine „völlig harmonische Gemeinschaft in der Freude an Gott und einander in Gott."[6]

Um das 18. Jahrhundert entwickelte sich im Westen eine andere Vorstellung menschlichen Gedeihens. Sie hing zusammen mit dem, was Wissenschaftler manchmal die „anthropozentrische Verschiebung" nennen – die allmähliche Abkehr des Interesses vom transzendenten Gott hin zu den Menschen und ihren weltlichen Angelegenheiten. Charles Taylor schreibt in *Das säkulare Zeitalter*: Der neue Humanismus, der damals geboren wurde, unterschied sich „von den meisten antiken Ethiken menschlicher Natur" darin, dass seine Auffassung menschlichen Gedeihens „auf nichts Höheres Bezug nimmt, das die Menschen verehren, lieben oder anerkennen sollten."[7] Für Augustinus und die Tradition, die ihm folgte, war dieses „Höhere" Gott. Der moderne Humanismus wurde exklusiv, indem er die Idee abschüttelte, dass menschliches Leben seinen Mittelpunkt in Gott hat.

Doch selbst als der moderne Humanismus Gott und das Gebot, Gott zu lieben, verwarf, hielt er an der moralischen Verpflichtung fest, den Nächsten zu lieben. Die zentrale Säule seiner Anschauung vom guten Leben war eine universale Wohltätigkeit, die alle Schranken von Stamm oder Nation überwand und sich auf alle menschlichen Wesen erstreckte. Gewiss war das ein Ideal, das nicht sofort umgesetzt werden konnte (und von dem manche Gruppen, die man als minderwertig ansah, de facto ausgenommen blieben). Aber das Ziel, zu dem die Menschheit mit stetem Schritt unterwegs war, war ein Zustand menschlicher Beziehungen, in dem das Gedeihen des Einzelnen an das Gedeihen aller gebunden war und das Gedeihen aller an das Gedeihen des Einzelnen. Marx' Vision einer kommunistischen Gesellschaft, verdichtet in dem

Satz „von jedem nach seinen Fähigkeiten, für jeden nach seinen Bedürfnissen",[8] war historisch die einflussreichste (und problematischste) Version dieser Idee menschlichen Gedeihens. Im späten 20. Jahrhundert fand eine weitere Verschiebung statt. Menschliches Gedeihen wurde zunehmend als erlebte Befriedigung definiert (obwohl sich natürlich andere Vorstellungen menschlichen Gedeihens auch behaupteten, ob sie nun aus religiösen oder säkularen Interpretationen der Welt stammten). Nachdem der Bezug auf „etwas Höheres, das Menschen ehren und lieben sollten" bereits verloren war, verschwand nun auch der Bezug zur universalen Solidarität. Übrig blieben die Sorge um sich selbst und der Wunsch, Befriedigung zu erleben. Freilich suchen auch heute die Einzelnen nicht einfach isoliert von der Gesellschaft nur ihren Genuss. Ebenso wenig sind ihnen die anderen gleichgültig. Andere spielen eine große Rolle. Aber sie tun das hauptsächlich, indem sie zur Befriedigung des Einzelnen beitragen. Für religiöse Menschen aus dieser Kategorie gilt das für Gott ebenso wie für Menschen. Das Begehren – die äußere Hülle der Liebe – ist geblieben, aber die Liebe selbst ist verloren, weil sie sich nur noch auf das Selbst bezieht.

Hoffnung

Eine Möglichkeit, die drei Phasen der Konzeption menschlichen Gedeihens zu betrachten – die Liebe zu Gott und dem Nächsten, universale Wohltätigkeit, das Erleben und Befriedigung – ist, sie als die Geschichte der Verkleinerung des Gegenstandes der Liebe zu sehen: Von der immensen Weite des unendlichen Gottes verengt sich die Liebe zunächst auf die Grenzen universaler menschlicher Gemeinschaft und zieht sich dann radikal zusammen auf die Enge des einzelnen Selbst – des eigenen Selbst. Ein paralleler Schrumpfprozess hat bei der Reichweite menschlicher Hoffnung stattgefunden.

In seinem Buch *The Real American Dream*, zur Jahrtausendwende geschrieben, zeichnet Andrew Delbanco die Verkleinerung amerikanischer Hoffnung nach. Mich interessiert das an dieser Stelle, weil Amerika in dieser Hinsicht symptomatisch sein könnte: Es wäre möglich, eine analoge Verkleinerung der Hoffnung in den meisten Gesellschaften nachzuweisen, die hochgradig in Globalisierungsprozessen stecken. Ein Blick auf das Inhaltsverzeichnis des Buches enthüllt den Hauptpunkt seiner Analyse. Die Überschriften lauten: „Gott", „Nation", „Selbst". Der unendliche Gott und das ewige Leben in der Freude an Gott und den Nächsten (manchen zumindest!) war die Hoffnung der Puritaner, die Amerika gründeten. Amerikanische Nationalisten des 19. Jahrhunderts, allen voran Abraham Lincoln, formten dieses christliche Bildmaterial, das Gott in den Mittelpunkt stellte, um in das „Symbol einer Erlösernation". Im Zuge dieses Prozesses schufen sie „ein neues Symbol der Hoffnung."[9] Die Reichweite der Hoffnung war beträchtlich verringert[10], und doch blieb noch etwas von immenser Bedeutung, auf das man hoffte – das Wohlergehen der Nation, die selbst ein „auserwähltes Volk" war, dazu berufen, „die Bundeslade der Freiheitsrechte der Welt" zu tragen, wie Melville es ausdrückte.[11] Doch dann wurde in den Nachwehen der Sechziger- und Achtzigerjahre, als kombiniertes Resultat erst der Hippie- und dann der Yuppie-Revolution, „augenblickliche Befriedigung" zum „Wahrzeichen des guten Lebens". Es ist nur leicht übertrieben, wenn man sagt, dass die Hoffnung „auf das Maß der Selbstverhätschelung"[12] reduziert wurde. Auf dem Weg von der unermesslichen Weite Gottes hinab zum Ideal der Erlösernation verengte sich die Hoffnung, wie Delbanco schreibt, „auf den schwindenden Punkt des bloßen Selbst".[13]

Oben habe ich schon angemerkt, dass, wenn sich der Blick der Liebe verengt, die Liebe verschwindet; Wohlwollen und Wohltätigkeit verwandeln sich in eigennütziges Streben. Etwas Ähnliches geschieht mit der Hoffnung, was verständlich ist, wenn Hoffnung Liebe ist, die sich auf die Zukunft des Geliebten bezieht, wie ich es uns zu Beginn dieses Kapitels nahegelegt habe. Wenn nun die Liebe auf das Eigeninteresse schrumpft und wenn das Eigeninteresse sich auf das Erleben von Befriedigung verlegt, dann verschwindet auch die Hoffnung. Michael Oakenshott besteht zu Recht darauf, dass Hoffnung davon abhängt, dass man „einen Zweck [findet], den man ausgiebiger verfolgt als eine momentane Begehrlichkeit."[14]

Unbefriedigende Befriedigung

Liebe und Hoffnung sind nicht die einzigen Opfer, wenn sich die Bemühungen des Menschen um das Erleben von Befriedigung drehen. Viele haben darauf hingewiesen, dass die Befriedigung selbst unter dem Luststreben leidet. Damit meine ich nicht nur, dass wir einen Großteil unseres Lebens unbefriedigt zubringen. Freilich sind wir unbefriedigt, bis wir Befriedigung erleben. Das Begehren wird geweckt, die Anstrengung beginnt, angetrieben von einem Gefühl der Unzufriedenheit und angezogen von der Erwartung, Erfüllung zu finden, wenn die Befriedigung erreicht ist. Unzufriedenheit und erwartungsvolle Anstrengung sind der Grundzustand und Erfüllung die Unterbrechung desselben; Sehnsucht ist ewig, Befriedigung flüchtig und periodisch.[15]

Wichtiger noch, fast schon paradox, ist, dass wir mitten im Erleben von Befriedigung unzufrieden bleiben. Wir vergleichen unser „Vergnügen" mit dem anderer und fangen an, sie zu beneiden. Der feine Seat unserer bescheidenen Träume ist ein Quell der Unzufriedenheit, wenn wir den neuen Mercedes des Nachbarn zu Gesicht bekommen. Aber selbst wenn wir das Vergleichsspiel gewinnen – wenn vor der eigenen Garage das Topmodell der exklusivsten Automarke parkt – ist unser Sieg schal und melancholisch. Gratiano drückt es in Shakespeares *Kaufmann von Venedig* so aus: „Jedes Ding wird mit mehr Trieb erjaget als genossen."[16] Erstens sind wir, da uns das kennzeichnet, was Philosophen Selbsttranszendenz nennen, in unserer Fantasie immer schon über den Stand hinaus, den wir erreicht haben. Was immer wir haben, wir möchten mehr und anderes, und wenn wir den Gipfel erklommen haben, trübt ein Gefühl der Enttäuschung den

Triumph. Unser Einsatz kann daher nur dann zur Ruhe führen, wenn wir an etwas Unendlichem Gefallen finden. Für Christen ist dieses Etwas Gott.

Zweitens fühlen wir uns melancholisch, weil unser Genuss zutiefst menschlich ist und daher nur vergnüglich, wenn er einen Sinn über sich hinaus hat. Mit Sex ist das zum Beispiel so. Egal wie aufregend und verlockend er sein mag, er hinterlässt einen unzufriedenen Nachgeschmack – Schuldgefühle vielleicht, gewiss aber Leere – wenn er nicht über sich hinaus weist, wenn er kein Sakrament der Liebe zwischen Menschen ist. Dasselbe gilt für andere Genüsse.[17]

Wenn wir den Genuss in den Mittelpunkt des guten Lebens stellen, wenn wir ihn abkoppeln von der Liebe zu Gott, dem letztendlichen Ursprung von Sinn, und wenn wir ihn abtrennen von der Liebe zum Nächsten und der Hoffnung auf eine gemeinsame Zukunft, dann bleibt uns, um es mit Andrew Delbanco zu sagen, „keine Möglichkeit, Begehren anhand einer Sinnstruktur zu organisieren."[18] Und da wir Menschen unauslöschlich Sinn-schaffende Wesen sind, wird ein solcher Wunsch, in sich abgeschlossene Wünsche zu erfüllen, immer zutiefst unbefriedigend bleiben.

Darstellungen der Wirklichkeit, Konzepte von Gedeihen

Um eines erfüllten Lebens der Einzelnen, des Aufblühens von Gemeinschaften und unserer gemeinsamen globalen Zukunft willen brauchen wir einen besseren Begriff von menschlichem Gedeihen als dem Erleben von Befriedigung. Die langlebigsten alternativen Visionen menschlichen Gedeihens werden von den großen Glaubenstraditionen verkörpert. An sie – und an die Debatten zwischen ihnen, worin echtes menschliches Gedeihen besteht – müssen wir uns wenden, um Ressourcen zu finden, die uns menschliches Gedeihen neu denken lassen. Im Folgenden werde ich Umrisse einer Vision menschlichen Gedeihens vorschlagen, wie sie der christliche Glaube (genauer: ein Strang dieses Glaubens) enthält. Eine Vorstellung menschlichen Gedeihens – und die Ressourcen, sie umzusetzen – ist der wichtigste Beitrag des christlichen Glaubens zum Gemeinwohl.

Die Zentralität menschlichen Gedeihens

Die Sorge um das Wohlergehen der Menschen ist das Anliegen der großen Religionen, den christlichen Glauben eingeschlossen. Es stimmt zwar, dass man das aus der Art, wie Glaube gelebt wird, nicht immer schließen kann. Verfolgt man die Geschichte der Glaubensgemeinschaften, dann hat es hin und wieder den Anschein, als wollten sie Menschen einfach aus dieser Welt hinaus in die nächste verfrachten – aus dem Tal der Tränen in die himmlische Seligkeit (Christentum), aus der Welt der Triebe in das Nirvana (Buddhismus), um nur zwei Beispiele zu geben. Und doch blieb das menschliche Gedeihen für die großen religiösen Lehrer, ja sogar für die Vertreter hochgradig asketischer und scheinbar weltferner Glaubensformen immer ein zentrales Anliegen.

Nehmen wir Abu Hamid Muhammad al-Ghazali, einen der größten Denker des Islam, als Beispiel. „Wisse, o Geliebter, dass der Mensch nicht aus einer Laune oder Zufall erschaffen wurde, sondern wunderbar gemacht und zu einem hohen Ziel", so beginnt er eines seiner Bücher. Was ist das große Ziel für ein Wesen, dessen Geist „erhaben und göttlich" ist, selbst wenn sein Leib „gemein und irdisch" ist? Al-Ghazali beschreibt es so:

> Wenn [der Mensch] im Schmelztiegel der Abstinenz von fleischlichen Leidenschaften geläutert wird, erreicht er das Höchste, und statt ein Sklave der Lust und des Zornes zu sein, findet er seinen Himmel in der Kontemplation ewiger Schönheit, nicht mehr in fleischlichem Genuss.

Diese Zeilen stammen aus der Einleitung zu al-Ghazalis Buch, das von der „Abkehr von der Welt hin zu Gott" handelt. Das klingt vielleicht so, als ginge es in dem Buch gar nicht um menschliches

Gedeihen. Und doch lautet sein Titel: *Die Alchemie des Glücks.*[19] Indem er über die Abkehr von der Welt und die Hinkehr zu Gott schreibt, und wie man sich von fleischlichen Leidenschaften reinigt, handelt dieses Buch von menschlichem Wohlergehen in dieser Welt und der nächsten.

Oder nehmen wir einen der größten jüdischen Denker, Moses Maimonides. Am Anfang seines *Führer der Unschlüssigen* schreibt er, dass das Bild Gottes in menschlichen Wesen – das sie von den Tieren unterscheidet – „der Verstand [ist], den Gott auf den Menschen überfließen ließ."[20] Um diesen Punkt zu unterstreichen, schließt Maimonides sein Werk mit der Feststellung, dass der Verstand „das Band zwischen uns und ihm" ist.[21] Wahre menschliche Vollkommenheit besteht

im Erwerb der rationalen Tugenden – ich beziehe mich auf den Empfang verständlicher Dinge, die wahre Ansichten über göttliche Dinge lehren. Das ist wahrhaftig und wirklich das höchste Ziel; das gibt dem Individuum wahre Vollkommenheit, eine Vollkommenheit, die ihm allein gehört; und sie gibt ihm unverwüstliche Dauer; durch sie ist der Mensch Mensch.[22]

Das Wesen der letztendlichen Wirklichkeit, der Charakter menschlicher Wesen, der Sinn ihres Lebens und ihr höchstes Streben – all das hängt zusammen. Das ganze religiöse System ist mit dem Wohlergehen des Menschen verknüpft.

Heutige Muslime und Juden widersprechen al-Ghazalis und Maimonides' Darstellung menschlichen Gedeihens vielleicht, weil sie ihnen höchstwahrscheinlich zu asketisch und intellektuell sind. In der Tat drehen sich viele Diskussionen innerhalb einer religiösen Tradition um die Frage, was menschliches Gedeihen richtig verstanden ausmacht. Auch Christen könnten das tun (wobei viele Weise und Heilige der Christenheit es erstaunlich ähnlich aufgefasst haben).[23] Ich habe Maimonides und a-Ghazali nicht herangezogen, um ihre Gedanken christlich zu bewerten, auch wenn ein respektvolles kritisches Gespräch unter den großen Glaubensrichtungen über menschliches Gedeihen wichtig ist. Vielmehr ging es darum, zu illustrieren, dass die Sorge um menschliches Gedeihen für die großen religiösen Traditionen zentral ist, ein bestimmendes Charakteristikum.

Vor nicht allzu langer Zeit war menschliches Gedeihen auch ein zentrales Anliegen der Institutionen für höhere Bildung im Westen. Man ging im Wesentlichen der Frage nach, was es bedeutet, ein gutes und sinnvolles Leben zu führen; weniger ging es darum, mit dieser oder jener Aktivität Erfolg zu haben, sondern erfolgreich *Mensch zu sein*. In meiner Redeweise ging es um menschliches Gedeihen. Heute ist das nicht mehr der Fall. In *Education's End* erzählt Anthony Kronman eine fesselnde Geschichte davon, wie das Ideal einer „Forschungsuniversität" im Zusammenspiel mit der Faszination des Postmodernismus in Kultur und Theorie dazu führte, dass man die Suche nach dem Sinn des Lebens aufgab.[24] Er schreibt, wenn man heute „einen organisierten Beistand bei der Antwort auf die Frage nach dem Sinn des Lebens möchte, und nicht nur die Liebe der Freunde und Angehörigen, dann muss man sich an die Kirchen wenden."[25]

Kronman, der sich selbst als Säkularisten bezeichnet, kritisiert die Art, wie religiöse Traditionen die Frage nach dem Sinn des Lebens beantworten. Er glaubt – zu Unrecht, wie ich denke – dass Glaubensgemeinschaften aus sich heraus keinen verantwortlichen Pluralismus beherbergen können und es immer erfordern, den Intellekt zu opfern. Als ein Glaubender denke ich, dass die säkulare Suche nach dem Sinn des Lebens höchstwahrscheinlich scheitern wird und dass die aussichtsreichen Kandidaten für den Sinn des Lebens alle religiös begründet sind. Aber welche Position auch immer man im Disput zwischen säkularem Humanismus und religiösen Traditionen einnimmt, beiden geht es um das Gedeihen des Menschen und beide stehen im Kontrast zur verbreiteten kulturellen Fixierung der Gesellschaft auf erlebte Befriedigung in weiten Teilen der Gesellschaft, ob im Westen oder anderswo.

Entsprechung

Al-Ghazalis *Die Alchemie des Glücks* und Maimonides' *Führer der Unschlüssigen* veranschaulichen nicht nur die zentrale Bedeutung menschlichen Gedeihens in religiösen Traditionen; sie heben auch eine wichtige Weise hervor, in der sich religiöse Darstellungen vom Sinn des Lebens vom heutigen Hang unterscheiden, Gedeihen als Erleben und Befriedigung zu betrachten. Der Unterschied betrifft die Entsprechung zwischen der Art, wie die Welt, einschließlich der Menschen, eingerichtet ist, und was es bedeutet, dass Menschen gedeihen. Die zentralen Kapitel von al-Ghazalis Buch handeln zum Beispiel von der Kenntnis des Selbst, Gottes, dieser Welt und der zukünftigen Welt.[26] Um zu wissen, was Glück bedeutet, müssen Sie wissen, wer Sie sind und was Ihr Platz im großen Haushalt der Wirklichkeit ist – der geschaffenen und der ungeschaffenen.

In dieser Hinsicht ist al-Ghazali nicht ungewöhnlich. Wie Maimonides zeigt, arbeiten die meisten Religionen und wichtigen Philosophien mit der Idee, dass es eine Entsprechung gibt – vielleicht eine lose Entsprechung, aber eben doch eine Art Entsprechung – zwischen einem umfassenden Begriff der Wirklichkeit und dem Konzept menschlichen Gedeihens. Und im Verlauf der Geschichte waren die meisten Menschen an den meisten Orten der einhelligen Meinung, es müsse eine solche Entsprechung geben. Sie waren das hauptsächlich, weil ihr Leben an religiösen Traditionen ausgerichtet war. Lassen Sie mich das noch etwas ausführen und einen Augenblick von religiösen Gestalten wie Augustinus und al-Ghazali zu zwei Philosophen gehen, einem antiken und einem modernen: Seneca und Nietzsche.

Seneca und die antiken Stoiker (die in den letzten Jahren eine Art Comeback erlebten)[27] koordinierten ihre Überzeugungen über die Welt, die Menschen, was es heißt, gut zu leben, und über das Wesen des Glücks.[28] Sie glaubten, Gott sei die kosmische Vernunft, die die ganze Schöpfung durchwaltet und ihre Entwicklung umfassend leitet. Menschen sind vor allem vernünftige Wesen; sie leben gut, wenn sie sich an der kosmischen Vernunft ausrichten. Sie sind glücklich, wenn sie im Einklang mit der kosmischen Vernunft zu stiller Selbstgenügsamkeit finden und nicht mehr Gefühlen wie Furcht, Neid oder Zorn unterworfen sind, egal wie die äußeren Umstände gerade aussehen. Daher sind stoische Vorstellungen von der Welt und menschlichem Gedeihen kohärent.

Mein zweites Beispiel, Friedrich Nietzsche, war ein moderner Denker, der nicht nur dem Christentum, sondern auch den Stoikern radikal widersprach.[29] Selbst er, ein antirealistischer Denker, dem alle Systeme suspekt waren, scheint die Idee nicht abschütteln zu können, dass es eine Entsprechung geben müsse zwischen einem intellektuell redlichen Verstehen der Welt und dem, was man unter menschlichem Gedeihen versteht. Er dachte, die ganze westliche Tradition der Moral müsse verworfen werden, nicht nur, weil sie schuld daran ist, dass „der Mensch als Spezies nie seine höchstmögliche Macht und Glanz erreicht."[30] Die westliche Tradition der Moral ist vor allem deshalb unangebracht, weil sie nicht zu dem passt, wie Menschen tatsächlich sind. Im Gegensatz zu den Annahmen westlicher moralischer Traditionen sind Menschen erstens nicht frei in ihrem Handeln, sondern von Notwendigkeit bestimmt; sie durchschauen zweitens weder sich selbst noch andere, was die Motivation betrifft; drittens sind sie einander nicht ähnlich und daher demselben moralischen Code unterworfen, sondern jeder ist anders. Folglich passt Nietzsches Eintreten für den „Willen zur Macht" und den „Übermenschen" exakt zu diesen Eigenschaften der Menschen und macht die Steigerung zum herausragenden „Übermenschen" möglich.[31] Sein „Wille zur Macht" ist einfach die Tendenz aller Lebewesen – Menschen eingeschlossen – nicht bloß zu überleben, sondern sich zu vergrößern und auszuweiten – sozusagen zu gedeihen, selbst auf Kosten anderer. Auf völlig andere Weise als die Stoiker passt auch Nietzsches Darstellung menschlichen Gedeihens zu seiner Darstellung der Wirklichkeit insgesamt.

Fehlende Entsprechung

Im Gegensatz dazu neigen diejenigen unserer Zeitgenossen, die denken, Gedeihen bestünde im Erleben von Befriedigung, nicht dazu, sich darum zu kümmern, wie diese Vorstellung von Gedeihen zum Wesen der Welt und des Menschen passt. Der Grund ist nicht einfach nur der, dass sie gewöhnliche Menschen sind und keine Philosophen (wie Seneca oder Nietzsche), oder große religiöse Denker (wie Augustinus, al-Gahzali oder Maimonides). Zumal sich im Lauf der Jahrhunderte und bis heute viele gewöhnliche Menschen darum bemüht haben, ihr Leben in Übereinstimmung mit dem Wesen der Welt und der letztgültigen Wirklichkeit zu führen. Nein, die primären Gründe haben zu tun mit dem Wesen der aktuellen Beschreibung des Gedeihens und dem allgemeinen kulturellen Milieu in der westlichen Welt heute.

Erstens habe ich ja schon festgestellt, dass Befriedigung die zentrale Rolle in dem spielt, wie sich viele Zeitgenossen menschliches Gedeihen vorstellen. Befriedigung ist eine Form der Erfahrung, und Erfahrungen sind unweigerlich eine Frage persönlicher Vorlieben. Jeder kann die eigene Erfahrung von Befriedigung selbst am besten beurteilen. Untersuchen zu wollen, wie eine bestimmte Erfahrung nun zur weiteren Deutung der Welt passt, geht das Risiko ein, den Wert der Erfahrung als solcher zu relativieren.

Ein Beispiel: Betrachten wir die religiöse Version der Darstellung menschlichen Gedeihens als Bedürfnisbefriedigung. In solchen Fällen verliert der Glaube seine Kraft, Menschen Orientierung zu geben, und reduziert sich darauf, dem Erleben von Befriedigung zu dienen – eine gravierende Fehlfunktion des Glaubens, wie ich oben schon geschrieben habe. Gott wird, statt als „Schöpfer und Herr des Universums" verehrt zu werden, der in dieser Eigenschaft bestimmt, wer die Menschen sind und wie sie leben sollen, in eine Mischung aus „göttlichem Butler" und „kosmischem Therapeuten" verwandelt.[32] Statt dass der Glaube dem Erleben von Befriedigung einen Rahmen gibt und es definiert, bestimmt das Erleben von Befriedigung den Glauben.

Diese Art von Umwandlung des Glaubens liegt auf einer Linie mit dem durchgängigen antimetaphysischen Tenor der heutigen westlichen Kultur. „Im post-nietzsche'schen Geist", schreibt Terry Eagleton, „scheint der Westen seine eigenen metaphysischen Fundamente eifrig auszuhöhlen mit einer unheiligen Melange aus praktischem Materialismus, politischem Pragmatismus, moralischem und kulturellem Relativismus und philosophischem Skeptizismus."[33] In seinem Buch *Der Sinn des Lebens* merkt er an, dass viele heutige Intellektuelle wenig überraschend dazu neigen, ernsthafte Reflexion über das „menschliche Leben als Ganzes als schäbigen ,Humanismus' oder gar als eine ,totalisierende' Theorie, die geradewegs in die Todeslager des totalitären Staates führt" abzutun. Aus ihrer Sicht „gibt es so etwas wie die Menschheit oder das menschliche Leben, über das man nachdenken könnte, nicht"[34]; es gibt nur unterschiedliche kulturell bedingte und individuell eingefärbte, wandelbare Lebensprojekte. Wenn jeder Mensch der Künstler seines eigenen Lebens ist, der darauf abzielt, Befriedigung zu erfahren, ohne dass ihm moralische Normen, die eine gemeinsame menschliche Natur widerspiegeln, dabei in die Quere kommen, dann scheint die Frage überflüssig, wie der stete Strom künstlerischer Selbstschöpfungen zum Zwecke der Bedürfnisbefriedigung in den größeren Zusammenhang der Wirklichkeit passt.

Mir geht es hier nicht darum, dass es nicht möglich wäre, eine plausible Interpretation der Wirklichkeit – ich schreibe hier „plausibel", nicht „wahr"! – zu bieten, in die sich eine Darstellung menschlichen Gedeihens als Erleben von Befriedigung bequem einbetten ließe. Es geht mir darum, dass es heute vielen egal ist, ob sie im Einklang mit der Realität leben oder im Widerspruch zu ihr. Sie wollen, was sie wollen, und die Tatsache, dass sie es wollen, ist Grund genug, es zu wollen. Argumente dafür, wie ihr Begehren sich in eine weitere Beschreibung der Wirklichkeit einfügt – ob sie beispielsweise der „menschlichen Natur" entsprechen – sind für sie schlicht bedeutungslos.

Schöpfer und Geschöpfe

Es ist ein – gravierender – Fehler, sich keine Gedanken darüber zu machen, wie gut unsere Vorstellung des Gedeihens zum Wesen der Wirklichkeit passt. Wenn wir wirklichkeitswidrig leben, werden wir emotionales Hochgefühl, nicht aber bleibende Zufriedenheit erfahren, geschweige denn ein erfülltes Leben. Daran hat die christliche Tradition, zusammen mit anderen philosophischen und religiösen Traditionen, immer festgehalten. Die großen christlichen Heiligen, Theologen und Laien aus der Vergangenheit glaubten alle, dass die Beschreibungen menschlichen Gedeihens im Einklang mit den Vorstellungen über Gott als dem Ursprung und Ziel aller Wirklichkeit stehen müssen. Aber wie soll dieser Zusammenhang aussehen?

Gleich zu Anfang können wir eine Möglichkeit ausschließen. Wir können nicht mit unserer bevorzugten Beschreibung des Gedeihens beginnen und dann das passende Gottesbild dazu konstruieren, sodass Gott und menschliches Gedeihen wie Hemd und Hose zusammenpassen. Dann würden wir bewusst den Nachweis für Nietzsches vernichtende Kritik zum Ursprung christlicher Moral und des christlichen Glaubens insgesamt liefern. Nietzsche zufolge haben Christen Irrtümer über Gott in die Welt gesetzt, um ihre bevorzugten Werte zu legitimieren. Würden wir also bei einer Vorstellung menschlichen Gedeihens beginnen und Gott dann so hinbiegen, dass er unseren Werten entspricht, dann bestünde der einzige Unterschied zwischen Nietzsche und uns darin, dass er diese Werte als pervers verwerfen, wir sie dagegen als gesund festhalten würden. Wichtiger noch: Indem wir ein Gottesbild so konstruieren, dass es zu einem vorgegebenen Begriff menschlichen Gedeihens passt, würden wir eine der beunruhigendsten Fehlfunktionen christlichen Glaubens an den Tag legen – dem Glauben seine Integrität zu nehmen und ihn zum bloßen Werkzeug unserer eigenen Ziele und Interessen zu machen.

Kehren wir noch einmal zu Augustinus zurück. Seine Überzeugungen im Blick auf Gott, die Menschheit und menschliches Gedeihen lassen sich in vier kurzen Sätzen zusammenfassen, die seine Position zu der der Stoiker, Nietzsche und vieler unserer Zeitgenossen in Beziehung setzen. Erstens glaubte er nicht, dass Gott unpersönliche Vernunft sei, die die Welt durchwaltet, sondern eine „Person", die liebt und ihrerseits geliebt werden kann. Zweitens: Menschsein heißt zu lieben; wir können entscheiden, was wir lieben, aber nicht, ob wir lieben. Drittens: Wir leben gut, wenn wir sowohl Gott als auch den Nächsten lieben und darin dem Gott, der liebt, entsprechen. Viertens: Wir werden gedeihen und wahrhaft glücklich, wenn wir Freude daran finden, den unendlichen Gott zu lieben und unsere Nächsten in ihm.

Für Augustinus hängt all das, was wir über Gott und über menschliches Gedeihen denken, zusammen. Das ist die positive Seite dieser Entsprechung: Sie stellt fest, was sozusagen „drin" ist, wenn es um menschliches Gedeihen geht. Aber die Entsprechung bestimmt auch, was „draußen" ist. Teilen wir Augustinus' Ansicht über Gott und die Menschheit, dann müssen wir manche Interpretationen der Wirklichkeit ablehnen und auch manche Beschreibungen menschlichen Gedeihens. Betrachten wir noch einmal, nun aus der augustinischen Perspektive, die stoische, Nietzsche'sche und die westliche Beschreibung des Gedeihens.

Wenn wir glauben, dass Gott Liebe ist und wir zur Liebe geschaffen sind, dann reicht das stoische Ideal stiller Selbstgenügsamkeit nicht aus. Statt sich in dem Maße um das Wohlergehen unseres Nächsten zu kümmern wie um unsere eigene gute Lebensführung, wie die Stoiker es taten, werden wir uns für das Wohlergehen unseres Nächsten – einschließlich seines Seelenfriedens – um seinetwillen einsetzen, nicht um unseretwillen.[35] Unsere Sorge wird nicht allein darauf gerichtet sein, unser eigenes Leben gut zu führen. Stattdessen werden wir darum ringen, dass es das Leben mit unseren Nächsten gut meint und dass sie ihr Leben gut führen, und wir werden anerkennen, dass ihr Gedeihen mit dem unseren unauflöslich verbunden ist.[36]

Wenn wir glauben, dass Gott Liebe ist und wir zur Liebe geschaffen sind, werden wir ebenfalls abgeneigt sein zu glauben, dass Nietzsches vornehme Moral, die das Herausragen des „Übermenschen" voranbringen soll, ein geeignetes Mittel für menschliches Gedeihen sein kann. Mitgefühl und Hilfe für die, deren Leben nicht gut verläuft – für die verletzlichen und Schwachen – wird dann ein wesentliches Element dessen sein, dass wir *unser* Leben gut führen. Wenn wir schließlich glauben, dass Gott Liebe ist und wir zur Liebe geschaffen sind, werden wir auch die Auffassung ablehnen, dass Gedeihen darin besteht, dass wir Befriedigung erleben. Stattdessen werden wir glauben, dass wir Befriedigung erleben werden, wenn wir wahrhaftig gedeihen. Und wann gedeihen wir wahrhaftig? Wann führen wir unser Leben gut und wann verläuft unser Leben gut? Wir führen unser Leben gut, wenn wir Gott mit unserem ganzen Wesen lieben und unseren Nächsten so lieben, wie es uns selbst auch gebührt. Unser Leben verläuft gut, wenn unsere grundlegenden Bedürfnisse gestillt werden und wir erfahren, dass wir von Gott und unseren Nächsten geliebt werden – wenn wir geliebt werden als die, die wir sind, mit unserem ganz eigenen Wesen und unserer Geschichte, ungeachtet unserer Zerbrechlichkeit und Fehler. Im Anklang an Augustinus' Kommentar zum Kontrast zwischen epikureischen und christlichen Vorstellungen vom Glück sollte unser Slogan statt „lasst uns essen und trinken" (oder einer raffinierteren Variante, die „höhere Genüsse" bevorzugt) lauten: „Lasst uns schenken und beten."[37]

Gott und den Nächsten lieben

Was ich zum Verhältnis zwischen Gott und dem menschlichen Gedeihen geschrieben habe, ist nur ein theologisches Echo auf zwei zentrale Aussagen der christlichen Bibel: „Gott ist Liebe" (1. Johannes 4,8) und „Du sollst den Herrn, deinen Gott, lieben mit ganzem Herzen und ganzer Seele, mit all deiner Kraft und all deinen Gedanken, und: Deinen Nächsten sollst du lieben wie dich selbst" (Lukas 10,27). Jeder dieser Verse wiederholt, auf unterschiedliche Weise und mit einem spezifisch christlichen Einschlag, Motive, die in den hebräischen Schriften tief verwurzelt sind – Motive der anhaltenden Liebe Gottes zu Israel (Exodus 34,6) und Gottes Gebot der Liebe zu Gott und zum Nächsten (Levitikus 19,18; Deuteronomium 6,5). Lassen Sie mich abschließend die Vorstellung von menschlichem Gedeihen – zusammen mit den zugrunde liegenden Überzeugungen im Blick auf Gott – auf die angemessenen Funktionen des christlichen Glaubens im menschlichen Leben anwenden.

Wie ich in Kapitel 1 feststellte, hat jede prophetische Religion, den christlichen Glauben eingeschlossen, folgende zwei Grundbewegungen: den Aufstieg zu Gott, um die prophetische Botschaft zu empfangen, und die Rückkehr in die Welt, um die empfangene Botschaft auf die Alltagsangelegenheiten anzuwenden. Beide Bewegungen sind wesentlich. Ohne Aufstieg gäbe es nichts zu überbringen; ohne Rückkehr wäre niemand da, dem man etwas überbringen könnte.

Die meisten Fehlfunktionen des Glaubens entstehen dadurch, dass man entweder Gott oder den Nächsten nicht liebt. Fehlfunktionen des Aufstiegs haben damit zu tun, dass wir Gott nicht so lieben, wie wir sollten. Entweder lieben wir unsere Interessen, Ziele und Projekte und benutzen dann das Reden von Gott, um sie durchzusetzen (wir nennen das „funktionale Reduktion"). Fehlfunktionen der Rückkehr kommen vor, wenn wir unseren Nächsten oder uns selbst nicht richtig lieben – wenn uns der Glaube einfach nur bestärkt und heilt, aber unser Leben nicht so prägt, dass wir es zu unserem und unseres Nächsten Wohl führen, oder wenn wir den Nächsten den Glauben aufdrängen, ob sie das wollen oder nicht.

Im Grunde ist die Herausforderung für die Christen recht einfach: Gott und den Nächsten richtig zu lieben, sodass wir die Fehlfunktionen vermeiden und Gott in ein positives Verhältnis zu menschlichem Gedeihen setzen können. Und doch ist es eine komplexe und schwierige Herausforderung. Ich möchte drei Aspekte hervorheben:

Erstens müssen wir Gottes Bezug zu menschlichem Gedeihen *entfalten* im Blick auf die vielen konkreten Fragen, vor denen wir

heute stehen – von Armut bis zur Umweltzerstörung, von bio-
ethischen Fragen bis zu internationalen Beziehungen, von Sexua-
lität bis zum Regieren. Solange wir nicht zeigen können, wie sich
ein christliches Verständnis von Gott und eine Vorstellung von
menschlichem Gedeihen auf diese Themen auswirken, werden sie
schwammig und träge bleiben und kaum einen Einfluss darauf
haben, wie wir tatsächlich leben.

Zweitens müssen wir *plausibel machen*, wie der Anspruch, Gott
und den Nächsten zu lieben, den Schlüssel zu menschlichem Gedeihen darstellt. Jahrhundertelang haben Nichtglaubende nicht
nur Gottes Existenz infrage gestellt, sondern gegen Gottes Wesen
gewettert, gegen seine Beziehung zur Welt und gegen theistische
Vorstellungen davon, wie Menschen im Verhältnis zu Gott leben
sollen. Manchmal fühlt es sich an, als hätten sie nichts dagegen,
dass es Gott gibt, wenn sie nur glauben könnten, dass das gut für
uns wäre. Und das unterstreicht erneut, wie schwer es ist, Nicht-
glaubenden die Beziehung zwischen Gott und menschlichem
Gedeihen plausibel zu machen. Denn die Vorstellung davon, was
„gut für uns" ist – und nicht nur Gottes Existenz und Charakter –
ist äußerst umstritten.

Die dritte und vielleicht schwierigste Herausforderung für
Christen ist es, tatsächlich zu *glauben*, dass Gott eine tragende
Rolle für menschliches Gedeihen spielt. Es reicht nun nicht, das
so zu glauben, wie wir „glauben", dass es auf einem entlegenen
Planeten Wasser gibt. Wir müssen es als felsenfeste Überzeugung
glauben, die unser Denken, Predigen, Schreiben und Leben prägt.
Charles Taylor erzählt davon, wie er Mutter Teresa über ihre Motivation zur Arbeit mit den Verlassenen und Sterbenden in Kal-
kutta reden hörte. Sie erklärte, dass sie die schwere Arbeit, sie zu
pflegen, auf sich nehme, weil sie zum Ebenbild Gottes geschaffen
sei. Als katholischer Philosoph dachte Taylor im Stillen: „Das hätte ich auch sagen können!" Und dann fragte er sich, als Mensch,
der über sich nachdenkt, und guter Philosoph: „Aber hätte ich das
auch ernst gemeint?"

Das, denke ich, ist heute die fundamentalste Herausforderung für Theologen, Priester und Pfarrer und christliche Laien: es wirklich *ernst zu meinen*, dass die Gegenwart und das Wirken des Gottes der Liebe, die uns dazu bringen kann, unsere Nächsten zu lieben wie uns selbst, unsere Hoffnung und die Hoffnung der Welt ist – dass dieser Gott das Geheimnis unseres Gedeihens als Personen, als Kulturen und als aufeinander angewiesene Bewohner desselben Planeten ist.

Teil 2:

Engagierter Glaube

5

Identität und Differenz

Ein Mitspieler unter vielen

Heute boomen Religionen, vor allem das Christentum, in vielen Gegenden der Welt. Gleichzeitig hat eine Krisenstimmung viele christliche Kirchen des Westens ergriffen. Früher gehörten sie zu den vorherrschenden sozialen Institutionen im sogenannten „christlichen Abendland"; sie finden sich heute häufig am Rand wieder, manchmal sogar im Exil. So wie Wolkenkratzer die Kirchen in den Schatten stellen (manche davon, wie Dowanhill Church in Glasgow, wurden umgebaut zu Kinos, Vortragssälen, Bars, Restaurants und sogar Nachtklubs) haben andere wichtige religiöse und nichtreligiöse Mitspieler die Kirchen an den Rand gedrängt. Die Kirchen im Westen rühmen sich gern ihrer Vergangenheit, aber es graut ihnen anscheinend vor der Zukunft.

Weil sie nicht bereit sind, diese verringerte Rolle anzunehmen, versuchen manche christlichen Gemeinschaften immer noch, in der obersten gesellschaftlichen Liga mitzuspielen. Meistens jedoch stellen sie dann fest, dass ihre alten Tricks nicht mehr funktionieren; sie stolpern über den Ball und wissen nicht, wie man ihn abspielt, geschweige denn ins Tor trifft. Die Geschichte der christlichen Rechten in den USA von 1970 bis in die Gegenwart kann man als eine Geschichte misslungener Versuche lesen, durch die christliche Gemeinschaften versuchten, ihren vormaligen Einfluss mit den Mitteln der Politik zurückzugewinnen.

Es ist verständlich, dass Christen gesellschaftlich Einfluss nehmen möchten. Die Verantwortung für die „Heilung der Welt" und der Dienst am Gemeinwohl gehören zum innersten Wesen des Christentums als einer prophetischen Religion; sie sind eine Folge der Verpflichtung, sowohl Gott als auch den Nächsten zu lieben. Zukünftig werden Christen diesen Einfluss wahrscheinlich aber weniger vom Zentrum der Macht her ausüben als von den Rändern der Gesellschaft. Außerdem werden christliche Gemeinschaften, ob sie nun nahe an den Zentren sind oder weit entfernt davon, in einer religiös und kulturell pluralistischen Welt nur ein Mitspieler unter vielen sein.

Für alle, die mit der Geschichte der alten Kirche vertraut sind – und alle, die die jungen und vitalen christlichen Gemeinschaften der nichtwestlichen Welt genau beobachten – hat die gegenwärtige Krise des Westens etwas Merkwürdiges an sich. Die frühchristlichen Gemeinden waren keineswegs wichtige gesellschaftliche Akteure! Sie waren nicht einmal unter den applaudierenden oder buhenden Zuschauern. Als Minderheiten, die verleumdet, diskriminiert und sogar verfolgt wurden, waren sie bestenfalls ein Stachel im Fleisch der Gesellschaft. Und doch feierten die frühchristlichen Gemeinden, ungeachtet ihrer Randständigkeit, die Hoffnung auf Gott und verkündeten fröhlich den auferstandenen Herrn, während sie sich anschickten, in die Fußstapfen des gekreuzigten Messias zu treten. Er war es, der sie gelehrt hatte:

Selig, die um der Gerechtigkeit willen verfolgt werden; denn ihnen gehört das Himmelreich. Selig seid ihr, wenn ihr um meinetwillen beschimpft und verfolgt und auf alle mögliche Weise verleumdet werdet. Freut euch und jubelt: Euer Lohn im Himmel wird groß sein. Denn so wurden schon vor euch die Propheten verfolgt (Matthäus 5,10-12).

Für die frühchristlichen Gemeinden war Verfolgung nichts Alarmierendes, sondern eine (unerfreuliche) Gelegenheit, sich zu freuen. In eine dunkle Ecke gedrängt zu werden, die dem Blick der Öffentlichkeit entzogen war, war kein Anzeichen für Misserfolg, sondern dafür, dass sie in guter Gesellschaft waren. Ganz ähnlich wie viele verfolgte Christen in unserer Welt heute scheinen sich die frühen Gemeinden in ihrer prekären Randständigkeit mit Zuversicht und Kreativität zurechtgefunden zu haben. Wir im Westen sind im Gegensatz dazu schon aufgebracht, wenn unser Einfluss schwindet. Inmitten erbitterten Widerstands feierten und verkörperten die frühen Christen eine Lebensweise – Leben, das sie als ein Geschenk Gottes erfuhren und dessen Vorbild Christus war, der Inbegriff wahren Menschseins. Im Gegensatz dazu beklagen viele Kirchen im Westen und vor allem in den Vereinigten Staaten, die in Freiheit und wirtschaftlichem Wohlstand leben, den Verlust ihres Einflusses und schmieden Pläne, wie sie diesen über den Griff nach politischer Macht zurückgewinnen.

Ich erspare uns hier die Rückschau und das Nachzeichnen der Entwicklung, die die Kirchen im Westen dahin brachte, wo wir heute sind – sowohl zu ihrem robusten Sinn für soziale Verantwortung als auch zu der Erwartung, eine bestimmende oder wenigstens eine wichtige Kraft im öffentlichen Leben zu sein. Stattdessen möchte ich mich der Zukunft zuwenden und neue Vorstellungen von der Beziehung zwischen dem Evangelium und mulitreligiösen oder nichtreligiösen Gesellschaften entwerfen. Mein Ziel ist es, den Missmut zu vertreiben und neue Hoffnung zu schaffen für christliche Gemeinschaften im anbrechenden 21. Jahrhundert – eine bescheidenere und zugleich robustere Hoffnung als sie die Kirchen des Westens in letzter Zeit hatten. Um es pointiert zu sagen: Ich möchte christliche Gemeinschaften dazu bringen, dass sie sich wohler dabei fühlen, nur einer unter vielen

Partnern zu sein, sodass sie von dem Ort aus, an dem sie sich gerade wiederfinden – an den Rändern, in der Mitte oder irgendwo dazwischen – menschliches Gedeihen und das Gemeinwohl fördern können.[1] Unter anderen Bedingungen könnten sie so die Lebendigkeit und Zuversicht der frühchristlichen Gemeinden zurückgewinnen.

Der Aufbau dieses Kapitels ist einfach: Erstens stelle ich vier wichtige Züge heutiger Gesellschaften dar und erläutere, welche Art von Beziehung zwischen christlichen Gemeinschaften und der Kultur im weiteren Sinne diese Eigenschaften nicht begünstigen. Zweitens werde ich kurz drei Wege skizzieren, die mir für das Leben von Christen in diesen Gesellschaften als ungeeignet erscheinen. Drittens werde ich einen besseren Vorschlag machen.

Gesellschaftlicher Kontext

Vier Züge gegenwärtiger Gesellschaften bilden den Rahmen dafür, wie christliche Gemeinschaften ihre Identität in der heutigen Welt verstehen sollten und menschliches Gedeihen und das Gemeinwohl fördern. Um diese vier Züge und ihre Auswirkung auf christliche Gemeinschaften zu skizzieren, greife ich auf die berühmte Unterscheidung zwischen „Kirche" und „Sekte" zurück, die Max Weber und Ernst Troeltsch vor über einem Jahrhundert vornahmen.

Freiwilligkeit

Gemäß Webers Unterscheidung zwischen „Kirche" und „Sekte" wird jemand in eine Kirche hineingeboren, einer Sekte hingegen schließt er sich aus freien Stücken an.[2] Die „Kirche" ist mehr wie eine Familie, während die „Sekte" eher wie ein Verein ist; in die eine wird man hineingeboren, aber die andere wählt man selbst. In heutigen Gesellschaften gibt es mehr oder weniger nur noch „Sekten". Anstatt religiösen Gemeinschaften ungeachtet unseres Willens zugewiesen zu werden, wählen wir sie in der Regel aus.[3]

Gewiss, christliche Gemeinschaften hält mehr zusammen als nur die Entscheidung ihrer Mitglieder. Wir hängen an bestimmten Menschen, Orten und Ritualen; gewisse kirchliche Bräuche werden zur Gewohnheit. Und doch spielen wir eine entscheidende Rolle in allen unseren Entscheidungen; wir könnten immer aussteigen und uns einer anderen Gruppe anschließen.[4] Selbst wenn es wahr ist, dass Entscheidungen von vielen Faktoren beeinflusst werden[5], so leben alle religiösen Gemeinschaften aus den Entscheidungen ihrer Mitglieder.

Differenz

Nach Webers Unterscheidung von „Kirche" und „Sekte" gehören alle, die in die Kirche hineingeboren werden, der Kirche an; sie sind ihre vielen Söhne und Töchter, gleichermaßen Heilige und eingefleischte Sünder und alles dazwischen. Im Gegensatz dazu ist die „Sekte" eine Vereinigung derer, die „religiös und ethisch qualifiziert"[6] sind. In heutigen Gesellschaften verschwimmt dieser Unterschied. Wenn man sich seine Zugehörigkeit wählt und wenn im Gegenzug Gruppen neue Mitglieder aufnehmen oder ablehnen, dann werden religiöse Gemeinschaften durch ihre religiöse Affinität bestimmt, die ihre Mitglieder von den Nichtmitgliedern unterscheidet. „Kirchen" im Weber'schen Sinne nehmen damit die Eigenschaften von „Sekten" an.

Christliche Gemeinschaften werden in heutigen Gesellschaften nur überleben und Zulauf haben, wenn sie darauf achten, sich von der Kultur und den Subkulturen ihrer Umgebung abzuheben. Das folgende Prinzip gilt: Wer möchte, dass es christliche Gemeinschaften gibt, muss auch ihre Andersartigkeit von der Umgebungskultur wollen, und nicht das Aufgehen in dieser. Folglich müssen christliche Gemeinschaften ihre Identität „managen", indem sie eine aktive „Grenzpflege" betreiben.[7] Ohne Grenzen lösen Gemeinschaften sich auf. Die Frage lautet also nicht, ob es Grenzen geben sollte; vielmehr lautet sie, welcher Art diese Grenzen sein sollten (z. B. wie durchlässig) und wie man sie aufrechterhält

(z. B. dadurch, dass man das Besondere christlicher Gemeinschaften verstärkt oder das fördert, was zentral ist).[8]

Pluralismus

Nach Ernst Troeltsch, der Max Webers Gedanken zu „Kirche" und „Sekte" vertieft hat, bejaht „Kirche" die Welt, während „Sekte" ihr widerspricht.[9] Auch wenn das als gute Karikatur gelten kann, ist nicht klar, ob diese Unterscheidung selbst zu dem Zeitpunkt hilfreich war, als Troeltsch sie ursprünglich formulierte.[10] Heute hat sie ihre Plausibilität weitgehend verloren. Die eine kulturelle Welt, die die „Kirche" bestätigt und die „Sekte" verleugnet, ist zerfasert in eine Vielzahl sich rasant verändernder kultureller Welten, die in übergreifende nationale und globale Rahmen eingebettet sind. Diese kulturellen Welten sind teils kompatibel, teils inkompatibel, teils voneinander abhängig und teils unabhängig. Sie bilden sich teils überschneidende Räume und schaffen sich stetig wandelnde, hybride Subkulturen. Das schlichte Verneinen oder Bejahen solch einer Welt ist unmöglich. Ebenso ungenügend ist die schlichte Behauptung, dass die christliche Botschaft für „die Welt" verständlich ist. Wir brauchen ein komplexeres Denken über das Verhältnis zur Kultur, das die komplexe und sich rasant verändernde Vielfalt kultureller Welten ernst nimmt, die heutige Gesellschaften ausmacht.[11]

Relative Selbständigkeit

Dieser Typologie zufolge befindet sich die „Kirche" in der Mitte der Gesellschaft und hat Einfluss, während die „Sekte" sich am Rand befindet und gesellschaftlich machtlos ist. „Kirche" geht Kompromisse mit der Welt ein, um sie in Übereinstimmung mit dem Willen Gottes zu gestalten, während „Sekte" sich rein hält – die Welt dem „Fürsten der Finsternis" überlässt oder, selten, versucht, sie zum „neuen Jerusalem" umzugestalten – und gesellschaftlich folgenlos bleibt.[12]

Heute ist diese Unterscheidung nicht mehr plausibel. Erstens setzt das, was Soziologen als „funktionale Differenzierung" der Gesellschaft bezeichnen – die Tatsache, dass verschiedene gesellschaftliche Subsysteme sich auf bestimmte Funktionen spezialisieren, etwa wirtschaftliche, pädagogische oder kommunikative Aktivitäten – die (relative) Selbständigkeit und Selbsterhaltung sozialer Subsysteme voraus. Und das bedeutet wiederum, dass diese Subsysteme sich dem Einfluss von Werten widersetzen, die von außen kommen.[13] Außerdem sind die mächtigsten dieser Subsysteme – Wirtschafts- und Kommunikationssysteme – von ihrem Wesen her eher global als lokal.

Zweitens hält heutige Gesellschaften und die globale Weltordnung als Ganzes, anders als traditionelle Gesellschaften mit ihren Häuptlingen, Königen oder Diktatoren, kein Machtzentrum zusammen, das ihre Funktionen überwacht und bestimmt. In vieler Hinsicht hat in heutigen Kulturen niemand mehr die Kontrolle (und die Welt scheint aus dem Ruder zu laufen[14]). Innerhalb bestimmter Parameter und in einem bestimmten Bereich von Möglichkeiten vollzieht sich heute der kulturelle Wandel als Resultat einer Vielzahl von Interaktionen zwischen unterschiedlichen Akteuren – mit unterschiedlichen Interessen, Werten und Graden von Macht.

Das Internet ist vielleicht ein paradigmatischer Fall für eine „Kultur" verminderter Kontrolle. Erstens hatte das Internet weltweit eine immense kulturelle Wirkung, aber diese Wirkung war weder das Resultat der Absicht seiner Schöpfer, noch wurde sie in der Folgezeit von irgendjemandem kontrolliert. Ich bezweifle, dass J.C.R. Licklider sich ausmalte, wie die Pornoindustrie ins Kraut schoss, als er über soziale Interaktion durch ein global verbundenes Computernetz nachdachte. Zweitens: Obwohl das Internet „programmiert wurde mit einem Satz von Möglichkeiten, der in bestimmte Benutzeroberflächen und Plattformen integriert wurde" und obwohl es in manchen Ländern massiv gefiltert wird, sind die Nutzer „gleichzeitig Konsumenten und Produzenten" und können „diesen Raum an ihre Bedürfnisse und Absichten anpassen und sich ihn kreativ zu eigen machen". Im Zuge dessen treten neue Autoritäten auf und wieder ab, außerhalb des normalen Autoritätsflusses und herkömmlicher Überprüfungsprozesse.[15] Es wird Kontrolle ausgeübt, aber sie ist diffus; niemand kontrolliert den gesamten Prozess.

Wie alle anderen können auch christliche Gemeinschaften in heutigen Gesellschaften Einfluss hauptsächlich von innen heraus ausüben, nur graduell und ohne die Möglichkeit, die Wirkung ihres Engagements zu kontrollieren. Ein umfassender Wandel würde eine globale Revolution erfordern. Folglich müssen christliche Gemeinschaften lernen, sich mit aller Kraft für den begrenzten Wandel einzusetzen, der möglich ist, über das fortwährende und anscheinend unausrottbare Böse zu trauern und das Gute zu feiern, wo auch immer es geschieht und wer auch immer es herbeiführt.[16]

Bevor ich einen besseren Weg diskutiere, wie das Christentum sich gegenüber der Kultur verhalten kann, muss ich erst noch kurz die, wie ich meine, untauglichen Vorschläge zu der Frage untersuchen, wie christliche Gemeinschaften ihr Dasein in heutigen Gesellschaften verstehen und dem Gemeinwohl dienen sollten. Indem ich sie kritisiere, bereite ich den Weg zu einem besseren Verständnis des Themas vor.

Das liberale Programm: Anpassung

Ein Weg, sich christliche Beschäftigung mit der weiteren Kultur zum Wohle aller vorzustellen, stammt aus dem klassischen theologischen Liberalismus und funktioniert ungefähr folgendermaßen: Übersetze die christliche Botschaft in die Vorstellungen der Kultur, in der du lebst, und passe deine Werte ihren gesellschaftlichen Vollzügen an. Solch eine Angleichung ist möglich, besagt die Argumentation, weil die modernen Überzeugungen und Vollzüge entweder selbst eine Folge dessen sind, was das Zentrum des christlichen Glaubens ausmacht, oder im Einklang damit stehen.

Die Angleichung ist notwendig, weil der Glaube andernfalls an Relikte aus der Vergangenheit gebunden bliebe – nicht nachvollziehbare Interpretationen der Wirklichkeit und überholte moralische Vorstellungen – und damit für heutige Menschen nicht mehr ansprechend wäre. Aus dieser Perspektive muss man sich zwischen Anpassung und Irrelevanz entscheiden.

Allerdings ist Angleichung als allgemeine Strategie, und nicht als Resultat von Ad-hoc-Entscheidungen, aus mindestens zwei Gründen verfehlt: Der erste hat mit dem hohen Tempo kulturellen Wandels in heutigen Gesellschaften zu tun. G.K. Chesterton hat bekanntlich gestichelt, wer sich mit dem Zeitgeist verheirate, werde bald verwitwet sein. Heute sind alle solchen Ehen nur von kurzer Dauer. Der zweite Grund liegt im Zusammenspiel zwischen dem pluralistischen Wesen der gegenwärtigen Kultur und dem Gefühl, dass niemand das kontrolliert. Die Folge ist, dass christliche Gemeinschaften sich an etwas anpassen, was sie nicht gestaltet haben und nur zu einem geringen Teil mitgestalten können. Indem sie sich anpassen, verspielen sie im Endeffekt sogar noch ihre Einflussmöglichkeit.

Rekonstruktionen des christlichen Glaubens, die von einer Strategie der Angleichung geleitet werden, tragen die Möglichkeit christlicher Selbstzerstörung in sich.[17] Wenn sie sich einmal angepasst haben, bleibt christlichen Gemeinschaften oft nur der Auftritt nach einer nichtchristlichen Show, um die Vorstellung für ein Publikum mit christlichen Skrupeln zu wiederholen. Die Stimme christlicher Gemeinschaften wird zum bloßen Echo einer Stimme, die nicht ihre eigene ist. Mit der für sie typischen Übertreibung beschreiben Stanley Hauerwas und Will Willimon die Folgen der Angleichungsstrategie so: „Nun ja, als wir uns hinüberbeugten zur Welt, fielen wir hinein. Wir verloren die theologischen Mittel zum Widerstand, sogar den Blick dafür, dass es etwas gab, gegen das Widerstand sich gelohnt hätte."[18]

Das postliberale Programm: Die Richtung der Anpassung umkehren

Die postliberale Alternative ist in gewisser Weise die Umkehrung des liberalen Programms. Nicholas Wolterstorff hat deren Grundrichtung in einem Kommentar als „Richtungsumkehr der Angleichung"[19] bezeichnet. Statt die biblische Botschaft in die Konzepte der Kultur zu übersetzen, in der man lebt, so wie das die liberale Theologie versuchte, sollten Christen die Welt mithilfe der biblischen Geschichte neu beschreiben.[20] Die ganze Weltgeschichte – einschließlich zeitgenössischer Gesellschaften mit ihren multiplen, sich wandelnden Kulturen, mit ihren sich teils überschneidenden, teils widersprechenden Glaubensansichten und Praktiken – ist innerhalb der Geschichte Gottes angesiedelt, der sich mit seiner Schöpfung auseinandersetzt, um sie zu erlösen und schließlich zur Vollendung zu bringen. Christen sollten die Welt im Lichte dieser Geschichte interpretieren und entsprechend handeln.

Aber haben sich christliche Gemeinschaften nicht von einem sinnvollen Gespräch mit der Gesellschaft ausgeschlossen, indem sie in der biblischen Geschichte leben? Diese Anfrage weisen die Vertreter des postliberalen Programms energisch zurück. Damit ein solches Gespräch stattfinden kann, müssen jedoch zwei Bedingungen erfüllt sein: Erstens muss, wenn wir uns, wie manche Postliberale, christliche Gemeinschaften als Gemeinschaften eines besonderen Diskurses vorstellen, eine hinreichende „kulturell-linguistische" Kompatibilität zwischen den christlichen Kirchen und den nichtchristlichen Kulturwelten bestehen. Andernfalls wird die Kommunikation scheitern.

Zweitens setzt die Kommunikation mit Nichtchristen die Bereitschaft der Christen voraus, hinzuhören und zu lernen. Es wäre ebenso arrogant wie töricht, wenn Christen die weitere Kultur nur aus ihrer eigenen Perspektive interpretierten, ohne darauf zu achten, wie andere sich selbst interpretieren oder wie andere christliche Gemeinschaften interpretieren. Wolterstorff fragt kritisch:

„Aber ist das Verhältnis des kirchlichen Theologen zu den nichttheologischen Disziplinen ausschließlich das des Einschmelzens von Gold, das den Ägyptern genommen wurde? Ist nicht manches von der ägyptischen Bildhauerei nicht gut so, wie es ist? Riecht denn alles nach Götzendienst? Gibt es wirklich nichts, was der kirchliche Theologe von den nichtchristlichen Disziplinen lernen kann?"[21]

Es bedarf eines komplexeren Ansatzes als dessen, den die Metapher von der „Umkehr der Angleichung" nahelegt. Wir sollten in der Lage sein, von Fall zu Fall zu entscheiden, in welche Richtung die Angleichung verlaufen sollte – ein Standpunkt, der im Einklang steht mit manchen Versionen der postliberalen Position.[22] Von welchem Standpunkt aus sollten Nachfolger Christi solche Ad-hoc-Entscheidungen über die Richtung der Angleichung treffen? Einem neutralen? Ein neutraler Standpunkt ist für uns nicht zugänglich. Für Christen ist der entscheidende Standpunkt jedenfalls der der Offenbarung Gottes in Christus. Das ist das Zentrum, das die Identität christlicher Kirchen definiert – ihr inneres Wesen, ihre Differenz zur umgebenden Kultur und der richtige Modus der Grenzpflege.[23]

Es scheint vielleicht so, als stellten die beiden Bedingungen für das christliche Gespräch mit nichtchristlichen Kulturwelten den Unterschied zwischen christlichen Gemeinschaften und ihrer Umgebung infrage. Sowohl die partielle symbolische Kompatibilität als auch die Bereitschaft zu lernen erfordern ein erhebliches Maß an Nähe. Nehmen wir diese Bedingungen ernst, was wird dann aus der Distanz, der Differenz, der Grenzpflege? Lauern nicht die Gefahren der Anpassung hinter der nächsten Ecke?

Das separatistische Programm: Rückzug aus der Welt

Ein Weg, den Gefahren der Angleichung zu entgehen, ist der, sich christliche Gemeinschaften als Inseln in einem Ozean der Weltlichkeit vorzustellen. So hätten sie ihr eigenes Territorium, das von der übrigen Kultur so klar getrennt ist wie die Felsen, die aus dem Wasser ragen. Man könnte das als radikale Variante der postliberalen Position ansehen.

In *Nachfolge* beschreibt Dietrich Bonhoeffer die Kirchen als „mitten in der Welt", aber als solche, die „der Welt entnommen" sind.[24] Ihre Umgebung ist für sie ein „fremdes Land". In einem dynamischeren Bild stellte er die Christen dar als Fremde, die nur „auf dem Durchzug" sind, und christliche Gemeinschaften als „verplombten Zug". Er schreibt:

> Jeden Augenblick kann das Signal zum Weitermarsch ergehen. Dann bricht sie auf und verlässt alle weltliche Freundschaft und Verwandtschaft und folgt allein der Stimme, die sie gerufen hat. Sie verlässt die Fremde und zieht ihrer Heimat entgegen, die im Himmel ist.[25]

Als Bonhoeffer diese Worte zu Papier brachte, gab er einer Kirche pastoralen Rat, die mit dem NS-Regime konfrontiert war. In einem Umfeld totalitären kulturellen Wahns sah er die Präsenz der Christen in der Welt als etwas Vorübergehendes – der irdische Wandel derer, die im Himmel leben.[26] Reißt man eine solche Darstellung des Verhältnisses von Kirche und Welt aus ihrem ursprünglichen Zusammenhang und erhebt sie zum allgemeinen Programm christlicher Präsenz in der Welt, dann verursacht man gravierende Probleme.

Wenn christliche Gemeinschaften nur über die Erde wandern, aber eigentlich im Himmel leben, dann haben sie ihre eigene Wahrheit, ihre eigenen moralischen Normen, ihre eigenen Vollzüge, die allesamt nicht nur ausschließlich durch die Offenbarung Gottes in Christus bestimmt werden, sondern auch wenig mit dem gemein hätten, was außerhalb des verplombten Zuges, in dem sie leben, als wahr, gut und schön gilt.

Das grundlegende theologische Problem einer solchen Außenansicht christlicher Präsenz in der Welt ist ein fehlgeleitetes Verständnis des irdischen Wohnortes christlicher Gemeinschaften. Es setzt voraus, dass die Kultur, in der man lebt, schlicht und ergreifend Ausland ist, ein gottverlassenes Land anstatt eine Welt, die Gott geschaffen und für gut erklärt hat. Wenn sich christliche Gemeinschaften infolgedessen aus der Welt zurückziehen und nach innen kehren, führt das zur Untätigkeit des Glaubens als einer prophetischen Religion (vgl. Kapitel 1 und 2). Wenn sich solche christlichen Gemeinschaften andererseits in die Welt begeben und versuchen, sie nach ihrem Vorbild umzugestalten – wenn sie das werden, was man manchmal „aggressive Sekten" nennt – dann wird der christliche Glaube übergriffig (vgl. Kapitel 1 und 3). In diesem Fall wäre die Beziehung christlicher Gemeinschaften zur Kultur ähnlich wie das, was Qutb im Blick auf den Islam befürwortete (vgl. die Einleitung).

Doch es widerspräche wesentlichen christlichen Überzeugungen, wenn man denkt, die Welt außerhalb christlicher Gemeinschaften sei Gottes aktiver Gegenwart entzogen. Der Gott, der die „neue Geburt" schenkt, ist nicht nur „der Vater unseres Herrn Jesu Christi" (1. Petrus 1,3), sondern auch der Schöpfer und Erhalter der Welt in all ihrer kulturellen Vielfalt. Als das Wort „in sein Eigentum" kam (Johannes 1,11) als es in Jesus Christus wohnte, so leben auch die Christen in jeder Kultur als dem ihnen zugedachten Raum. Kulturen sind für die Nachfolger Christi kein *Ausland*, sondern vielmehr *ihre Heimat, die Schöpfung des einen Gottes*. Wenn sich Christen von der Welt entfremden, dann kann das nur insofern geschehen, als die Welt (und vielleicht sie selbst auch) sich von Gott entfremdet. Christliche Gemeinschaften sollten nicht darauf aus sein, ihre Heimatkulturen zu verlassen und sich außerhalb anzusiedeln oder als Inseln in ihnen zu leben. Stattdessen sollten sie in ihnen bleiben und sie verändern – die Macht der fremden Gewalt untergraben und die Kulturen mehr in Einklang mit Gott und seinen Absichten bringen. Mit dem möglichen Ausnahmefall einer Kultur, die ernsthaft aus dem Ruder gelaufen ist – wie im Dritten Reich – sollte christliche „Differenz" immer *innerhalb* der jeweiligen kulturellen Welt bleiben.

Interne Differenz: Ein besserer Weg

Wie sollten wir öffentliches Engagement verstehen, wenn christliche Präsenz eine *interne* Differenz ist? Das hängt sehr von der Situation ab. Heute in London sähe das anders aus als in Berlin zur Hitlerzeit oder in Moskau unter der Herrschaft Stalins; und im Konstantinopel des achten Jahrhunderts hätte es ganz anders ausgesehen als in Washington im 18. Jahrhundert oder in Bangalore heute. In diesem Text interessieren mich solche Situationen, die näher am heutigen London oder Bangalore liegen – Situationen des rapiden Wandels, der selbstgenügsamen, sozialen Subsysteme, des kulturellen Pluralismus und der verminderten Kontrolle – als an Konstantinopel vor seiner Plünderung 1453 oder an Moskau während des Zweiten Weltkrieges.

Michel de Certeaus Abhandlung über den Gebrauch, den Menschen von den Kulturgütern machen, die für sie produziert wurden, kann uns helfen beim Nachdenken über das öffentliche Engagement von Christen in solchen Situationen. Er schreibt: „Nutzer nehmen zahllose, winzige Änderungen an und innerhalb der vorherrschenden kulturellen Ökonomie vor, um sie an ihre eigenen Interessen und Regeln anzupassen."[27] Er erklärt diese Kreativität der Nutzer, indem er ein extremes Beispiel untersucht – die Kolonisierung der Ureinwohner Amerikas, die am 12. Oktober 1492 begann, als spanische Schiffe die Küsten Lateinamerikas erreichten. Wir übersehen manchmal, dass die indigene Bevölkerung ungeachtet aller Unterdrückung und Ohnmacht nicht einfach nur der passive Rezipient einer aufgezwungenen Kultur war. De Certeau schreibt:

Die Indianer nutzten die Gesetze, Praktiken und Symbolisierungen, die man ihnen mit Gewalt oder durch Faszination auferlegt hatte, zu anderen Zwecken als ihre Eroberer; sie machten etwas anderes daraus; sie zersetzten sie von innen heraus – nicht indem sie sie ablehnten oder veränderten (obwohl auch das vorkam), sondern indem sie sie auf viele verschiedene Weisen in den Dienst von Regeln, Sitten oder Überzeugungen stellten, die der Kolonisierung, der sie nicht entkommen konnten, fremd waren. Sie machten die herrschende Ordnung zur Metapher: sie brachten sie dazu, in einem anderen Bezugssystem zu funktionieren. Sie blieben innerhalb des Systems, das sie selbst assimilierten und von dem sie äußerlich assimiliert wurden, andersartig. Sie wichen ab, ohne auszubrechen. Die Abläufe des Konsums behielten ihre Differenz in eben dem Raum, den der Besatzer organisierte.[28]

Das Bild der Eroberung und Kolonisierung beschreibt die Beziehungen zwischen Kulturen und christlichen Gemeinschaften nicht ganz angemessen. Denn eine Kultur ist nicht einfach nur eine Macht, die eindringt und der man sich widersetzen müsste. Sie ist ein Raum, in dem man lebt, die Luft, die man atmet. Lassen wir das Bild des kolonialen Zwanges beiseite und wenden uns de Certeaus Darstellung des Lebens in einer herrschenden Ordnung zu. Die entscheidenden Bilder sind die „Metaphorisierung" der Kultur, sie in einem anderen Bezugssystem funktionieren zu lassen, sie von innen heraus zu zersetzen, sie zu anderen Zwecken zu nutzen, abweichen ohne auszubrechen und so weiter. All das sind Bezeichnungen für die Mitte zwischen dem Verlassen und dem Beherrschen einer Kultur, Beschreibungen dessen, was es bedeuten könnte, die eigene Differenz zu behaupten und zugleich „drinnen" zu bleiben.

Nehmen wir nun de Certeaus Grundgedanken des „sich Lösens ohne Verlassen" in seinen vielen Variationen und wenden ihn auf das Verhältnis christlicher Gemeinschaften zur Kultur im weiteren Sinne an. Welche paradigmatischen Optionen stehen ihnen zur Verfügung? Erstens können Christen Elemente der Kultur, in der sie leben, einfach aufnehmen. Es gibt beispielsweise keine spezifisch christlichen Utensilien fürs Essen. Ob man mit Messer und Gabel isst oder mit Stäbchen, spielt für den Glauben überhaupt keine Rolle (obwohl der Glaube uns möglicherweise dazu bewegt, schön geformte und handwerklich gut gemachtes

Besteck zu verwenden, das möglichst nachhaltig hergestellt wurde). Aber Christen werden, von der Geschichte Christi angeleitet, Elemente, die sie aus einer Kultur übernommen haben, häufig anders verwenden. Um bei den Essgewohnheiten zu bleiben: Ein Mahl kann zur Gelegenheit für Großzügigkeit und ein Ausdruck des Gottesdienstes werden und kein Anlass, es nur sich oder der eigenen Gruppe gut gehen zu lassen. Damit ändert sich der Charakter dieser Mahlzeit. Ja, sogar der Charakter des Hungers ändert sich. Karl Marx schrieb den berühmten Satz: „Hunger ist Hunger, aber Hunger, der sich durch gekochtes, mit Gabel und Messer gegeßnes Fleisch befriedigt, ist ein andrer Hunger, als der rohes Fleisch mit Hilfe von Hand, Nagel und Zahn verschlingt."[29] So ähnlich unterscheidet sich auch der Hunger, der beim gemeinsamen Essen mit Fremden und zur Ehre Gottes gestillt wird, von einem Hunger, bei dessen Befriedigung man nur auf den eigenen Essgenuss aus ist.[30]

Manchmal muss man die Dinge auch verändern, um sie anders nutzen zu können. Um ein guter Ort für Gastfreundschaft zu sein, muss man in einem Haus vielleicht das Schlafzimmer verkleinern, um ein Gästezimmer und ein größeres Wohnzimmer unterzubringen – und das bringt mich zu der zweiten Möglichkeit, christliche Differenz innerhalb einer gegebenen Kultur zu leben: Die Mehrheit der Elemente einer Kultur werden übernommen, aber von innen heraus verändert.

Wie Christen mit Sprache umgehen, ist ein gutes Beispiel. Christen verwenden dieselbe Sprache wie die Kultur insgesamt, aber sie fügen neue Inhalte in semantische Wortfelder ein. „Gott" ist der grundlegendste Ausdruck des christlichen Vokabulars. Christen haben ihn nicht erfunden; sie haben ihn vom hebräischen Gottesvolk geerbt und wiederum an ihr kulturelles Umfeld angepasst. Doch so, wie für Juden „Gott" die Bedeutung von „der Gott Abrahams und Sarahs, der Gott Moses und Miriams" annahm, so veränderte sich das semantische Feld für „Gott" bei Christen zum Teil dahin, dass es „der Vater Jesu Christi" bedeutete und schließlich zu einem Verständnis von Gott als dem Heiligen einen führte, der die Heiligen Drei ist. Die meisten christlichen Begriffe haben ähnliche innere Veränderungen durchlaufen. Dasselbe gilt für christliche Gebräuche. Christen nehmen teil an kulturell definierten Praktiken, aber sie formen sie um auf der Grundlage ihrer geltenden Werte – gegründet auf die Offenbarung Gottes in Jesus Christus. Nehmen wir die Ehe als Beispiel. Viele ihrer Elemente sind für Christen wie für Nichtchristen derselben Kultur gleich. Doch für Christen ist die Liebe zwischen den Ehepartnern ein Kelch der Liebe zwischen Christus und der Gemeinde – beide Partner sind bereit, sich dem anderen und für den anderen hinzugeben, und lieben darin sich und den anderen wie sich selbst (vgl. Epheser 5,21-33).

Drittens kann es Elemente einer Kultur geben, die Christen ablehnen müssen. Die Institution der Sklaverei ist ein gutes Beispiel; sie musste einfach abgeschafft werden, obwohl der Sklaverei zunächst nur ihr innerer Gehalt genommen wurde und man sie als gesellschaftliche Einrichtung nicht direkt abgeschafft hatte. In Christus gibt es „weder Sklaven noch Freie", sondern „alle sind Gottes Kinder durch den Glauben" (Galater 3,26-28). Der Sklavenhalter Philemon sollte den entlaufenen Sklaven Onesimus als „geliebten Bruder" annehmen, und das nicht nur „im Herrn", sondern auch „im Fleisch" (Philemon 16). Wenn Herr und Sklave einander als „geliebte Geschwister" erkennen und – um auf Hegel anzuspielen, wenn jeder diese Anerkennung anerkennt[31] – dann ist die Sklaverei abgeschafft, selbst wenn ihre äußere, institutionelle Schale noch eine bedrückende Wirklichkeit bleibt.

Aus diesen drei komplementären Arten, sich auf Kultur einzulassen, folgt, dass christliche Identität innerhalb einer Kultur immer ein komplexes und flexibles Netz kleiner und großer Weigerungen, Abweichungen, Zersetzungen und mehr oder weniger radikaler und umfassender alternativer Vorschläge und Vorgehensweisen ist, die eingebunden sind in die Bejahung vieler Dinge, die die Kultur vorgibt. Es gibt nicht den einen Weg, sich gegenüber einer Kultur als Ganzer zu verhalten, nicht einmal gegenüber ihrer Grundrichtung; es gibt nur viele einzelne Wege, die unterschiedlichen Aspekte einer Kultur von innen heraus anzunehmen, umzuformen und zu ersetzen. Christen haben nie ihr *eigenes* und *exklusives* kulturelles Terrain – ihre eigene, exklusive Sprache, Werte, Gebräuche oder Rationalität. Sie sprechen die Sprache, die sie von anderen gelernt haben, auch wenn sie ihre Bedeutung metaphorisieren. Sie erben die Wertestruktur einer Gesellschaft insgesamt, doch sie verändern manche Elemente mehr oder weniger radikal und weigern sich, andere zu akzeptieren. Sie nehmen die Regeln einer vorhandenen Kultur auf und unterlaufen sie doch, ändern sie zum Teil, weigern sich, manche zu befolgen, und führen neue ein.

Christ zu werden, bedeutet abzuweichen ohne auszusteigen. Als Christ zu leben bedeutet, in eine vorhandene Kultur ständig eine Differenz hineinzutragen, ohne diese Kultur deswegen je zu verlassen.

Zweimal Nein, einmal Ja

Ich möchte meine Darstellung der internen Differenz mit drei Thesen zusammenfassen – zwei Widersprüchen und einer Zustimmung:

Nein zu einer völligen Umgestaltung

Dass christliche Identität innerhalb einer vorhandenen Kultur bleibt, bedeutet, dass Christen keinen Ort haben, von dem aus sie die *ganze Kultur, in der sie leben,* umgestalten könnten – keinen Ort, von dem aus sie das ungemein moderne Projekt der Neustrukturierung des gesamten gesellschaftlichen und geistigen Lebens aus unternehmen könnten, keinen jungfräulichen Boden, auf dem man anfangen könnte, eine neue, radikal andere Stadt zu erbauen.[32] Es sind keine völligen Umgestaltungen möglich; jeder Umbau ist eine Rekonstruktion von Strukturen, die während des Umbaus bewohnt werden müssen. Ein totaler Umbau ist nicht wünschenswert. Denken wir an das himmlische Jerusalem, das die Offenbarung als etwas beschreibt, was „aus dem Himmel herab von Gott" kommt (Offenbarung 21,2). Es wird nicht von Christen entworfen und gebaut. Und doch steht es in Kontinuität, und nicht nur in Diskontinuität mit der alten Ordnung; es heißt, dass die „Völker" – nichtchristliche Völker! – „die Herrlichkeit und Ehre der Heiden hineinbringen" (21,26).[33]

Christen errichten im Verlauf der Geschichte keine moderne Stadt wie Brasilia, die von Grund auf neu entworfen und erbaut wurde. Stattdessen helfen sie beim Bau einer eher antiken Stadt, mit einem „Labyrinth kleiner Gassen und Plätze, alten und neuen Häusern und Häusern mit Anbauten aus verschiedenen Epochen; und das umgeben von einer großen Anzahl neuer Stadtbezirke mit geraden, regelmäßigen Straßen und gleichförmigen Häusern."[34]

So hat der Philosoph Ludwig Wittgenstein menschliche Sprache beschrieben. Eine ähnliche Veränderung findet im Lauf der Zeit statt, wenn sich Christen zusammen mit vielen anderen in eine Kultur einbringen.

Nein zur Anpassung

Anpassung an die Kultur im weiteren Sinne sollte auch kein Teil des christlichen Projekts sein. Wir sind es gewohnt, dass Fundamentalisten vom alten Schlag jede Anpassung verweigern. Und in dieser Hinsicht hatten sie recht (obwohl sie es oft genug versäumten, ihren eigenen Worten Taten folgen zu lassen und sich auf ziemlich absehbare Weise anpassten, lediglich an andere Aspekte der Kultur als ihre progressiven Konkurrenten). Die Anpassungsstrategie hat nicht funktioniert, und angesichts der Natur heutiger Gesellschaften ist die Wahrscheinlichkeit, dass das zukünftig funktioniert, vernachlässigbar gering. Schlimmer noch: Sofern keine energische Bekräftigung konkreter christlicher Identität sie begleitet – christlicher Differenz gegenüber der vorhandenen Kultur! – trägt die Anpassung den Keim der Selbstauflösung des Christlichen in sich.

147

Wenn christliche Identität von Wert ist, dann muss auch die Differenz einen Wert haben. Ganz allgemein gesagt: Beseitige alle Differenz und es bleibt nichts übrig – man selbst versinkt zusammen mit allem anderen in einem Meer aus undifferenziertem „Zeug". Die Differenz zu tilgen bedeutet, die Schöpfung rückgängig zu machen, jenes feine Muster von Unterscheidungen und gegenseitiger Abhängigkeit, das Gott einrichtete, als er das Universum aus dem Nichts erschuf. Es beruht buchstäblich alles auf Differenz.[35] Wenden wir nun diese Einsicht auf das Verhältnis von Evangelium und Kultur an. Auch hier beruht alles auf Differenz. Hat man Differenz, hat man das Evangelium. Hat man sie nicht, so hat man entweder bloß die alte Kultur oder eine universale Gottesherrschaft, aber kein Evangelium. Im Evangelium geht es immer um Differenz; schließlich bedeutet es ja gute Nachricht – etwas Gutes, etwas *Neues*, und daher auch etwas anderes!

Aber wie handelt man christliche Identität inmitten des kulturellen Wandels aus? Erstens gründet sich christliche Identität nicht primär darauf, das zu verwerfen und zu bekämpfen, was „draußen" ist, sondern indem sie die Mitte dessen, was *drinnen* ist, annimmt und herausstellt – Jesus Christus als das Wort, das Fleisch wurde und als Lamm Gottes die Sünde der Welt trägt. Differenz ist nicht um der Einzigartigkeit willen wichtig; was den christlichen Glauben betrifft (im Unterschied zu Kultur oder Persönlichkeit), ist Einzigartigkeit ein Nicht-Wert. Differenz ist von Bedeutung, weil und insofern Identität auf dem Spiel steht. Etwas anders ausgedrückt: Christliche Identität ist, richtig verstanden, nicht re-aktiv, sondern positiv; das Zentrum definiert die Differenz, nicht die Angst vor anderen, sei es vor ihrer unangenehmen Nähe oder ihrer gefährlichen Aggressivität.

Zweitens sollte die Beziehung zu dem, was draußen ist, von Liebe bestimmt sein. „Sosehr hat Gott die Welt geliebt" – die Welt als Gottes gute Schöpfung und die Welt, die aus dem Ruder gelaufen ist, in die Irre geht – dass er Jesus in die Welt sandte, um sie zu retten. Ganz ähnlich sind die Nachfolger Jesu so wie er in die Welt gesandt, um Freunde und Feinde zu lieben, Mitglaubende und Abtrünnige, und sich über alles zu freuen, was wahr, gut und schön ist, wo immer es ihnen begegnet.

Drittens müssen Grenzen durchlässig sein. Ohne Grenzen verlieren Gruppen ihre Identität und versagen sich jede Möglichkeit, gesellschaftlichen Einfluss auszuüben. aber die Grenzen christlicher Gemeinschaften sind keine unüberwindlichen Mauern hoher Festungen. Sie müssen offen genug sein, dass Verkehr hinausgelangt (Engagement für einen Wandel) und hinein (die Wertschätzung des Guten, was draußen ist, und das Lernen daraus).

Eine Möglichkeit, dieses Argument anzubringen, wäre zu sagen, dass Anpassung geschieht, ob man will oder nicht; sie ist vorgegeben. Differenz, so wie ich sie hier verstehe, ist eine Leistung, eine bewusste Übung darin, die eigene Identität um das Zentrum des Glaubens herum in einem dynamischen Geben und Nehmen mit den umgebenden Kulturen zu definieren, indem man sich in die Liebe zu Gott und zum Nächsten einübt. Das positive Resultat sowohl der De-facto-Anpassung als auch des bewussten Ziehens durchlässiger Grenzen ist Inkulturation – ein Ausdruck des christlichen Glaubens in den Begriffen der Kultur, in die er kommt und in der er Wurzeln schlägt.

Ja zum Engagement

Die prophetische Rolle christlicher Gemeinschaften – ihr Einsatz für die Heilung der Welt, das Fördern menschlichen Gedeihens, der Dienst am Gemeinwohl – ist nichts anderes als die Projektion ihrer Identität hinaus in die Welt in Wort und Tat. Das hat zwei Dinge zur Folge:

Erstens *engagieren* sich die Nachfolger Christi *mit ihrem ganzen Wesen*. Engagement ist keine Frage entweder des Redens oder des Handelns; keine Frage, ob man entweder eine mitreißende intellektuelle Vision anbietet oder alternatives Verhalten vorlebt; keine Frage, ob man den offenkundigen Reichtum und die Tiefe des inneren Lebens spürbar werden lässt oder daran arbeitet, gesellschaftliche Institutionen zu verändern; keine Frage, ob man entweder eine alternative Politik sichtbar werden lässt, indem man sich zur Feier der Eucharistie versammelt, oder ob man sich um das zerstreute Gottesvolk kümmert. Es ist all das und mehr. Der ganze Mensch in allen seinen Lebensbezügen engagiert sich darin, menschliches Gedeihen zu fördern und dem Gemeinwohl zu dienen. Auch wenn es wichtig scheinen mag, zwischen dem privaten und dem öffentlichen, dem individuellen und gemeinschaftlichen Aspekt des Engagements zu unterscheiden, sind diese Dimensionen unauflöslich miteinander verwoben und bilden eine untrennbare Einheit.

Zweitens betrifft das christliche Engagement *alle Dimensionen einer Kultur.* Es betrifft erstens, wie man das *Selbst* (implizit oder explizit) versteht und was sich in der Innerlichkeit des Herzens abspielt, in der Privatsphäre seines Zuhauses und im offenen Raum des öffentlichen Lebens. Zweitens betrifft es *soziale Beziehungen* – die Rechte und Pflichten von Menschen – in Wirtschaftsleben, Politik, Unterhaltung, Kommunikation und darüber hinaus. Schließlich bezieht sich christliches Engagement auf die *Anschauung vom Guten* – dessen also, was festlegt, worum es uns als Einzelnen und Gesellschaften gehen sollte (und damit auch, was wir vermeiden sollten). Christliches Engagement berührt alle Dimensionen einer Kultur und ist doch nicht darauf aus, sie alle völlig zu verändern. Stattdessen sucht und findet es in ihnen alles Gute, was bewahrt und gestärkt werden muss. Es ist umfassend im Ansatz und beschränkt im Ausmaß – nicht nur beschränkt vom Widerstand einzelner sozialer Systeme und ganzer Gesellschaften gegen einen Wandel, sondern auch beschränkt durch die Endlichkeit und Gebrechlichkeit der Menschheit, ebenso wie ihr unauslöschliches Gutsein.

In den folgenden beiden Kapiteln werde ich zwei zentrale Modi christlichen Engagements in der Öffentlichkeit erkunden: Das Zeugnis gegenüber Nicht-Christen und die Teilnahme am öffentlichen Leben.

6

Weisheit mitteilen

Wir leben in einer Zeit großer Konflikte und spießiger Hoffnungen. Betrachten wir zuerst unsere Hoffnungen. In seinem Buch *The Real American Dream* verfolgt Andrew Delbanco die Geschichte des amerikanischen Traumes inhaltlich zurück – vom „heiligen Gott" der Puritaner über die „große Nation" der Patrioten des neunzehnten Jahrhunderts bis zum „befriedigten Selbst" vieler heute.[1] Mit einigen Abwandlungen könnte Amerika damit typisch sein für Trends in den meisten Gesellschaften, die stark mit den globalen Märkten verflochten sind. Ich habe in Kapitel 4 schon dargelegt, dass die Vorstellung vom Gedeihen eines Menschen darauf zusammengeschrumpft ist, ein Leben voller befriedigender Erfahrungen zu führen. Die Quellen der Befriedigung variieren vielleicht: Macht, Besitz, Liebe, Sex, Essen, Drogen – was auch immer. Am wichtigsten ist nicht die Quelle der Befriedigung, sondern das Erleben – *meine* Befriedigung. Unser befriedigtes Selbst ist unsere beste Hoffnung. Das ist nicht nur spießig, sondern der düstere Schatten der Enttäuschung verfolgt unsere Obsession von der persönlichen Befriedigung hartnäckig.

Wir sind dazu bestimmt, für etwas Größeres zu leben als die Befriedigung unseres Ichs. Spießige Hoffnungen bringen selbstzersetzende Erfahrungen der Melancholie hervor.

Zweitens ist unsere Welt in große Konflikte verstrickt (wie auch in viele kleine, sogar triviale). Viele dieser Konflikte werden entlang religiöser Linien ausgetragen (was nicht bedeuten muss, dass es sich um primär religiöse Konflikte handelt).[2] Christen und Muslime geraten aneinander; ebenso Muslime und Juden, Hindus und Christen, Buddhisten und Muslime und so weiter, alles überschattet vom Konflikt zwischen der westlichen Welt (die vom Christentum geprägt wurde) und der mehrheitlich muslimischen Welt. Obwohl Religionen als solche zum größten Teil nicht die Ursachen dieser Konflikte sind, legitimieren Religionen sie oft und heizen sie an, indem sie die weltlichen Ursachen – manchmal unsere spießigen Hoffnungen – mit einer Aura des Heiligen umgeben.

Die meisten Religionen betrachten es als eines ihrer Ziele, Menschen zu öffnen, um sie mit einer größeren Gemeinschaft zu verbinden und letztlich mit dem Ursprung und Ziel aller Wirklichkeit. Ebenso erheben die meisten Religionen den Anspruch, wichtige, ja unverzichtbare Ressourcen zur Wahrung des Friedens zu enthalten. Aber manchmal geraten diese beiden Funktionen von Religion miteinander in Widerstreit. Wenn bestimmte Religionen den Menschen mit dem Göttlichen in Kontakt bringen, Menschen zusammenführen und ihnen eine Hoffnung bieten, die über die reine Selbsterfüllung hinausgeht, geraten religiöse Gemeinschaften manchmal aneinander. Wenn Religionen zu vermeiden versuchen, Konflikte zwischen Menschen zu legitimieren und anzuheizen, ziehen sie sich oft zurück in die Sphäre des Privaten und verstärken gelegentlich noch das Kreisen der einzelnen um sich selbst. Das ist eine Variante, wie man – das hatte ich in Kapitel 1 beschrieben – in der heutigen Welt zwischen Übergriffigkeit und Untätigkeit hin- und herpendeln kann.

Eine zentrale Herausforderung für alle Religionen in einer pluralistischen Welt ist es, *Menschen zu helfen, über ihre spießigen*

Hoffnungen hinauszuwachsen, um ein sinnvolles Leben zu führen und ihnen zu helfen, ihre großen Konflikte zu lösen und in Gemeinschaft mit anderen zu leben. Hier kommt die Wichtigkeit zu lernen ins Spiel, wie man religiöse Weisheit mit anderen teilt. Wenn es uns als religiösen Menschen nicht gelingt, Weisheit auf gute Art mit anderen zu teilen, dann bleiben wir vielen unserer Zeitgenossen, die sich um ein erfülltes Leben bemühen und doch zutiefst unzufrieden bleiben, etwas schuldig, und ebenso jenen, die aus ihren religiösen Traditionen Sinn für ihr Leben schöpfen möchten, aber in unlösbare und oft tödliche Konflikte verstrickt sind.

Aber wie geben wir religiöse Weisheit auf gute Art weiter? Ich werde diese Frage aus einer christlichen Perspektive bearbeiten. Obwohl es keine allgemein religiöse Art gibt, Weisheit gut weiterzugeben (vor allem deshalb, weil es keine allgemeine Religion gibt), hoffe ich, dass ich mit dem, was ich sage, etwas zum Klingen bringe bei Anhängern anderer Religionen, und sie feststellen, wie sich das zum Teil deckt mit dem, wie man sich in ihrer Tradition ein gutes Weitergeben von Weisheit vorstellt. Doch zuerst möchte ich aus eben dieser Perspektive etwas dazu sagen, was Weisheit ist – und warum Menschen sie mitteilen sollten.[3]

Was ist Weisheit?

Christen haben ihren Glauben traditionell nicht als ein Beiwerk zum Leben angesehen, sondern als etwas, das eine umfassende Lebensweise konstituiert.[4] Folglich ist christliche Weisheit in gewisser Hinsicht dieser Glaube selbst – eine umfassende Interpretation der Wirklichkeit, ein Satz von Überzeugungen, Haltungen und Praktiken, die Menschen dazu anleiten, ein gutes Leben zu führen. „Gut leben" bedeutet hier, in Einklang mit dem zu leben, wie Gott die Menschen geschaffen hat, statt gegen ihre eigene wahre Wirklichkeit und die wahre Wirklichkeit dieser Welt zu leben. Weisheit in dieser Hinsicht ist ein integraler Lebensstil, der es Menschen, Gemeinschaften und der ganzen Schöpfung möglich macht, sich zu entfalten (vgl. Kapitel 4). Menschen sind weise, wenn sie das befolgen.

Christen haben auch verstanden, dass Weisheit etwas viel Spezielleres ist als ein ganzer Lebensstil – nämlich als konkrete Ratschläge, wie man gedeihen kann. Wenn wir in den Sprüchen lesen „Der Tor hat keinen Gefallen an Einsicht, vielmehr daran, sein Herz zur Schau zu stellen" (18,2), oder wenn Jesus sagt „gebt, und euch wird gegeben werden" (Lukas 6,38), oder wenn der Apostel Paulus sagt, „sorgt euch um nichts" (Philipper 4,4-6) oder wenn wir im Epheserbrief lesen „seid gütig zueinander, seid barmherzig, vergebt einander, weil auch Gott euch durch Christus vergeben hat", dann wird uns da weiser Rat angeboten, man könnte auch sagen: „Körnchen" der Weisheit. Richtig verstanden sind diese Körnchen Bestandteile einer Weisheit, die eine Lebensweise ist. Nach diesem Verständnis von Weisheit sind Menschen weise, wenn sie weisem Rat folgen.

Es gibt noch eine dritte, grundlegendere Art, wie Christen Weisheit verstehen – vielleicht erstaunlicherweise ist die Weisheit eine *Person*. Im Buch der Sprüche wird die Weisheit personifiziert. Sie ist der früheste Anfang von Gottes Schöpfung und sie ruft Menschen heraus, ihr zuzuhören und zu gedeihen, wenn sie ihr gehorchen (Sprüche 8). Christen haben diese „Frau Weisheit" als das menschgewordene Wort verstanden, Jesus Christus (Johannes 1,14). Der Apostel Paulus schreibt auch, dass Jesus für uns „die Weisheit Gottes" geworden ist (1. Korinther 1,30). Hier sind Menschen weise, wenn sie Christus folgen und, noch grundlegender, wenn sie es zulassen, dass diese personifizierte Weisheit in ihnen wohnt, sie nach ihrem Bild umgestaltet und durch sie handelt (Galater 2,20).

In allen drei Interpretationen, die ich gerade beschrieben habe, ist Weisheit nie eine Frage des persönlichen Geschmacks oder der Präferenz („das scheint mir weise, derzeit!"), wie Weisheit das für Menschen in heutigen dynamischen, sich ständig verändernden Gesellschaften ist. Ebensowenig ist Weisheit das Zeichen für die Zugehörigkeit zu einer Gruppe, eine wohltuende Sitte („für uns ist das Weisheit, für euch muss es das aber nicht unbedingt sein), wie in manchen Stammesreligionen und -kulturen. Für Christen ist Weisheit eine ganz bestimmte Art von *Wahrheit*, die alle Menschen angeht – und zwar zutiefst. Sie geht sie als Menschen an, nicht als Mitglieder dieser oder jener Gruppe oder als jemand, der eine bestimmte Aufgabe verrichtet oder ein bestimmtes Ziel verfolgt. Weisheit als Lebensweise abzulehnen, oder Christus als die Verkörperung dieser Weisheit, bedeutet nicht, den Nachtisch nach einer guten Mahlzeit unangetastet stehen zu lassen; es bedeutet vielmehr, eben die Nahrung zu verweigern, ohne die Menschen nicht wahrhaft gedeihen können.

Natürlich ist dieser christliche Anspruch umstritten. Obwohl er keine negative Aussage über andere Religionen und Weltanschauungen macht, behauptet er doch, dass der christliche Glaube den Schlüssel hat, nicht nur zu dieser oder jener Unternehmung, sondern zum Menschsein. Aber der Aspekt, den beispielsweise ein Muslim in Zweifel ziehen würde, ist nicht der, dass die Weisheit einer bestimmten Religion als unverzichtbar beurteilt wird, sondern dass sich dieser Anspruch auf den christlichen Glauben bezieht, nicht den Islam. Auch wenn er anstößig ist, halten viele Christen ihn für notwendig. Der jüdische Monotheismus führte die Idee der Wahrheit in die Welt der westlichen Religionen ein.[5] Das Christentum erbte diese Idee und radikalisierte sie: die Weisheit des Glaubens ist untrennbar verbunden mit der universalen Wahrheit des Glaubens; auch wenn sie geschmeidig ist und auf den Wandel der Zeiten und Umstände reagiert, gilt diese Weisheit für alle Menschen zu allen Zeiten.

Um der Klarheit willen werde ich, wenn ich auf den folgenden Seiten der Frage nachgehe, warum und wie man Weisheit anderen mitteilen sollte, diese drei Auffassungen von Weisheit in einen Topf werfen. Der Nachteil dieses Verfahrens liegt auf der Hand: Wenn es darum geht, wie und warum man Weisheit mitteilt, spielen die Unterscheide zwischen diesen Auffassungen von Wahrheit durchaus eine Rolle. Der Grund, warum und wie man Weisheit als Körnchen guter Ratschläge oder als Lebensweise oder als göttliche Person mitteilt, ist nur zum Teil derselbe. Also werde ich gelegentlich auf die Unterschiede hinweisen, Weisheit in diesen drei unterschiedlichen Auffassungen mitzuteilen, aber es bleibt dem Leser überlassen, die vielen verbleibenden Lücken zu füllen.

Warum Weisheit mitteilen?

Was sind die wichtigsten Gründe, Weisheit mitzuteilen?

Erstens sind Christen *verpflichtet*, Weisheit mit anderen zu teilen. Nach seinem Tod und seiner Auferweckung sagte Jesus zu seinen Jüngern: „Wie der Vater mich gesandt hat, so sende ich euch" (Johannes 20,21) – mit dem Auftrag, die gute Nachricht anzukündigen und, noch allgemeiner, der Welt Gottes Weisheit mitzuteilen. Christen teilen Weisheit mit, weil Gott es ihnen aufgetragen hat.[6]

Zweitens ist die Verpflichtung zum Teilen ein Ausdruck der *Liebe* zum Nächsten. So wie die Sendung Jesu durch den Vater in der Liebe Gottes wurzelte (Johannes 3,16), so wurzelt auch der Auftrag der Christen in der Liebe zu ihren Mitmenschen – oder er sollte das zumindest tun. Christen teilen Weisheit mit, um bedürftigen Menschen zu helfen oder Konflikte zu lösen, um Begründungen dafür zu liefern, dass man den Hungrigen zu essen gibt und den Unbekleideten etwas zum Anziehen, und ganz allgemein weil sie andere gern davon abhalten würden, zu verelenden oder gar zugrunde zu gehen, weil sie nicht im Einklang mit dem leben, wie Gott sie geschaffen hat.[7]

Letzten Endes jedoch geben Christen Weisheit nicht aus Gehorsam gegenüber einem Gebot weiter, nicht einmal nur aus Nächstenliebe. In Wirklichkeit teilen sie sie – das sollten sie jedenfalls – vor allem deshalb, weil die Weisheit, die in ihnen wohnt, *sich durch sie mitteilen will* an andere. Der Apostel Paulus formuliert: „die Liebe Christi drängt uns" (2. Korinther 5,14).

Diese religiösen Motivationen, Weisheit weiterzugeben, *passen zum Wesen des christlichen Glaubens.* Wie ich oben schon fest-

gestellt habe, ist das Christentum neben einigen anderen Weltreligionen ein monotheistischer Glaube der prophetischen Art.
Betrachten wir zunächst die Bedeutung des Monotheismus für
das Mitteilen von Weisheit. Was das Verhältnis Gottes zur Welt
angeht, gibt es eine strikte Korrelation zwischen dem göttlichen
„Einen" und dem „Ganzen" der Welt. Da Gott einer ist, ist er Gott
der ganzen Wirklichkeit. Obwohl sie immer konkret und auf bestimmte Situationen bezogen ist, ist Gottes Weisheit eine Weisheit für die gesamte Menschheit, nicht nur für einen Ausschnitt.
Daher sollte man sie auch mit allen teilen.

Der Hang zum Mitteilen, den der Monotheismus hervorbringt, wird durch den prophetischen Charakter des christlichen
Glaubens verstärkt. Ich habe ja im ersten Kapitel erklärt, dass Religionen des prophetischen Typs durch zwei Grundbewegungen
strukturiert werden: Der Aufstieg in die Sphäre des Göttlichen
(Begegnung mit Gott, sich in die Schrift vertiefen und derglei-
chen) und die Rückkehr mit einer Botschaft für die Welt – eine
zweifache Bewegung, die der Bericht der Evangelien schön ver-
anschaulicht, nach dem Jesus sein öffentliches Wirken begann,
nachdem er in der Wüste gefastet hatte. Im Aufstieg bekommen
religiöse Persönlichkeiten Anteil an der Weisheit und werden
verwandelt; nach der Rückkehr teilen sie diese Weisheit mit ihren Mitmenschen, um so die Welt zu verändern. Der Aufstieg
geschieht nicht nur dazu, dass jemand von einer Begegnung mit
Gott profitiert (wie in mystischen Religionen); er geschieht auch
zum Zweck der Rückkehr, damit die Welt geheilt werden und in
größeren Einklang mit den Absichten gebracht werden kann, aus
denen heraus Gott sie geschaffen hat.

Christen haben starke Gründe, anderen religiöse Weisheit
mitzuteilen. Im Großen und Ganzen haben sie sich im Verlauf der
Geschichte nicht gescheut, das auch zu tun (auch wenn der Impuls zur kulturübergreifenden Mission in einigen Phasen unter-
drückt war, etwa im Protestantismus von 1517 bis etwa 1794, als
William Carey die moderne Missionsbewegung in Gang brachte).[8]
Es gibt jedoch auch Situationen, in denen es unklug sein könnte,

religiöse Weisheit mitzuteilen. In der Bergpredigt lesen wir die berühmte und scharfe Warnung Jesu: „Gebt das Heilige nicht den Hunden; und werft eure Perlen nicht vor die Säue, sonst zertreten sie sie mit ihren Hufen und wenden sich um und zerreißen euch" (Matthäus 7,6). Diese strengen Worte sind eine Erinnerung daran, dass das Verhältnis zwischen Religionen manchmal sehr angespannt, ja sogar gewalttätig sein kann. Unter solchen Umständen – religiöser Verfolgung zum Beispiel, die historisch und geografisch weit verbreitet war und mancherorts unvermindert andauert[9] – kann das Mitteilen von Weisheit sowohl wütendes Unverständnis hervorrufen als auch zu weiterer Gewalt führen. Manchmal rät uns die Weisheit, sie nicht mitzuteilen. Zu anderen Zeiten wird die mutige Weisheit ungeachtet des heftigen Widerstands danach rufen, dass sie gehört wird, um die Torheit ihrer Widersacher ans Licht zu bringen.

Das Selbst als der Geber von Weisheit

Wenn es auf gute Art geschieht, kann man das Mitteilen von Weisheit mit dem Schenken und Beschenktwerden vergleichen (vgl. Kapitel 7). Bevor wir in die Einzelheiten dessen gehen, was Weisheit mitzuteilen und anzunehmen bedeutet und wie man es nicht macht, halten Sie einen wichtigen Aspekt des Mitteilens von Weisheit fest: es ist eher wie wenn man einer Freundin ein Musikstück vorspielt als wenn man sie zum Essen einlädt. Wenn ich einer Freundin ein Essen serviere, dann habe ich das nicht mehr, was sie gegessen hat; spiele ich ihr ein Musikstück vor, dann bekommt sie etwas, was ich in gewisser Hinsicht immer noch besitze. Wenn ich Weisheit mit anderen teile, dann trenne ich mich nicht von dem, was ich hergebe; im Gegenteil: vielleicht eigne ich es mir noch tiefer an.[10]

Was bedeutet es, Weisheit gut mitzuteilen? Wie teilt man sie verantwortlich mit? Ich werde diesen Fragen nachgehen, indem ich untersuche, wie wir handeln sollten als Leute, die Weisheit weitergeben und empfangen. Gleich von den Ursprüngen der Kirche an haben Christen ihren Glauben öffentlich bezeugt. Die Kirche wurde an Pfingsten geboren[11], und aus diesem Anlass sprachen die Jünger des Gekreuzigten und Auferstandenen Jesus Christus über ihn in vielen Sprachen, zu Menschen aus vielen Teilen der Welt. Sie teilten aktiv die Weisheit ihres Glaubens in jeder der drei Verstehensvarianten: als Körnchen, als eine Lebensweise und als menschgewordene Weisheit.

Für Christen ist das *Bezeugen* ein Schlüssel zum Mitteilen von Weisheit. Aber wie bezeugt man etwas gut? Erstens ist ein Zeuge kein Tyrann, der etwas verfügt. Gewiss, im Verlauf der Geschichte haben Christen anderen ihren Glauben mit dem Schwert,[12] mit der Macht rhetorischer Manipulation oder mit dem Anreiz eines materiellen Gewinnes aufdrängen wollen. Doch dieses Aufdrängen steht in krassem Widerspruch zum grundlegenden Wesen des christlichen Glaubens, in dessen Kern es um Selbsthingabe geht – Gottes Selbsthingabe und menschliche – und nicht darum, sich aufzudrängen. Karl Barth, ein großer evangelischer Theologe aus dem letzten Jahrhundert, sagt es ganz richtig: Im Verhältnis zu Nicht-Christen (und zu Mitchristen!) sind die Nachfolger Christi in der Position von Johannes dem Täufer, wie er in dem berühmten Gemälde von Matthias Grünewald dargestellt ist – nämlich am Fuß des Kreuzes mit ausgestreckter Hand, die auf den gekreuzigten Christus zeigt.[13] Weit entfernt davon, jemandem die Weisheit des Glaubens aufzudrängen, bieten sie sie nicht einmal als etwas an, was sie selbst zu geben hätten – wie es sich gehört, verweisen sie einfach auf die Weisheit. Diese Weisheit bietet sich selbst an; die einen werden an ihr partizipieren, die anderen sich weigern.[14]

Ein Zeuge ist zweitens kein Hausierer, der etwas verkauft. Wir sind als Moderne so tief in ökonomische Tauschgeschäfte verwoben und leben in Kulturen, die von den Aktivitäten des Kaufens und Verkaufens durchdrungen sind.[15] Oft behandeln wir Religionen und ihre Weisheit wie Waren, die man kauft und verkauft. Auch wenn es gute Gründe gibt, Priestern, Pfarrern und anderen Menschen in einem geistlichen Amt ein Gehalt zu bezahlen, verkaufen weder sie noch die unbezahlten Laien eine Weisheit – zumindest verkaufen sie Weisheit nicht mehr als Lehrer Wissen verkaufen oder gute Ärzte eine Medizin.[16] Es wäre Verrat an der Weisheit, sie kaufen und verkaufen zu wollen, und zwar nicht nur deshalb, weil sie ein Geschenk ist, wie ich gleich noch erklären werde. Verkäufer sind versucht, Käufer zum Kauf zu verführen, indem sie die Ware so aufbereiten, dass sie den Bedürfnissen des Kunden entspricht; der Vorgang des Verkaufens verzerrt Weisheit häufig und lässt bei den Käufern den schwelenden Verdacht zurück, dass der Verkäufer sie über den Tisch gezogen hat. Käufer andererseits picken sich das heraus, was ihnen zusagt, und kaufen, so viel sie wollen. Wenn man sie kauft und verkauft, dann hört Weisheit auf, das Leben von Menschen zu prägen und befriedigt bestenfalls ihre schon vorhandenen Bedürfnisse – von denen die Weisheit höchstwahrscheinlich keines hervorgebracht hat und denen sie nun unterworfen wird. Wenn man sie als Ware behandelt, degeneriert Weisheit zur Technik, mit der man Menschen hilft, so zu leben, wie es ihnen gefällt, selbst wenn die Art, wie sie gern leben wollen, völlig unklug wäre.[17]

Da, wo christliche Tradition sich treu ist, wird Weisheit aus freien Stücken weitergegeben. Der Prophet Jesaja schreibt: „Auf, ihr Durstigen, kommt alle zum Wasser! Auch wer kein Geld hat, soll kommen. Kauft Getreide und esst, kommt und kauft ohne Geld, kauft Wein und Milch ohne Bezahlung" (Jesaja 55,1). Jesus lässt diese Worte anklingen, wenn er sagt: „Kommt alle zu mir, die ihr euch plagt und schwere Lasten zu tragen habt. Ich werde euch Ruhe verschaffen" (Matthäus 11,1). Christliche Weisheit beruht auf dem, was Gott umsonst gibt, und deshalb muss sie umsonst weitergegeben werden.[18] Ein guter Zeuge wird sich gegen die Vermarktung der Weisheit sperren.

Drittens sind Christen als Zeugen nicht einfach nur *Lehrer*, die Instruktionen geben. Ein Lehrer kann etwas lernen, das in seinem Leben eine reine Äußerlichkeit bleibt, und anderen diese nützliche Information vermitteln (etwa ein Mathematikprofes-

sor, der Trigonometrie unterrichtet). Im Unterschied dazu sollten Christen Zeugnis geben als solche, die nicht nur mit Worten
über Christus reden, sondern ihm mit ihrem Verhalten nachei-
fern und sich seiner Fürsorge in ihrem Leben und ihrem Sterben
anvertrauen. Wenn sie ihn bezeugen, dann verweisen sie auf eine
Lebensweise, an der sie selbst beteiligt sind. Folglich sind sie
umso besser darin, Weisheit mitzuteilen, je mehr diese Weisheit
in ihnen lebt.

Viertens ist ein Zeuge mehr als nur eine Hebamme. Christus
hilft einem Menschen nicht, die Weisheit zu finden, die in seiner
eigenen Seele verborgen ist; Christus *ist* die Weisheit.[19] Daher
ist ein Nachfolger Christi ein Zeuge für Christus – das Leben,
den Tod und die Auferweckung des Mensch gewordenen Wortes,
das zu einer bestimmten Zeit an einem bestimmten Ort lebte.
Sokrates hilft einer Person, etwas in sich selbst zu entdecken, etwas, das sie wusste, vergessen hatte und an das sie erinnert werden muss; im Gegensatz dazu erzählt Christus einem Menschen
von etwas, das außerhalb von ihm stattgefunden hat, etwas, von
dem er in Kenntnis gesetzt werden muss.[20] So deutet ein Zeuge
nicht nur weg von sich selbst, sondern auch weg von der Person,
der gegenüber er etwas bezeugt; er zeigt auf Christus und die
Weisheit, die er war und weiterhin ist.

Der andere als Empfänger

Gute Geber werden auf die Integrität der Empfänger achten.
Es gibt Grenzen für das, was jemand annehmen möchte oder
kann, und die Geber sollten diese Grenzen achten. Christen
sollen Weisheit so mitteilen, wie es der 1. Petrusbrief für die
Rechenschaft über ihre Hoffnung empfiehlt – „bescheiden und
ehrfürchtig" (1. Petrus 3,15-16).

Es ist relativ einfach, die Grenzen anderer zu achten, sofern es
darum geht, Körnchen der Weisheit weiterzugeben. Die Empfänger können diese Ratschläge in ihre umfassende Interpretation

des Lebens ohne große Störungen einbauen. Oft aber bekommt das, was jemand empfängt, einen anderen Beigeschmack als den, mit dem es gegeben wurde. Hühnchen in einem thailändischen Gericht schmeckt anders als auf einem Sandwich mit Senf und Mayonnaise. Ein Körnchen Weisheit im einen „Gericht" der Religion wird anders schmecken, wenn man es mit anderen Zutaten serviert. Etwas prosaischer gesagt: Empfänger werden das oft annehmen, was man ihnen gibt, aber sie werden es so anpassen, dass es in ihre Gesamtinterpretation des Lebens passt.

Anderen das Recht zuzugestehen, anzunehmen, was sie wollen und damit zu tun, was ihnen beliebt, ist Teil der Achtung, die Geber den Empfängern entgegenbringen. Es gibt aber auch Grund zur Sorge, wenn man seine Körnchen Weisheit in dieser schnelllebigen, mediengesättigten Selbstbedienungskultur weitergibt, in der viele von uns leben. Erstens verwässern die Geber ihre Weisheit oft, damit diese möglichst vielen Empfängern mundet. Zweitens integrieren Empfänger die neu erworbene Weisheit oft nicht in eine umfassende Interpretation des Lebens. Die Körnchen bleiben frei schwebende Teilchen, die man nutzt, wenn es einem genehm ist, und wegwirft, wenn sie das nicht sind. Dieser selektive Umgang mit aus dem Zusammenhang gerissener Weisheit kann dann dazu beitragen, ein unweises Leben leichter zu machen – gewiss nicht das Ziel der Weitergabe!

Weisheit als eine Lebensweise mitzuteilen ist noch komplizierter. Die wichtigsten Einschränkungen für das, was andere annehmen können, haben mit der Furcht vor dem Verlust ihrer Identität zu tun. Wenn sie nämlich zu viel „von außen" übernehmen, kann sich das Annehmen von Weisheit anfühlen, als löse man sich unfreiwillig auf. Christus als Weisheit und den Glauben als Lebensweise anzunehmen kann für den Empfänger in spe das Gefühl der tiefen Entfremdung von sich selbst verursachen. Aber man muss in einem Kapitel, das ein Christ über das Mitteilen von Weisheit schreibt, kaum noch eigens erwähnen, dass die Annahme eines christlichen Lebensstils als Rückkehr zu unserem wahren Selbst erfahren werden kann und in der Regel auch so erfahren wird.

Die christliche Tradition hat die reale Möglichkeit immer akzeptiert, dass andere die höchste Weisheit, auf die sie hindeutet, für die größte Dummheit halten könnten. Ein Lebensstil, bei dem Selbsthingabe gelobt wird und das Ausüben von Macht über andere suspekt ist, erscheint vielen als Dummheit, nicht als Weisheit.[21] So ist es mit der Idee, dass Jesus Christus durch seinen Tod am Kreuz erlöst.[22] Weisheit mag anfangs gar nicht weise erscheinen. Damit Menschen sie *als Weisheit* erkennen, müssen sie irgendeine Affinität ihr gegenüber haben – sie brauchen Augen, die sehen, und Ohren, die hören, wie der Prophet Ezechiel sagt (Ezechiel 12,1-2).[23] Deshalb behaupten wichtige Stränge der christlichen Tradition, dass Menschen Weisheit nur annehmen können, wenn Gottes Geist in ihnen die richtigen Voraussetzungen für die Annahme schafft.[24]

Sie sehen vielleicht, dass in zwei wichtigen Aspekten – im Moment des Gebens wie des Empfangens – nicht die Christen selbst die wichtigste Rolle in der Weitergabe von Weisheit spielen. Letzten Endes können sie das gar nicht, denn Christus muss die Weisheit geben. Und letztlich können sie andere nicht dazu bringen, Weisheit anzunehmen; Gottes Geist muss Menschen die Augen öffnen, dass sie sehen. Im besten Fall sind Christen, wenn sie Weisheit mitteilen, Kanäle, durch die Gott Weisheit mitteilt. Die Apostelgeschichte bringt diese grundlegende Vorstellung klar zum Ausdruck, wenn sie von den ersten Bekehrungen zum Weg des Christus berichtet: es waren nicht die Apostel, die Menschen durch ihre Predigt bekehrten – es war Gott, der Menschen der Gemeinde hinzufügte (Apostelgeschichte 2,47).

Das Selbst als Empfänger

Wenn wir die Weisheit unserer religiösen Tradition mitteilen, dann sollten wir daran denken, dass der Mensch, dem wir Weisheit mitteilen, auch ein Geber ist, nicht nur ein passiver Empfänger. Als Geber achten wir die Empfänger, indem wir uns selbst auch als potenzielle Empfänger sehen. Viele religiöse Menschen finden es jedoch schwierig, sich vorzustellen, dass sie irgendetwas von Bedeutung aus einer anderen Glaubensrichtung annehmen könnten. Schließlich haben sie ja wahrscheinlich ihrer Auffassung nach schon eine, wenn nicht sogar *die* wahre und heilsame Lebensweise erfasst. Dies gilt sicher für viele Christen. Sagt nicht das Johannesevangelium, Christus ist „der Weg, die Wahrheit und das Leben" (14,6)? Heißt es nicht im Kolosserbrief, dass in Christus „alle Schätze der Weisheit und Erkenntnis verborgen" sind (2,3)? Wie können Christen dann nennenswerte Weisheit von anderen annehmen?

Die Frage unterstellt, dass es nicht möglich sein könnte, Weisheit von anderen anzunehmen, obwohl es eine Tatsache ist, dass genau das stattgefunden hat! Es ist überhaupt nicht schwer zu demonstrieren, dass Christen in der Vergangenheit Weisheit von anderen übernommen haben und das immer noch tun. Zwei Beispiele aus ferner Vergangenheit belegen das ausreichend. Das erste ist die Aneignung der geistlichen Reichtümer des Judentums durch die Christen. Mit geringfügigen Änderungen ist zum Beispiel das christliche Alte Testament die hebräische Bibel, die aus Texten besteht, die für die ersten Christen Heilige Schrift waren. Zweitens führte die frühe Begegnung des Christentums mit der griechischen Sprache und Kultur dazu, dass man (größtenteils unbeabsichtigt) die griechische Weisheit übernahm.[25] Ein reiches Vokabular des Glaubens schöpften die Theologie und das tägliche liturgische Leben der Christen aus der Tradition der griechischen Philosophie (auch wenn wichtige philosophische Begriffe zum Teil umgedeutet wurden, als man sie übernahm).[26] Tatsächlich hat der christliche Glaube nicht nur in der Begegnung zwischen Christentum und der antiken griechischen Kultur Weisheit aufgenommen, sondern jedes Mal, wenn das Evangelium in eine andere Sprache übersetzt wurde und in einer anderen kulturellen Umgebung Wurzeln schlug.[27]

Wie können also Christen, die glauben, dass alle Weisheit in Jesus wohnt und von ihm ausgeht, Weisheit von anderen annehmen? Die Antwort ist einfach, auch wenn sie nicht für alle auf der Hand liegt und man nicht alle Implikationen gleich erkennt. Jesus Christus ist das menschgewordene Wort – Weisheit! – durch das „alles geworden ist" und das „das Licht aller Menschen" ist, wie einer der einflussreichsten Texte des Neuen Testaments formuliert, der Prolog des Johannesevangeliums (Johannes 1,3-4). Als Echo auf diesen Text aus dem Johannesevangelium beschreibt der Kirchenvater Justin, der Märtyrer, die Weisheit der griechischen Philosophen als „Teile des Wortes" und „Saatkörner der Wahrheit".[28] Alles Licht, wo immer man ihm begegnet, ist das Licht des Wortes und daher das Licht Christi; alle Weisheit, wer auch immer sie ausspricht, ist die Weisheit Christi; es kann gar nicht anders sein, wenn *alle Dinge* durch das Wort entstanden sind und durch es bestehen. Zugegeben, das ist ein großes „wenn". Nichtchristen könnten nicht bereit sein, sich darauf einzulassen. Aber hier steht der Standpunkt der Christen zur Diskussion, nicht seine Plausibilität für Nichtchristen. Stimmt man der Voraussetzung zu („alles wurde durch Christus geschaffen"), dann folgt der Schluss („alle Weisheit ist die Weisheit Christi") auf dem Fuß.

Aber Christen haben doch Christus, könnte man einwenden. Warum etwas von anderen annehmen, auch wenn man zugesteht, dass sie „Saatkörner" der Wahrheit besitzen? Erstens gibt es eine Weite und Tiefe an Christus, der Weisheit, die seine Nachfolger nie völlig ausloten. Etwas abstrakter gesagt: Der Gegenstand des Glaubens – Gott, der in unzugänglichem Licht wohnt – ist im Bewusstsein und der Praxis seiner Getreuen, auch der erleuchtetsten, nie umfassend gegenwärtig; nicht nur, weil sie endliche Geschöpfe sind und Gott der unendliche Schöpfer, sondern weil sie alle von ihren Bedürfnissen und Vorlieben getrieben und von den besonderen Situationen, in denen sie leben, geprägt werden. Zweitens leben Christen zusammen mit anderen in einem Strom der Zeit, der Menschen in immer neue Herausforderungen wirft. Oft erleben sie sich desorientiert und unsicher, wie man die Weisheit Christi in bestimmten Situationen zum Tragen bringt, wie man im sich ständig verändernden Hier und Jetzt weise sein kann. Vielleicht halten sie sich für weise und benehmen sich doch töricht. Daher ist das, was Paul Tillich „umgekehrte Prophetie"[29] nannte, manchmal unerlässlich: Christen können (und oft sollten sie das auch) von außen die prophetische Herausforderung annehmen, ihre Überzeugungen und Praxis so zu ändern, dass sie stimmiger im Hier und Jetzt mit der Weisheit leben, an der sie hängen.[30] Wie das Verhältnis zwischen „dem Wort" und „Teilen des Wortes" nahelegt, muss jede Weisheit, die Christen von anderen annehmen, im Einklang sein mit den Erzählungen von Christus in der Schrift. Die Kompatibilität zwischen den facettenreichen Erzählungen und dem unerschöpflichen Reichtum an Bedeutungen ist für Christen das Kriterium, das darüber entscheidet, was Weisheit ist und was nicht, was herein darf und was draußen bleiben muss. Natürlich kann man diese Erzählungen aufgeben – man kann sogar zu der Überzeugung gelangen, es sei töricht, sie *nicht* aufzugeben. Aber ein Mensch, der zu diesem Schluss kommt, hat den christlichen Glauben entweder zugunsten einer anderen Lebensweise (etwa des Jainismus oder der Philosophie Nietzsches) aufgegeben, oder um sich allen gegenüber wie bei einem großen Büffet zu verhalten, indem er sich das herauspickt, was ihm passt und den Rest ignoriert.

Weisheit mitteilen: Liebe und Vergebung

Eine Möglichkeit, das zu beschreiben, was ich im Hauptteil dieses Kapitels dargelegt habe, wäre zu sagen, dass das Mitteilen von Weisheit ein Akt der Nächstenliebe sein sollte.

Wenn wir Weisheit weitergeben, geben und empfangen wir, und dieses Geben und Nehmen sollte eine Übung der Nächstenliebe sein. Jesus Christus, die Weisheit, ist die Verkörperung der Liebe Gottes zur Menschheit, und er fasste „das Gesetz und die Propheten" und das „Liebesgebot" zusammen, indem er die Goldene Regel aufstellte: „Alles, was ihr also von anderen erwartet, das tut auch ihnen!" (Matthäus 7,12).

„Alles" umfasst auch das Mitteilen von Weisheit. Dass Nächstenliebe definiert, wie Weisheit weitergegeben werden soll, bedeutet, dass sich der Akt des Mitteilens von Weisheit harmonisch zum Inhalt verhält, der mitgeteilt wird.[31]

Ich habe oben schon erwähnt, dass Christen im Verlauf der Jahrhunderte Weisheit manchmal auf eine Art und Weise mitgeteilt haben, die dem Anspruch dieser Weisheit, die sie ererbt haben, diametral entgegengesetzt ist – manipulativ, unter Zwang, sogar mörderisch.[32] Ganz ähnlich haben Christen auch sehr darunter gelitten, dass ihnen andere deren Weisheit aufnötigten. Vielleicht ist die Behauptung übertrieben, dass in den letzten hundert Jahren mehr Christen für ihren Glauben verfolgt und getötet wurden als in der gesamten Kirchengeschichte zuvor,[33] aber die Christenverfolgungen unter Lenin und Stalin in der Sowjetunion und unter Mao in China waren in jeder Hinsicht brutal und massiv.[34]

Wenn Menschen Unrecht angetan wird, wie in solchen Beziehungen zwischen Christen und Nichtchristen, dann ertönt der Ruf nach Vergebung und Umkehr. Das lehrt die christliche Weisheit. Die Aufforderung zu vergeben erscheint vielleicht selbst als ein solches Körnchen christlicher Weisheit. Sie ist aber noch viel mehr. Sie ist der Standpunkt, der Jesus auszeichnet, die personifizierte Weisheit, und eine entscheidende Säule eines christlichen Lebensstils.[35]

Ich möchte kurz einige Schlüsselelemente von Vergebung aufzählen und sie in Beziehung zu dem Unrecht setzen, das geschieht, wenn Christen und Anhänger anderer Religionen Weisheit ungut weitergeben. Vergebung ist selbst wie ein Geschenk. Und so, wie ein Geschenk angenommen werden muss, damit es tatsächlich gegeben werden kann, so auch die Vergebung. Wir empfangen Vergebung, indem wir bereuen – indem wir unsere kritikwürdigen Taten als falsch bezeichnen, indem wir die Verletzungen betrauern, die wir anderen zugefügt haben, und uns entschließen, unseren Lebenswandel zu bessern. Es ist für Christen von großer Bedeutung, dass sie sich ernsthaft Gedanken machen darüber, wie sie in der Vergangenheit Weisheit weitergegeben haben, sich selbst im richtigen Licht sehen – ihr Gedächtnis reinigen, wie es der verstorbene Papst Johannes Paul II. sagte[36] – und wo es angemessen ist, ihre Fehler eingestehen und ihr Verhalten korrigieren. Natürlich tun Nichtchristen gut daran, dasselbe zu tun. Jedoch sagt die christliche Weisheit auch, dass in manchen Fällen, wo man sich gegenseitig Unrecht getan hat, die Umkehr der einen nicht von der Umkehr der anderen Seite abhängt. Wenn wir einander Unrecht getan haben, dann muss ich umkehren – ob Sie nun umkehren oder nicht.

Christliche Weisheit lehrt uns noch radikaler, dass Vergebung selbst, und nicht einfach nur Umkehr, nicht von der Umkehr des Übeltäters abhängig ist – eine Vorstellung, die die Grenzen dessen strapaziert, was andere Traditionen aus der christlichen an Weisheit zu übernehmen bereit sind. In Christus wurden Menschen ungeachtet einer Umkehr mit Gott versöhnt. „Christus starb für die Gottlosen" – *alle* Gottlosen – schreibt Paulus (Römer 5,6). So sollen auch die Nachfolger Christi vergeben, ob die, die ihnen Schaden zugefügt haben, nun umkehren oder nicht. Wir machen das Geschenk der Vergebung dann auf richtige Art, wenn wir es nicht als eine Belohnung für eine Umkehr geben, sondern in der Hoffnung, dass dieses Geschenk dem Übeltäter hilft, es anzunehmen, indem er umkehrt. Vergeben und das Weitergeben von Weisheit sind sich in dieser wichtigen Hinsicht ähnlich: Beide sind Formen des Schenkens. Wenn jemand ein Geschenk macht, dann handelt er immer zuerst – und wartet dann in der Hoffnung, dass der andere das Geschenk aus freien Stücken annimmt.

Warum zuerst Vergebung und dann erst Umkehr? Weil das Ziel der Vergebung nicht nur ist, die psychische Last des Vergebenden zu mindern, auch nicht, den Konflikt zu verwischen, sondern um den Täter zum Guten zurückzubringen und letztlich die Gemeinschaft zwischen Täter und Opfer wiederherzustellen. Menschen, die Christus folgen, schreibt Martin Luther, trauern mehr über die Sünde derer, die ihnen Böses angetan haben, als über den erlittenen Verlust oder Schaden an sich. Und sie tun das, damit sie diese Übeltäter von ihrer Sünde wegrufen, anstatt das Unrecht zu rächen, das sie erlitten haben. Daher legen sie die Gestalt ihrer eigenen Gerechtigkeit ab und nehmen die Gestalt jeder anderen an, beten für ihre Verfolger, segnen, die sie verfluchen, tun den Übeltätern Gutes, stellen sich darauf ein, die Strafe zu bezahlen und Genugtuung zu leisten für ihre Feinde, damit sie gerettet werden. Das ist das Evangelium und das Beispiel Christi.[37]

Wenn Christen Unrecht geschieht, während sie Weisheit mit anderen teilen – oder, noch allgemeiner, bei jedem Umgang mit anderen – sollten sie vergeben. Zu vergeben bedeutet, zwei Dinge gleichzeitig zu tun: erstens benennt man ein erlittenes Unrecht *als Unrecht*. Zu vergeben bedeutet nicht, das Fehlverhalten zu leugnen oder darüber hinwegzusehen, sondern es zu verurteilen. Keine Vergebung ohne Verurteilung. Doch selbst wenn die Verurteilung eine notwendige Voraussetzung der Vergebung ist, ist das Herz der Vergebung etwas anderes. Also bedeutet Vergebung zweitens, dem Übeltäter seine böse Tat nicht vorzurechnen. Er verdient Strafe, aber er bekommt das Gegenteil. Er bekommt Gnade.

Da Vergebung das Herzstück christlicher Weisheit ist, das Lutherzitat oben bringt es schön zum Ausdruck, ist die Weigerung zu vergeben für Christen nicht nur eine gescheiterte Reparatur eines Kurzschlusses im Weitergeben von Weisheit, sondern sie widerspricht der Weisheit selbst. Zu vergeben heißt, Weisheit mitzuteilen – vielleicht ist das sogar einer der wirksamsten Wege, das zu tun.

Weisheit mitteilen: Große Konflikte, spießige Hoffnungen

Zum Schluss möchte ich auf die großen Konflikte und spießigen Hoffnungen zurückkommen. Wie sollten wir Weisheit mitteilen, um religiöse Konflikte nicht anzuheizen, sondern stattdessen den Frieden zu wahren und zu fördern? Wir müssen der Versuchung widerstehen, der Weisheit zu „helfen", im Leben von Menschen Fuß zu fassen, indem wir andere manipulieren oder dazu zwingen, sie anzunehmen. Ebenso müssen wir der Verlockung widerstehen, uns selbst voller Stolz als die Einzigen zu betrachten, die Weisheit zu geben haben, und nicht auch als deren Empfänger – und zwar Empfänger aus erwarteten und unerwarteten Quellen. Geben wir diesen Tendenzen nach, werden wir die Konflikte verschärfen statt den Boden dafür zu bereiten, dass der Glaube sie lösen kann. Aus christlicher Perspektive konzentrieren sich all unsere Bemühungen, Weisheit mitzuteilen, darauf, der Weisheit zu erlauben, unser eigenes Leben zu prägen – einschließlich unserer Bereitschaft, zu vergeben und umzukehren – und sich in all ihrer Attraktivität, Vernünftigkeit und Nützlichkeit zu zeigen. Wir müssen vertrauen, dass sie andere dazu bringt, sie anzunehmen, wenn sie überhaupt angenommen werden soll. So ehren wir als die, die Weisheit mitteilen, sowohl die Macht der Weisheit als auch die Integrität ihrer Empfänger.

Wie sollten wir Weisheit mitteilen, ohne die spießigen Hoffnungen zu bedienen, und stattdessen Menschen zu helfen, eine bedeutsame Beziehung zu Gemeinschaften – kleinen und großen – und zum Ursprung und Ziel des Universums zu knüpfen? Wir müssen der Versuchung widerstehen, religiöse Weisheit in attraktive und bekömmliche „Körnchen" hineinzupacken, die sich jemand nehmen kann, um sie in das zum Scheitern verurteilte Projekt zu stecken, ein Leben voller beglückender Erfahrungen zu führen – eine Tendenz, die vor allem in Kulturen herrscht, die stark von Globalisierungsprozessen geprägt sind. Würden wir das tun, dann diente die Weisheit der Torheit. Aus christlicher Perspektive ist das Mitteilen religiöser Weisheit nur dann sinnvoll, wenn diese Weisheit den vielfältigen Manifestationen des Eingenommenseins von sich selbst bei Gebenden und Nehmenden gleichermaßen etwas entgegensetzen darf, und sie mit dem verbindet, was letztlich zählt – Gott, den wir mit ganzem Wesen lieben sollen, und den Nächsten, den wir lieben sollen wie uns selbst.

7

Öffentliches Engagement

Die Welt war schon immer ein recht religiöser Ort und wird das allem Anschein nach auf absehbare Zeit auch bleiben. Das ist aber nicht, was die großen Gestalten der Moderne erwartet haben, wie ich oben schon angemerkt habe. Sie dachten, Religion würde irgendwie „verwelken", um eine Formulierung aus der marxistischen Tradition zu verwenden, die sehr häufig gebraucht wird, um das erwartete Verschwinden des Staates in einer kommunistischen Gesellschaft zu beschreiben.[1] Religion ist irrational, besagte dieses Denken. Vor dem Licht der Vernunft wird sie die Flucht ergreifen, so wie sich die Dunkelheit der Nacht verflüchtigt, wenn ein neuer Tag anbricht.[2] Religion ist eine Folgeerscheinung. Letztlich bringt sie nichts zustande und erklärt nichts; vielmehr bedingen und erklären andere Dinge die Religion, etwa Armut, Schwäche und Unterdrückung.[3] Sobald Menschen, ausgerüstet mit Wissen und technischem Können, ihr Schicksal in die eigene Hand nehmen, wird Religion verschwinden. Das ist, grob gesagt, der grundlegende Inhalt der sogenannten Säkularisierungsthese – wenigstens der Teil, der sich auf die Fortdauer religiösen Glaubens und Lebens bezieht.

Die Säkularisierungsthese ist jedoch widerlegt. Beziehungsweise hat sie sich nur zum Teil als zutreffend erwiesen, und nur für einen eng umrissenen Bereich von Gesellschaften – denen Westeuropas zu einem ganz bestimmten geschichtlichen Zeitpunkt. Selbst in diesen Gesellschaften ist Religion nicht einfach verwelkt, aber sie übt einen deutlich geringeren Einfluss aus als noch vor einem Jahrhundert. Doch entgegen allen Erwartungen scheint der Rest der Welt dem Muster Westeuropas nicht zu folgen.[4] Charles Taylor hat mit Recht angemerkt, dass wir nun offensichtlich nicht mehr von einer einheitlichen Moderne reden können, die in Europa begann und sich, mit der Säkularisierung auf den Fersen, in die übrige Welt ausbreitete. Es gibt viele nichtwestliche Wege der Modernisierung. Im Anschluss an Shmuel Eisenstadt[5] spricht Taylor von „vielfältigen Modernen"[6]. In den meisten koexistieren wirtschaftlicher Fortschritt, technische Innovation und die Zunahme und Verbreitung von Wissen recht unproblematisch mit einer blühenden Religion.

Weltweit ist nicht der Humanismus die am schnellsten wachsende grundlegende Lebensperspektive. Wenn vor einem halben Jahrhundert der Humanismus als Trend der Zukunft erschien, dann lag das zum Teil daran, dass er vielerorts von autoritären und totalitären Regierungen von oben herab aufgedrängt wurde – in der Sowjetunion und den Ländern Osteuropas, in China und einigen Ländern in Südostasien. Dort fungierte der säkulare Humanismus als eine Parodie seiner selbst: Im Namen der Freiheit – Freiheit von Unwissenheit und Unterdrückung – wurde der säkulare Humanismus vorgeschrieben als eine unhinterfragte Ideologie, die Unterdrückung in einem Maß legitimierte, das die Geschichte noch nie gesehen hatte.

Tatsächlich sind es die religiösen Weltanschauungen, die heute am schnellsten wachsen[7] – Islam und Christentum. Zum überwiegenden Teil werden sie Menschen nicht von oben aufgezwungen, sondern von einer Woge der Begeisterung, Glauben weiterzugeben, und dem Durst danach, ihn anzunehmen. Hinter der Ausbreitung des Christentums – hinter der Tatsache, dass das Christentum heute mehrheitlich eine nicht-westliche Religion mit über zwei Milliarden Anhängern ist und hauptsächlich durch Konversionen wächst – steht weder die Macht von Staaten noch die wirtschaftlicher Zentren noch die Macht der medialen und Bildungseliten. Experten bestätigen dem Christentum einmütig, dass die Massen der Glaubenden selbst die treibende Kraft dieser Verbreitung sind.[8]

Wie die Erwähnung des Christentums und des Islams schon zeigt, ist die Welt nicht einfach nur religiös. Sie ist religiös *vielfältig*. Zu diesen beiden großen und schnell wachsenden Religionen kommen viele kleinere Religionen, die weiterhin gedeihen; der Buddhismus ist hier das Paradebeispiel. Außerdem gibt es innerhalb des Christentums und des Islams viele unterschiedliche, manchmal auch stark voneinander abweichende Bewegungen. Schließlich ist der säkulare Humanismus selbst in seinen verschiedenen Formen auch Teil der religiösen Vielfalt, insofern er mit anderen Religionen diesen wichtigen Zug teilt: er stellt eine umfassende Perspektive auf das Leben dar (besonders in seinen einflussreicheren Gestalten, etwa dem Marxismus).

Religiöse Vielfalt

In westlichen Gesellschaften findet im Hinblick auf Religion eine wichtige Verschiebung statt. Bis vor Kurzem waren westliche Gesellschaften relativ homogen. Jahrhundertelang waren sie überwiegend christlich. Natürlich gab es immer eine kleine, aber bedeutende jüdische Minderheit, zu der das Verhältnis von offener und manchmal tödlicher Feindseligkeit (wie im Dritten Reich) bis zu Toleranz und Freundlichkeit reichte (wie in den USA seit dem 2. Weltkrieg). Und das westliche Christentum war jahrhundertelang gespalten, oder, soziologisch ausgedrückt, intern differenziert. Katholiken, Protestanten, Lutheraner, Reformierte, Täufer,

Episkopate, Methodisten, Baptisten, Pfingstler und Adventisten koexistierten, oft in Konkurrenz um Mitglieder und gesellschaftlichen Einfluss. Und doch verband sie, mit Ausnahme der Juden, eine gemeinsame religiöse Kultur.

Langsam aber sicher verringert sich dieses Band einer gemeinsamen religiösen Kultur. Nehmen wir die Vereinigten Staaten als Beispiel: Es gibt dort eine robuste christliche Präsenz, anders als in der übrigen westlichen Welt. Obwohl das Christentum hier immer noch die weithin vorherrschende Religion ist, haben aber auch andere eine bedeutsame Präsenz entwickelt. Zu etwa 5,2 Millionen Juden und 31,6 Millionen nichtreligiösen Menschen kommen etwa 2,5 Millionen Muslime, vielleicht 2,1 Millionen Buddhisten und 1,2 Millionen Hindus, um nur einmal die mitgliederstärksten Glaubensgemeinschaften zu nennen.[9] Auch in Europa wachsen andere Religionen als das Christentum, vor allem der Islam. In der westlichen Welt werden nichtchristliche Religionen in absehbarer Zeit zunehmen, in absoluten Zahlen wie auch im Anteil an der Gesamtbevölkerung.

Und diese Zahlen deuten nicht nur darauf hin, wie vital Religionen sind. Sie lassen auch den potenziellen politischen Einfluss erkennen. Muslime etwa sind zahlreich genug, um vor allem in Europa zu einer bedeutenden politischen Kraft zu werden.[10] Außerdem haben sie und andere religiöse Gruppen sowohl den sozialen Einfluss als auch den Willen, sich Gehör zu verschaffen, damit ihre Interessen ernst genommen werden. Im Westen werden Gegenden, die religiös besonders pluralistisch sind, immer mehr religiös pluralistische Wählerschaften und Akteure hervorbringen.

Die Arbeitswelt ist ein guter Ort, um die zunehmende Bedeutung religiöser Pluralität zu beobachten. Was religiöse Vielfalt angeht, ist sie ein fast maßstabsgetreues verkleinertes Abbild der übrigen Kultur. Aber nicht nur verschiedene Religionen sind dort vertreten. Gläubige sind zunehmend bereit, ihre religiösen Anliegen mit ins Büro oder die Fabrikhallen zu bringen. Früher ließen die Angestellten ihre Religion zusammen mit dem Mantel in der

Garderobe. Religion spielte zu Hause eine Rolle; an der Arbeit war sie nicht von Belang. Das ist so nicht mehr der Fall. Für viele Menschen hat Religion in jedem Lebensbereich etwas zu sagen, die Arbeit eingeschlossen. Tatsächlich sind mache von ihnen deswegen hervorragende Arbeitskräfte, weil sie zutiefst gläubig sind.[11] Aber wenn Religion in einem Büro oder einer Fabrik zulässig ist, dann werden viele Religionen kommen – womöglich so viele, wie in der Belegschaft vorhanden sind. Das führt zu interessanten Fragen, zum Beispiel, wie man einen Arbeitsplatz so gestaltet, dass er allen Religionen gegenüber gleich freundlich ist. Religiöse Vielfalt am Arbeitsplatz entwickelt sich zu einem Thema, das ähnliche Bedeutung hat wie ethnische und geschlechtliche Vielfalt.

Die religiöse Vielfalt westlicher Länder spiegelt die zunehmende religiöse Vielfalt der Welt als ganzer wider. Was die einzelnen Länder angeht ist religiöse Vielfalt freilich kein westliches Phänomen. In mancher Hinsicht ist der Westen sogar spät dran. Einige nichtwestliche Länder wie Indien zum Beispiel leben seit Jahrhunderten mit religiösem Pluralismus.[12] Andere werden wahrscheinlich zunehmend pluralistisch, wobei verschiedene Religionen – allen voran Christentum und Islam – um Mitglieder wie um gesellschaftliche Macht und politischen Einfluss wetteifern. Global und national wird religiöse Vielfalt in den nächsten Jahren ein wichtiges Thema bleiben. Die modernistische Sehnsucht nach einer säkularen Welt muss zwangsläufig zu Enttäuschungen führen, genauso wie die Nostalgie eines „christlichen Europa"[13] oder eines „christlichen Amerika"[14] genau das bleiben muss: unerfüllte Nostalgie.

Religion in der liberalen Demokratie

Liberale Demokratie, ein politisches Projekt sowohl der „Konservativen" als auch der „Progressiven", entstand im Westen als ein Versuch, unterschiedliche religiöse Perspektiven auf das Leben mit einer einheitlichen Politik zu verbinden. Sie ist Demokratie, weil sie letztlich in den Händen erwachsener Bürger liegt, deren Stimmen gleiches Gewicht haben. Sie ist liberal, weil ihre beiden Schlüsselgedanken neben der Gleichheit vor dem Gesetz (1.) die Freiheit jedes Einzelnen enthalten, sich gemäß ihrer eigenen Interpretation (sofern vorhanden) des Lebens zu verhalten, und (2.) die Neutralität des Staates gegenüber all diesen Perspektiven auf das Leben.

In einem Aufsatz mit der Überschrift „Die Rolle der Religion für Entscheidungen und die Diskussion politischer Angelegenheiten" benennt Nicholas Wolterstorff ein verbreitetes, aber nicht kennzeichnendes Merkmal liberaler Demokratien. In Debatten und Entscheidungen zu politischen Prozessen sollen Bürger ihre Standpunkte nicht auf religiöse Überzeugungen gründen, die aus expliziter göttlicher Offenbarung abgeleitet sind (aus sogenannter „positiver Offenbarung).[15] Vielmehr

„sollten sie, wenn es um solche Aktivitäten geht, ihre religiösen Überzeugungen auf Eis legen. Sie sollten ihre politischen Entscheidungen und die öffentliche politische Debatte auf Prinzipien begründen, die aus einer von sämtlichen in der Gesellschaft vorhandenen religiösen Perspektiven unabhängigen Quelle stammen."[16]

Wolterstorff stell auch fest, dass jene, die eine solche Außer-Kraft-Setzung religiöser Perspektiven in öffentlichen Angelegenheiten befürworten, die Neutralität des Staates gegenüber den Religionen als *Trennung* von Kirche und Staat interpretieren – die berühmte „Mauer der Trennung."[17]

Aber für viele religiöse Menschen gehört es untrennbar zu ihrer religiösen Existenz, ihre Überzeugungen in öffentlichen Fragen auf religiöse Begründungen zurückzuführen – zum Beispiel auf die Thora, die Lehren des Alten und Neuen Testaments, auf den Koran. Wie können sie frei sein, so zu leben, wie es ihnen vorschwebt, wenn man ihnen verbietet, religiöse Überzeugungen in öffentliche Debatten und Entscheidungen einzubringen? Für diese Menschen ist ein so verstandener Liberalismus nicht mehr liberal. Er hindert sie daran, ihr Leben so zu führen, wie es der Glaube nahelegt, dessen Anhänger sie sind.[18] Wenn Religion die Öffentlichkeit verlässt – oder aus ihr vertrieben wird – bleibt die Öffentlichkeit nicht leer. Stattdessen füllt sie sich mit dem diffusen Phänomen des sogenannten Säkularismus. Im heutigen Westen ist (anders als in der Sowjetunion im vergangenen Jahrhundert) der Säkularismus streng genommen keine Ideologie, sondern eher eine Ansammlung verwandter Werte und Wahrheitsansprüche, die zum einen Teil selektiv aus der Tradition entnommen wurden, zum anderen vom Markt erzeugt wurden und zum Teil aus den Naturwissenschaften abgeleitet wurden. Der Markt setzt die persönliche Präferenz als höchsten Wert, und die Naturwissenschaften bieten Erklärungen, die innerweltliche Kausalität als einzige Wahrheit anerkennen. Fehlen Religionen im öffentlichen Diskurs, dann wird diese Art des Säkularismus zur einzigen umfassenden Perspektive. Mir geht es hier nicht darum, dass der Säkularismus als solcher nicht zulässig oder respektabel wäre. Vielmehr schwingt er sich, indem religiöse Gründe aus der öffentlichen Entscheidungsfindung verbannt und die Trennung von Kirche und Staat eingeklagt wird, zur *bevorzugten* umfassenden Perspektive auf, und das ist religiösen Menschen gegenüber eine klare Benachteiligung.

Wolterstorff spricht sich als Alternative für eine Form der Demokratie aus, die er „konsozial" nennt. Sie hat zwei Hauptmerkmale. Erstens „erteilt sie der Suche nach einer unabhängigen Quelle eine Absage und schränkt den Gebrauch religiöser Vernunft nicht ein. Und zweitens interpretiert sie das Gebot der Neutralität, der Staat solle sich gegenüber religiösen und anderen umfassenden Perspektiven in der Gesellschaft neutral verhalten, im Sinne der *Unparteilichkeit* anstatt der *Trennung*."[19] „Beide Themen verbindet," fährt Wolterstorff fort, „dass an beiden Punkten die Person, die eine konsoziale Haltung annimmt, Bürgern ungeachtet ihrer Religion oder Nichtreligion so viel

Freiheit wie möglich zugesteht, ihren Vorstellungen entsprechend zu leben."[20]

Diese beiden Themen vereint also das Eintreten für „eine Politik multipler Gemeinschaften."[21] Der Liberale, der religiöse Begründungen aus der öffentlichen Debatte ausschließt und für die Trennung von Kirche und Staat eintritt, klammert sich an „die Politik einer Gemeinschaft mit gemeinsamer Perspektive."[22] Aber die westlichen Länder sind keine solchen Gemeinschaften mehr, wenn sie es denn je wirklich waren. Sie sind Gemeinschaften, die aus Anhängern vieler Religionen und Perspektiven auf das Leben bestehen. In einem politischen System, das sich selbst als liberal bezeichnet, sollte jede einzelne von ihnen das Recht haben, dass ihre Stimme in der Öffentlichkeit gehört wird.

Werden religiöse Gemeinschaften ein politisches System unterstützen, in dem sie ihre eigenen religiösen Stimmen in der Öffentlichkeit einbringen können und in dem sich der Staat allen Gemeinschaften gegenüber unparteilich verhält? An anderer Stelle habe ich die These aufgestellt, dass der Monotheismus abrahamitischer Religionen politische Arrangements der Art begünstigt, die Wolterstorff als liberale Demokratie versteht. Kurz gefasst lautet mein Argument:

1. Weil es einen Gott gibt, stehen alle Menschen zu gleichen Bedingungen in Beziehung zu dem einen Gott.
2. Das zentrale Gebot dieses einen Gottes ist es, den Nächsten zu lieben – andere so zu behandeln, wie wir selbst von ihnen behandelt werden möchten, so formuliert es die goldene Regel.
3. Wir können für uns selbst und unsere Gruppe kein Recht beanspruchen, das wir anderen nicht auch zugestehen.
4. Ob als Herzenshaltung oder als äußere Praxis, Religion kann nicht auf Zwang beruhen.[23]

Wenn man diese vier Sätze bejaht, hat man gute Gründe, Pluralismus als politisches Projekt zu unterstützen.

Werden religiöse Gemeinschaften tatsächlich bereit sein, sich auf ein solches politisches Projekt einzulassen? Das hängt von vielen Faktoren ab. Sehr wahrscheinlich tun sie das als Minderheiten, für die es darum geht, Gehör zu finden. Wenn eine von ihnen eine Mehrheit darstellt, könnte sie sich dem Pluralismus widersetzen, wenn ihr Hauptinteresse darin besteht, ihren privilegierten Status zu behalten. Aber wenn sie bereit ist, den klaren Implikationen ihrer theologischen und moralischen Kernüberzeugungen zu folgen, wird sie Pluralismus als politisches Projekt annehmen. Und sicher werden die meisten von ihnen, es sei denn, diese religiösen Gemeinschaften wären hochgradig säkularisiert, ein solches politisches System bereitwilliger unterstützen als ein implizit säkulares, das eine andere Perspektive auf das Leben begünstigt als ihre eigene. Gewiss werden manche Religionen darum ringen, vom Staat begünstigt zu werden. Aber wenn sie das tun, sind sie im Prinzip nicht anders als der Säkularismus es jetzt ist oder unter dem „konsozialen" Vorschlag weiterhin bliebe. Es gibt gesetzliche Vorkehrungen dagegen, dass eine Perspektive auf das Leben anderen vorgezogen wird, und alle Mitspieler müssen sich den moralischen Forderungen von Fairness und Unparteilichkeit stellen.

Liberale Demokratie, die so geartet war, dass sie Überzeugungen bestimmter Religionen aus der Öffentlichkeit herausnehmen wollte, entwickelte sich im Gefolge der europäischen Religionskriege des siebzehnten Jahrhunderts. Menschen waren zum Teil deshalb aneinandergeraten, weil sie unterschiedliche Perspektiven auf das Leben hatten. Um die Ursache des Konflikts zu entfernen, sagte die liberale Demokratie, dass die religiösen Perspektiven der Mitwirkenden nicht mehr Bestandteil ihres öffentlichen Umgangs miteinander sein sollten. Aber wenn wir in einem politischen Gebilde aus multiplen Gemeinschaften sein sollen, die ihre religiösen Überzeugungen mit einbringen, wie Wolterstorff vorschlägt, kehren die gewaltsamen Zusammenstöße dann zurück? Gibt es unter solchen Bedingungen eine Möglichkeit, die Wiederkehr religiöser Konflikte, ja sogar Religionskriege zu verhindern?

Kein gemeinsamer Kern

Eine Möglichkeit, Zusammenstöße zu vermeiden, die von bestimmten religiösen Perspektiven ausgelöst werden, wäre die Annahme, alle Religionen seien im Grunde gleich. An der Oberfläche sind die Unterschiede offensichtlich – vom Kleidungsstil bis hin zu Geheimlehren. Aber in dieser Sichtweise sind solche Unterschiede nur äußere Hüllen, die denselben Kern enthalten. Sie sind alle Medien, bedingt durch die Eigenheiten indigener Kulturen, die den gleichen grundlegenden Inhalt vermitteln. „Die Lampen sind verschieden, aber es ist dasselbe Licht", sagte ein alter muslimischer Weiser[24] und verlieh damit dieser Vorstellung von den Beziehungen zwischen Religionen einen poetischen Ausdruck. Seine zeitgenössischen Vertreter nennen das „pluralistisch".[25]

Die pluralistische Auffassung des Verhältnisses zwischen den Religionen passt recht elegant zu der Rolle, die der Religion in einer liberalen Gesellschaft im gegenwärtigen Verständnis zugedacht wird. So wie liberale Demokratie die jeweiligen religiösen Perspektiven in die Privatsphäre verweist, so stuft die pluralistische Auffassung von Religion sie als zufällige Eigenschaften einer gegebenen Kultur ein. In beiden Fällen bleibt das Eigentümliche ohne Wirkung – im Fall der liberalen Demokratie, indem man es zugunsten einer vermeintlich universal zugänglichen „unabhängigen Quelle" zurücklässt, und im Falle des pluralistischen Religionsbegriffs, indem man durch die religiösen Besonderheiten hindurch auf das „gemeinsame Licht" sieht, das sie alle enthalten. Genauer noch: In beiden Fällen können religiöse Eigenheiten insofern annehmbar sein, als sie Beispiele für etwas Umfassenderes sind – öffentliche Vernunft in der liberalen Demokratie und der Kern echten religiösen Glaubens in der pluralistischen Auffassung.

Aber die pluralistische Auffassung des Verhältnisses der Religionen ist nicht kohärent.[26] Ich meine hier nicht, dass sie letztlich ihr Versprechen nie erfüllt, alle zu gleichen Bedingungen einzubeziehen, obwohl auch das wahr ist. Manche religiösen Gruppen bleiben immer ausgeschlossen, hauptsächlich deshalb, weil die Lehren und Praxis konkreter Religionen nicht nur unterschiedlich sind, sondern manchmal ausgesprochen gegensätzlich und sich zudem standhaft weigern, sich als Exemplare einer zugrunde liegenden Gleichheit einstufen zu lassen. Wir können den Kreis derer erweitern, die einbezogen sind, aber wir können den Ausschluss nicht vermeiden – es sei denn, wir würden jede Religion von vornherein für annehmbar erklären. Aus meiner Sicht schließen Pluralisten manche *zu Recht* aus; andernfalls müssten wir unterschiedslos alles und jeden hinnehmen und bestätigen. Pluralisierer sollten aber nicht so tun, als hätten sie religiösen Exklusivismus überwunden.

Das Hauptproblem der pluralistischen Auffassung vom Verhältnis der Religionen ist, dass sie versucht, religiöse Vielfalt – Vielfalt, die ihren eigenen Bedingungen nach zulässig ist – zu reduzieren auf eine zugrunde liegende Gleichheit. Sie bildet damit einen Rahmen, der weiter reicht als jeder andere, in den jede Religion und sie alle zusammen eingezeichnet werden kann und zu dessen kulturspezifischen Ausprägungen sie allesamt gemacht werden. Aber solche Rahmen pressen einzelne Religionen immer in ein vorgefertigtes Raster, was umso verstörender ist, weil für die meisten religiösen Menschen *ihre Religion der umfassendste Rahmen ist für ihr Leben und Denken*. Versuche, das, was für die verschiedenen Religionen wichtig ist, auf den gleichen gemeinsamen Nenner zu reduzieren, müssen als Missachtung der Besonderheit jeder Religion empfunden werden.

Religionen haben einfach keinen gemeinsamen Kern – diese entscheidende Behauptung muss ich hier ohne Rechtfertigung stehen lassen. Jede setzt sich zusammen aus einer Anzahl lose verbundener Rituale, Praktiken und metaphysischen, historischen und moralischen Wahrheitsansprüchen. Unter den verschiedenen Religionen überschneiden sich solche Rituale, Bräuche und Ansprüche zum Teil (zum Beispiel glauben Muslime und Christen an einen Gott), zum Teil unterscheiden sie sich (Muslime unterziehen sich rituellen Waschungen vor dem Gebet, Christen nicht), und zum Teil widersprechen sie sich auch (die meisten Muslime lehnen die christliche Behauptung ab, Jesus sei am Kreuz gestorben).

Es gibt außerdem keinen Grund zu der Annahme, zukünftig seien die Überschneidungen, Unterschiede und Meinungsverschiedenheiten dieselben wie schon in der Vergangenheit. Religionen sind dynamisch, nicht statisch. Sie entwickeln sich nicht nur im Kontakt mit anderen Lebensbereichen, ökonomischen Bedingungen etwa oder technischem Fortschritt, sondern sie entwickeln sich auch im Wechselspiel miteinander (und das ganz besonders in einer globalisierten Welt).[27] Um das Beispiel von Christentum und Islam fortzuführen: Wir können die Geschichte ihrer Zusammentreffen als Geschichte sich wandelnder Konvergenzen und Divergenzen lesen. Jahrhundertelang war zum Beispiel unbestritten, dass Christen und Muslime an den gleichen Gott glauben; zu Beginn des 21. Jahrhunderts ist das ein höchst umstrittenes Thema.[28] Zudem gab und gibt es zwischen beiden immer ein Geben und Nehmen, manchmal durch Feindseligkeiten verursacht und manchmal ermöglicht durch die Freundlichkeit ihrer Anhänger.

Der dynamische Charakter jeder dieser Religionen und die Überschneidungen zwischen ihnen geben einigen Anlass zu der Hoffnung, dass die Perspektiven der unterschiedlichen Gläubigen nicht immer Zusammenstöße verursachen müssen, oder nicht immer fruchtlose Zusammenstöße, und dass selbst dann, wenn die Perspektiven aufeinanderprallen, die Menschen, die sie haben, nicht in endlose Gewalt verwickelt werden. Aber das ist eine Hoffnung; es ist eine Möglichkeit. Was bedarf es, um daraus eine Wirklichkeit werden zu lassen? Was ist nötig, damit Religionen ihre Differenzen nicht nur bewahren, sondern die Weisheit ihrer eigenen Tradition in öffentliche Entscheidungen und Debatten einbringen? Wie sähe das aus, das zu tun und doch im Frieden in einem demokratischen Rahmen zu leben, in dem das Gesetz des Landes die Angehörigen aller Religionen gleich behandelt und der Staat sich gegenüber allen Religionsgemeinschaften unparteiisch verhält?

Mit der eigenen Stimme sprechen

Ich habe angeregt, dass jeder Mensch in der Öffentlichkeit mit seiner eigenen religiösen Stimme sprechen soll. Aber was bedeutet es, mit der eigenen Stimme zu sprechen? Die Antwort hat zwei Komponenten, von denen eine für alle Religionen gilt und die andere spezifisch ist für die jeweilige Religion.

Wenn wir denken, im Grunde seien alle Religionen gleich, dann wird auch das Wesentliche in ihnen allen dasselbe sein. Als religiöser Mensch authentisch zu sprechen würde bedeuten, im eigenen Idiom das auszudrücken, was allen religiösen Menschen gemein ist. Verbleibende Meinungsverschiedenheiten zwischen Menschen wären dann die Wirkung von etwas anderem als Religion. Aber ich habe schon dargelegt, dass eine solche Beschreibung der Beziehungen zwischen Religionen nicht plausibel ist. Religionen sind unhintergehbar verschieden.

Eine alternative Sicht davon, was es bedeutet, mit der eigenen religiösen Stimme zu sprechen, setzt umgekehrt an, bei den religiösen Unterschieden. Das Wichtige an jeder Tradition ist das, was sie von anderen unterscheidet. Dieser Ansicht nach würde das Sprechen mit einer christlichen Stimme das in den Vordergrund stellen, was am Christentum besonders ist, und all das, was es mit anderen Religionen verbindet, als vergleichsweise unwichtig weglassen. Immer wenn Menschen aus verschiedenen Religionen öffentlich diskutieren, würden sich ihre Ansichten, sofern sie religiös geprägt sind, widersprechen. Aber ich habe schon erklärt, dass Religionen einander nicht einfach nur widersprechen. Sie pflichten einander auch bei, durchaus auch in wichtigen Fragen.

Beide Ansätze führen in die Irre, weil sie *vom konkreten Charakter der Religionen selbst abstrahieren,* der eine, indem er auf das zielt, was in allen Religionen gleich ist, und der andere auf die Unterschiede. Sie verfehlen ausgerechnet das, was an den Religionen so wichtig ist: *die ganz besondere Konfiguration ihrer Elemente,* die sich mit den Elementen anderer Religionen überschneiden, sich von ihnen unterscheiden oder ihnen widersprechen.[29] Wenn jemand seine Religion in dieser Besonderheit bekräftigt, was bedeutet es dann, wenn er in seiner eigenen Stimme spricht?

Mit einer muslimischen Stimme zu sprechen, wäre dann zum Beispiel weder die Variation eines Themas, das alle Religionen gemein haben, noch das Aufstellen exklusiv muslimischer Behauptungen in Abgrenzung von allen anderen Religionen; es würde dem muslimischen Glauben in seiner Konkretheit eine Stimme geben, ob sich das Gesagte nun überschneidet mit dem, was Menschen sagen, die mit jüdischer oder christlicher Stimme sprechen, ob es sich davon unterscheidet oder dem widerspricht (das ist ein Echo in den Beziehungen zwischen den Glaubensrichtungen zu der allgemeineren Haltung religiöser Gemeinschaften der Kultur gegenüber, die ich in Kapitel 5 vorgestellt habe). Da die Wahrheit eine Rolle spielt und ein falscher Pluralismus zustimmenden Schulterklopfens billig und kurzlebig ist, werden die Anhänger verschiedener Religionen sich an Überschneidungen freuen und sich gemeinsam mit den Unterschieden und Inkompatibilitäten auseinandersetzen.

Aber wenn Unterschiede und Inkompatibilitäten bleiben, auch wenn es bedeutende Übereinstimmungen gibt, was verhindert dann Zusammenstöße? Würden religiöse Menschen, wenn sie ihre Differenzen und abweichenden Perspektiven in die Öffentlichkeit tragen, die politische Gemeinschaft nicht in gewaltsame Konflikte stürzen? Manchen erscheint schon das Aufwerfen dieser Frage als Aufforderung, religiöse Stimmen in der Öffentlichkeit auszublenden und sich auf manche Formen des Säkularismus einzulassen. Aber der Säkularismus wird nicht helfen. Er ist nur eine weitere Perspektive auf das Leben, die nicht über den Streitereien steht, sondern als ein Spieler unter anderen daran teilnimmt, wie die Auseinandersetzungen zwischen Säkularisten und Muslimen in Europa deutlich zeigen.[30] Außerdem hat der Säkularismus, wenn es um Gewalt geht, keine unbelastetere Vergangenheit als die meisten Religionen. Die meiste Gewalt, die im 20. Jahrhundert verübt wurde – dem gewalttätigsten Jahrhundert der Menschheitsgeschichte – geschah im Namen säkularer Interessen.

Der einzige Weg, dem Problem gewaltsamer Auseinandersetzungen unter verschiedenen Perspektiven auf das Leben abzuhelfen – seien sie religiös oder säkular – ist sich auf ihre jeweiligen inneren Ressourcen zu konzentrieren, eine Kultur des Friedens zu fördern.[31] Diese Ressourcen sind entsprechend unterschiedlich, auch wenn sie nennenswerte Überschneidungen haben.

Hinsichtlich des christlichen Glaubens – dem ich angehöre und den ich studiere und der das Zeug hat, ein mindestens ebenso gewaltsames Erbe zu hinterlassen wie alle anderen – würde das Entwickeln der Ressourcen zur Förderung einer Kultur des Friedens mindestens zwei Dinge bedeuten. Das erste betrifft das *Zentrum* des Glaubens. Von Anfang an stand im Zentrum des christlichen Glaubens in irgendeiner Form die Behauptung, dass Gott die sündige Welt liebt und Christus für die Gottlosen starb (Johannes 3,16; Römer 5,6) und dass die Nachfolger Christi ihre Feinde ebenso lieben sollten wie sich selbst. Liebe bedeutet nicht, alles zu billigen und mit allem einverstanden zu sein; sie besteht in Wohlwollen und im Wohltun, mögliche Meinungsunterschiede und Missbilligung nicht ausgeschlossen. Die Kombination aus moralischer Klarheit, die sich nicht scheut, das Böse beim Namen zu nennen, und tiefem Mitgefühl mit den Übeltätern, das bereit ist, das eigene Leben um ihretwillen zu opfern, war einer der außergewöhnlichen Züge des Urchristentums.[32] Es sollte auch eines der zentralen Charakteristika der heutigen Christenheit sein.

Die zweite Erwägung über das Sprechen mit einer religiösen Stimme folgt aus der ersten und betrifft die Natur von *Identität*.[33] Jede unterscheidbare Identität wird durch Grenzen gekennzeichnet. Manches ist drin, anderes draußen; wäre alles drin oder alles draußen, gäbe es nichts Konkretes, was hieße, dass gar nichts Endliches existierte – keine Grenzen, keine Identität, keine endliche Existenz. Bei Religionen gilt dasselbe. Und doch ist das nicht alles, was im Blick auf Grenzen zu sagen wäre. Auch wenn sie nötig sind, sollten Grenzen nicht undurchlässig sein. In Begegnungen mit anderen werden ja immer Grenzen überschritten, wenn auch nur minimal. Menschen und Gemeinschaften mit dynamischen Grenzen haben feste, aber durchlässige Grenzen. Mit solchen Grenzen werden die Begegnungen mit anderen nicht nur dazu dienen, unsere Position zu behaupten und unser Territorium zu beanspruchen, sie sind auch Gelegenheiten, zu lernen und zu lehren, bereichert zu werden und zu bereichern, zu neuen Einigungen zu gelangen und alte vielleicht auszubauen, sich neue Möglichkeiten zu erträumen und neue Wege zu erkunden. Diese Art von Durchlässigkeit religiöser Individuen und Gemeinschaften, die einander begegnen, setzt ein grundlegendes Wohlwollen dem anderen gegenüber voraus – eine Haltung, die dem Gebot der Nächstenliebe und vielleicht auch besonders der Feindesliebe entspricht.

In der eigenen religiösen Stimme zu sprechen bedeutet, aus der Mitte des eigenen Glaubens heraus zu sprechen. Mit christlicher Stimme zu sprechen bedeutet, aus diesen beiden Grundüberzeugungen heraus zu sprechen: dass Gott alle Menschen liebt, die Übeltäter eingeschlossen, und dass sich religiöse Identität als durchlässige Grenzen beschreiben lässt. Alles, was zu allen anderen Dingen zu sagen ist, sollte von diesen beiden Überzeugungen getragen sein. Geschieht das, so wird die Stimme, die redet, eine genuin christliche sein und nichtsdestoweniger auch Echos vieler anderer Stimmen enthalten und in vielen anderen Stimmen Resonanz finden. Freilich wird die Stimme gelegentlich auch auf kein Echo stoßen, nur auf Widerspruch. So ist das bei guten Streitgesprächen, ob in der Öffentlichkeit oder im Privaten.

Geschenke austauschen

Im Jahr 1779 veröffentlichte Gotthold Ephraim Lessing ein kleines Buch mit dem Titel „Nathan der Weise". Es wurde augenblicklich ein Erfolg. Es enthält ein Theaterstück, das im Jerusalem des 12. Jahrhunderts spielt und vom Verhältnis der drei abrahamitischen Religionen handelt: Judentum, Christentum und Islam. Aber das Hauptthema ist das Schenken. Der muslimische Herrscher von Jerusalem, Sultan Saladin, begnadigt einen jungen Tempelritter, der wiederum Recha rettet, die Tochter eines reichen Juden namens Nathan, der Recha seinerseits als Baby adoptiert hatte, weil sie ein christliches Waisenkind war. All das Geben zwischen den Vertretern der verschiedenen Religionen – und noch viel mehr – hat nur einen Zweck: zu unterstreichen, dass es Großzügigkeit erfordert, wenn Juden, Christen und Muslime in Frieden miteinander leben wollen.

Tatsächlich macht Lessing zwei Aussagen über das Verhältnis zwischen den abrahamitischen Religionen, eine positive und eine negative. Die negative ist, dass wir unsere Streitgespräche über Wahrheitsansprüche der Religionen getrost beiseitelegen können. Anhänger jeder Religion glauben, dass ihre Religion wahr ist. Aber wenn wir sie tatsächlich vergleichen, können wir nicht wissen, meint Lessing, welche von ihnen wahr ist und welche nicht. Und wenn man die Wahrheit der Religion nicht von ihrem Irrtum unterscheiden kann, kann nur der Stolz Anhänger einer Religion dazu bringen zu glauben, dass „nur ihr Gott der wahre Gott" ist und ihn „diesen bessern der ganzen Welt als besten aufzudrängen."[34]

Was sollten sie tun, wenn nicht einander von der Überlegenheit der eigenen Religion überzeugen? Hier macht Lessing seine positive Aussage. Er macht sie in der Form der Anrede an die Vertreter des Judentums, Christentums und Islams:

Es eifre jeder seiner unbestochnen
Von Vorurteilen freien Liebe nach!
Es strebe von euch jeder um die Wette,
Die Kraft des Steins in seine[r Religion] an Tag
Zu legen! komme dieser Kraft mit Sanftmut,
Mit herzlicher Verträglichkeit, mit Wohltun,
Mit innigster Ergebenheit in Gott
Zu Hilf'![35]

Für Lessing sind Religionen, zumindest die abrahamitischen, der Ermöglichungsgrund unverfälschter Liebe. Der Test für ihre Wahrheit ist die Fähigkeit, solche Liebe hervorzubringen, und hier kommt das Schenken ins Spiel. Es sollte den Gläubigen darum gehen, das zu geben, was andere brauchen und woran sie sich freuen, und die Wahrheitsfrage offen zu lassen – damit ein unparteiischer Richter sie auf Grundlage der Leistung jeder Religion, Liebe zu fördern, entscheiden kann.

Als Kind des Aufklärungszeitalters – einer der *Väter* der Aufklärung! – dachte Lessing, er könne die Praxis der Liebe säuberlich von der Frage nach der Wahrheit trennen. Wahrheitsansprüche lösen Debatten aus, aber wir sind uns alle einig darin, was eine liebevolle Tat ist. Er glaubte außerdem, Jude, Christ oder Muslim zu sein sei ein unerheblicher Zusatz zu einer grundlegenderen, allgemeineren Menschlichkeit nach Abzug aller Besonderheiten von Kultur und Religion; wie die Liebe vereint auch die allgemeine Menschlichkeit. Für einen edlen Menschen würde es keine Rolle spielen, ob er Jude, Christ oder Muslim ist. „Begnügt euch doch, ein Mensch zu sein!"[36]

Das Problem ist, dass wir keine allgemeinen Menschen sind und es keine allgemeine Liebe gibt. Weder wissen wir, was Liebe ist, noch was Menschsein außerhalb jeglicher Tradition bedeutet – vor allem religiöser –, in der wir aufgewachsen sind und leben. Es gibt jüdische Arten, Mensch zu sein und zu lieben; es gibt christliche Arten, Mensch zu sein und zu lieben; es gibt muslimische Arten, Mensch zu sein und zu lieben – und so weiter. Die verschiedenen Weisen zu lieben und Mensch zu sein, die die unterschiedlichen Religionen uns bieten, sind nicht identisch, selbst wenn sie sich nennenswert überschneiden.

Anders gesagt: Judesein und Christsein etwa sind keine Kleider von Menschsein und Liebe, die sich nach Bedarf ablegen ließen; sie sind Eigenschaften eines bestimmten Menschseins und einer bestimmten Liebe. Und das bringt uns zurück zur Frage nach der Wahrheit. Die umfassenden Perspektiven auf das Leben mit ihren metaphysischen und moralischen Wahrheitsansprü-

chen geben dem, was wir „Liebe" und „Menschsein" nennen, erst
seinen konkreten Inhalt. Jede dieser Religionen hat ihre eigene
Anschauung davon, was es bedeutet, Mensch zu sein, indem man
dem treu bleibt, was das Menschsein ausmacht. Jede erhebt einen Wahrheitsanspruch von universaler Geltung. Und doch erhebt jede ihren Anspruch von einem ausgesprochen partikularen
Standpunkt aus – und das führt dazu, dass sich alle auf Diskussionen über die Bedeutung des Menschseins einlassen können und
wie man als Mensch am besten lebt.

Für sich genommen ist Lessings Austausch von Geschenken in
der Ausübung „unbestochener Liebe" wichtig, aber unzureichend.
Er muss ergänzt werden durch den Austausch von Geschenken
auf der Suche nach Wahrheit und gegenseitigem Verständnis. Auf der
grundlegendsten Ebene sind die Wahrheitsansprüche vieler Religionen – zumal der abrahamitischen – in ihren heiligen Texten
enthalten. Mein Vorschlag ist, dass Menschen des Glaubens eine
„hermeneutische Gastfreundschaft" hinsichtlich ihrer heiligen
Schriften praktizieren und dabei Geschenke austauschen.[37] Jede
sollte sich wohlwollend einlassen auf das Bemühen der anderen,
ihre heiligen Texte auszulegen und auch darauf hören, wie andere sie als Lesende der eigenen heiligen Texte wahrnehmen. Eine
solche Gastfreundschaft führt nicht notwendigerweise zu einer
übereinstimmenden Auslegung der jeweiligen Schriften. Und sie
führt bestimmt nicht zu einer umfassenden Einigung unter den
verschiedenen religiösen Gemeinschaften, und zwar deshalb, weil
sie verschiedene – wenn auch zum Teil dieselben – Texte für maßgeblich halten. Aber solch ein hermeneutischer Austausch von
Geschenken wird glaubenden Menschen helfen, ihre eigenen heiligen Texte und die der anderen besser zu verstehen, einander als
Gefährten zu betrachten und nicht als Kombattanten im Kampf
um die Wahrheit, die Menschlichkeit der anderen höher zu schätzen und einander Wohlwollen zu erweisen.

Das Lob der Auseinandersetzung

Die beiden Formen, in denen Geschenke ausgetauscht werden – Lessings wohlwollende und meine hermeneutische Gastfreundschaft – werden nicht alle Meinungsverschiedenheiten und Konflikte unter den verschiedenen religiösen Gemeinschaften beseitigen. Das mag in der Tat auch gar nicht wünschenswert sein. Öffentliches Leben ohne Meinungsunterschiede und Konflikte ist ein utopischer Traum, dessen Verwirklichung unter den nichtutopischen Bedingungen dieser Welt mehr Schaden anrichten würde als Nutzen.[38] Aber diese Art des Austauschs von Geschenken macht es möglich, Meinungsverschiedenheiten und Konflikte in gegenseitiger Achtung zu lösen, und sie trägt in beträchtlichem Maß bei zu Konvergenz und Verständigung. Religiöse Gemeinschaften werden auch weiterhin unterschiedlicher Meinung sein und streiten. Es geht darum, ihnen zu helfen, produktiv als Freunde zu streiten statt destruktiv als Feinde.

Andauernde Diskussionen sind freilich kein Ersatz für Taten. Um das Handeln kommt man nicht herum.[39] Wir handeln sogar, während wir noch argumentieren. In einem demokratischen Staatswesen ist eine Art, in der wir handeln, dass wir zur Wahl gehen. Wir setzen uns auseinander, dann wählen wir wieder – wenigsten sollten Bürger einer funktionierenden Demokratie, die Anstand großschreibt, das tun. Es gibt keinen Grund anzunehmen, dass Angehörige verschiedener Religionsgemeinschaften nicht dasselbe tun könnten, ohne ihre Religion in ihren Herzen, Häusern und Heiligtümern einzusperren.

Schlusswort

Die Rede von Kairo

Am 4. Juni 2009 hielt Präsident Obama eine Rede an der Universität von Kairo, in der er versuchte, die Beziehungen zwischen den USA und den muslimischen Gesellschaften zu Beginn seiner Präsidentschaft zu definieren. Sein Hauptthema waren die tiefen Spannungen zwischen beiden Seiten und die Kriege im Irak und in Afghanistan. Es war eine moralische und philosophische Rede, nicht nur eine politische und pragmatische. Er regte eine Alternative zum „Kampf der Zivilisationen" an.

Eine tragende Überzeugung, die sich durch die Kairoer Rede hindurchzieht, wird früh durch eine kurze autobiografische Notiz angezeigt:

Ich bin Christ, aber mein Vater kam aus einer Familie in Kenia, in der es viele Generationen von Muslimen gegeben hat. Als Junge verbrachte ich mehrere Jahre in Indonesien und hörte den Ruf zum Gebet bei Tagesanbruch und dem Hereinbrechen der Abenddämmerung. Als junger Mann arbeitete ich in Gegenden von Chicago, wo viele im muslimischen Glauben Würde und Frieden fanden.[1]

Sein christlicher Glaube, so lässt der Präsident erkennen, ist nicht nur verschieden vom Islam; er schließt die Wertschätzung für den Islam ein und enthält einiges vom Erbe des Islam. Seine Glaubensidentität als Christ ist komplex und der Glaubensidentität eines Muslims ähnlich und unähnlich zugleich.

Mit ganzen Gemeinschaften und Nationen ist es so wie mit seiner eigenen Erfahrung, gibt Präsident Obama zu bedenken. Die Folgen solch komplexer Identitäten für die Beziehungen zwischen den Vereinigten Staaten und den muslimischen Gemeinschaften sind gewaltig. Diese Beziehungen sollten nicht einfach als kulturelle und religiöse „Differenzen" bestimmt werden, sondern auch durch ihre „Gemeinsamkeiten" und „gemeinsamen Grundsätze". Um diese Gemeinsamkeiten zu verdeutlichen, verwies er gegen Ende der Rede auf eine Regel, die seiner Beschreibung nach allen Religionen gemeinsam ist – „dass wir andere so behandeln, wie wir gerne hätten, dass sie uns behandeln."[2] Dieses moralische Prinzip „geht über Nationen und Völker hinaus"; es ist „kein neuer Glaubensinhalt; weder schwarz noch weiß noch braun; weder christlich, noch muslimisch oder jüdisch."

In den Beziehungen zwischen den Religionen zählen sowohl die Unterschiede als auch die Gemeinsamkeiten. Wenn wir nur die Unterschiede sehen, werden wir „denen Macht geben, die Konflikt statt Kooperation propagieren." Sehen wir nur die Gemeinsamkeiten, müssen entweder wir uns den anderen anpassen oder sie uns; sehr wahrscheinlich werden wir beides tun: uns und die anderen entstellen und entwürdigen. Nur wenn wir beides sehen und achten – unbestreitbare Unterschiede, die Gemeinschaften ihren besonderen Charakter verleihen, und die Gemeinsamkeiten, die sie verbinden – werden wir in der Lage sein, alle zu würdigen und eine praktikable Koexistenz aller fördern.

Dass Präsident Obama sowohl Unterschiede als auch Gemeinsamkeiten zwischen den Religionen und Zivilisationen annimmt, richtete sich gegen jene, die sagen, dass – so formulierte er es – „wir vom Schicksal dazu bestimmt sind, einander zu widersprechen, und dass unsere Gesellschaften nur in Streit geraten können." Er dachte an die Anhänger von Samuel Huntington und dessen berühmte These vom „Kampf der Kulturen"[3], die als ideologische Grundlage für Präsident Bushs Krieg gegen den Terror diente. Huntington argumentierte, dass zu Beginn des 21. Jahrhunderts Kulturen und Zivilisationen, in deren Zentrum Religion ihren Platz hat, Ideologien als Quelle von Selbstverständnis und Selbstidentifikation verdrängt haben. Zivilisationen divergieren und ihre Unterschiede bedeuten Menschen mehr als ihre Gemeinsamkeiten. Deswegen müssen sie einander bekämpfen.

Huntingtons These eignet sich zum Kämpfen, nicht aber, wenn man im Frieden zusammenleben möchte. Indem er auf die muslimischen Gemeinschaften der Welt zuging, bot Obama an, den Kampf der Kulturen zu ersetzen durch eine Vision von Kooperation zwischen jenen, die sich klar unterscheiden und doch viel gemeinsam haben. Aber war das ein Fall von Wunschdenken? Sind Religionen zu einer solchen Kooperation in der Lage? Sind sie fähig, sich einen politischen Raum zu teilen und zusammen am Gemeinwohl zu arbeiten?

Glaube und politischer Pluralismus

Spräche Sayyid Qutb für monotheistische Religionen – oder auch nur den Islam, die zahlenmäßig (nach dem Christentum) zweitstärkste Religion der Welt mit über 1,57 Milliarden Anhängern[4] – dann wäre Präsident Obamas pluralistische Vision ein Ausdruck von Wunschdenken. Religiöse und kulturelle Pluralität ist die unausweichliche Wirklichkeit unserer globalisierten Welt, aber als politisches Projekt wäre der Pluralismus zum völligen Scheitern verurteilt. Ich habe ja schon in der Einleitung diskutiert, wie Qutb den Glauben an den einen Gott, an eine politische Autorität und ein universelles moralisches Gesetz fordert – und sich dafür ausspricht, unter Anwendung von Gewalt die Herrschaft des einen Gottes und von Gottes Gesetz in der Welt herbeizuführen.

Wenn Qutb die innere Logik des Monotheismus richtig wiedergegeben hat, dann wäre dieser Monotheismus eindeutig totalitär. Geht man davon aus, dass Monotheismen die vorherrschenden Religionen in heutigen multireligiösen und pluralistischen Gesellschaften sind, dann bliebe als praktikable Lösung nur der säkulare Ausschluss der Religion aus dem öffentlichen Bereich.

Der Ausschluss der Religion aus dem öffentlichen Bereich hätte massive religiöse Unterdrückung zur Folge, da es den religiösen Überzeugungen vieler Menschen widerspricht, ihren Glauben im Privaten ihres Herzens unter Verschluss zu halten oder seinen Einfluss auf den Binnenraum religiöser Gemeinschaften zu begrenzen. Aber wenn Qutb die politischen Implikationen des Monotheismus hier richtig aufzählt, bliebe als Alternative zum säkularen Ausschluss der Religion aus der Öffentlichkeit nur die totalitäre Durchdringung des öffentlichen Lebens durch eine einzige Religion – eine Religion, die ihre eigene Ansicht vom guten Leben allen anderen mit eiserner Faust diktiert. Wenn Qutb also recht hat, sind die Alternativen nur die religiöse Unterdrückung aller Religionen außer einer oder die säkulare Unterdrückung aller Religionen – in jedem Fall eine offenkundig ungerechte Angelegenheit.

In diesem Buch habe ich begründet, dass eine plausible Interpretation des christlichen Glaubens religiösem Totalitarismus entgegensteht und Pluralismus als politisches Projekt fördert. Ähnlich kann man auch aus der Sicht anderer Religionen argumentieren, den Islam eingeschlossen.[5] (Um es noch einmal zu sagen: Qutb vertritt nicht *die* islamische Position; seine Ansichten sind von vielen Muslimen verurteilt worden und repräsentieren nicht den Mainstream des Islam!) Hier ist die Zusammenfassung meines Arguments für Pluralismus als politisches Projekt im Unterschied zu Qutbs Totalitarismus:

1. Alle Monotheisten stimmen darin überein, dass es „keinen Gott außer Gott" gibt. Das ist nicht nur die Grundaussage des Islam; es ist die grundlegendste monotheis-

tische Überzeugung. Qutb leitet aus ihr eine politische Philosophie ab, die sich am ehesten als religiöser Totalitarismus beschreiben lässt. Ich glaube, dass der Glaube an den einen Gott, der gebietet, den Nächsten zu lieben – der es uns auferlegt, andere so zu behandeln, wie wir von ihnen behandelt werden möchten – uns zum Pluralismus als politischem Projekt verpflichtet.

2. Dass Gott allein Gott ist, bedeutet für Qutb, dass jegliche menschliche Autorität – seien es Priester, Politiker oder gewöhnliche Menschen – über andere eine Form von Götzendienst ist. Ich glaube, dass politische Autorität – oder jede andere Autorität – nicht im Gegensatz stehen muss zur Autorität Gottes. Das Entscheidende für Monotheisten ist nicht, jegliche nichtgöttliche Autorität zurückzuweisen, sondern dem einen Gott die äußerste Loyalität entgegenzubringen und nichts zu befolgen, was seinen Geboten zuwiderläuft. Biblisch ausgedrückt: Man kann den Anspruch „man muss Gott mehr gehorchen als den Menschen" (Apostelgeschichte 5,29) zusammenhalten mit der Aufforderung, „den Trägern der staatlichen Gewalt den schuldigen Gehorsam" (Römer 13,1) zu leisten.

3. Nach Qutb kommt jede Wegweisung für das persönliche Leben und die Organisation des gesellschaftlichen Lebens von Gott allein. Ich glaube, dass obwohl Gottes Offenbarung von entscheidender Bedeutung ist, das menschliche Verstehen von Gottes Offenbarung immer dadurch eingeschränkt wird, dass Menschen – einschließlich aller Ausleger von Offenbarung – fehlbar und endlich sind. Außerdem lässt Gottes Offenbarung, auch wenn sie alle Lebensbereiche berührt, viele wichtige Details im Leben unberührt. Da Gott der Schöpfer ist und damit auch Herr der gesamten Wirklichkeit, lässt sich Wahrheit, Güte und Schönheit in allen Kulturen finden, und das Wissen darum, was Menschen tun sollten, kann aus vielen verschie-

denen Quellen stammen – einschließlich der Wissenschaften, Philosophie und anderen Religionen.

4. Qutb plädiert dafür, dass die Gemeinschaft der Muslime „der Name einer Gruppe von Menschen [ist], deren Umgangsformen, Ideen und Konzepte, Regeln und Vorschriften, Werte und Kriterien sich alle aus der Quelle des Islam ableiten."[6] Auch wenn es wichtig ist, dass der Glaube alle Lebensbereiche prägt, glaube ich, dass die „Umgangsformen, Ideen und Konzepte, Regeln und Vorschriften, Werte und Kriterien" nur *kompatibel* mit Gottes Offenbarung sein müssen, anstatt sich sämtlich aus ihr direkt herzuleiten.

5. Nach Qutbs Anschauung sind wahre Nachfolger Gottes aufgerufen, sich vollständig aus allen Gemeinschaften zu lösen, die Gottes Weisung erkennbar ignorieren. In meiner Anschauung sind Gottes Nachfolger aufgerufen, in der Welt zu leben und nicht von der Welt zu sein (vgl. Markus 16,15; Johannes 17,14-16). Sie sollen Gott über alles lieben und Jesus Christus als ihrem Herrn folgen; darin unterscheiden sie sich vom Rest der Welt – ob sie nun gleich, ähnlich oder völlig anders als andere denken und handeln; es ist eine Lebensweise, die auf Christus hin ausgerichtet ist, *in* vielen verschiedenen Kulturen und Zivilisationen.

6. Da Gott der Eine ist und der Schöpfer, argumentiert Qutb, gilt das Gesetz Gottes, das menschliches Leben – persönlich wie gesellschaftlich – regelt, immer und überall. Obwohl ich zustimme, dass Gottes moralische Gesetze universale Geltung haben, glaube ich, dass man sie als Gesetz eines Landes nur durch demokratische Prozesse und nicht gegen den Willen des Volkes einführen darf.

7. Qutb schreibt: „Die vordringlichste Pflicht des Islam in dieser Welt ist es, die Dschahiliyya [Unkenntnis der göttlichen Weisung] in der Führung des Menschen zu entthronen, und die Führung in die eigenen Hände zu nehmen,

um die besondere Lebensweise durchzusetzen, die ihr dauerhaft zu eigen ist."[7] Ich glaube, dass Christen keine solche Pflicht haben und dass so etwas wie eine gewaltsame christliche Revolution ungerecht, lieblos und kontraproduktiv wäre, in jedem Fall aber zutiefst unchristlich.

8. Qutb zufolge sind die wahren Gläubigen berufen, den Glauben zu bezeugen, dass es „keinen Gott außer Gott" gibt – ein Glaube, der aus freien Stücken angenommen werden muss, da es in der Religion keinen Zwang gibt. Ich stimme dem zu, dass Glaube freiwillig angenommen und daher Menschen als Geschenk angeboten werden muss, nicht als ein Gesetz, das ihnen auferlegt wird. Aus eben diesem Grund ist jede Art von erzwungenem gesellschaftlichen System oder eine Gesetzgebung, die sich auf vermeintlich göttliche Offenbarung gründet, abzulehnen. Religionsfreiheit zu bekräftigen bedeutet, jede Form des religiösen Totalitarismus zu verwerfen und Pluralismus als politisches Projekt zu übernehmen.

Ich gehe davon aus, dass ich mich mit diesen acht Punkten dem Problem religiöser Übergriffigkeit hinreichend gewidmet habe – freilich auf der Ebene der Theorie, nicht der Praxis. Die Glaubensrichtungen, die gesellschaftlichen Pluralismus der Art, die ich eben beschrieben habe, unterstützen, können sich als eine Stimme unter vielen in das öffentliche Leben einbringen, um ihre Vorstellung von menschlichem Gedeihen zu verbreiten und dem Gemeinwohl zu dienen. Mehr noch: Ich habe ja in Kapitel 4 dargelegt, dass Juden, Christen und Muslime (wie auch Anhänger anderer Weltreligionen) einen gemeinsamen Auftrag haben. Der besteht nicht nur darin, die Ärmel hochzukrempeln und gemeinsam daran zu arbeiten, die unablässige und steigende Flut menschlichen Elends einzudämmen,[8] ob sie nun in Form von Krankheit auftritt, von Hunger, von Rechtsbruch oder einer verschmutzten Umwelt. Der gemeinsame Auftrag besteht auch darin, in der gegenwärtigen Kultur deutlich zu machen, dass Menschen nur ge-

deihen, wenn die Liebe zum Vergnügen, eine dominierende An-
triebskraft unserer Kultur, dem Vergnügen an der Liebe weicht.
Die verschiedenen Religionen werden keine Einigung erzielen,
wie der Übergang von der Liebe zum Vergnügen zum Vergnügen
an der Liebe zu bewerkstelligen ist, und sie werden auch keine
einheitliche Vorstellung davon entwickeln, worin wahrhaft ver-
gnügliche Liebe konkret besteht. Aber gemeinsam können sie ein
Klima schaffen, in dem die Liebe zum Vergnügen sich als leer erweist und eine kernige Debatte über die wichtigste aller Fragen
fortgeführt wird: „Was macht ein Leben aus, das zu Recht gut genannt wird?"

Anmerkungen

Glauben im öffentlichen Raum – Eine Einführung in die Öffentliche Theologie

1. „Die Kirchen können sich mit überzeugender Begründung nur an der öffentlichen Meinungsbildung beteiligen, solange darin ihr aus Gottes Heilswillen folgender Öffentlichkeitsauftrag – und nicht ihr auf Selbstdarstellung in der Öffentlichkeit bezogener Öffentlichkeitsanspruch – zum Zuge kommt". Wolfgang Huber, Kirche und Öffentlichkeit (Stuttgart 1973), 48.

2. Auf Deutsch: ‚sich verändern/umgestalten lassen' (von: μεταμόρφωσις).

3. Dazu ausführlicher: Tobias Künkler/Thomas Weißenborn, Exklusive Wahrheit oder inklusive Beliebigkeit? In: Klaus Meiß/Thomas Weißenborn (Hg.): Interkulturelles Zusammenleben. Jahrbuch 2014. Marburger Bildungs- und Studienzentrum. Marburg: Francke. 27-48.

Einleitung

1. Mark Lilla, The Stillborn God: Religion, Politics, and the Modern West (New York 2007), 309.

2. Fürs Protokoll: Religiöser Totalitarismus ist nicht die einzige Form des Totalitarismus. Tatsächlich waren alle besonders blutrünstigen Formen des Totalitarismus – Nationalsozialismus,

Stalinismus, Maoismus – ihrem Wesen nach überhaupt nicht religiös.

3. Zu Qutb, vgl. John L. Esposito, The Future of Islam (Oxford 2010), 67–68.

4. Zum christlichen „Rekonstruktionismus" vgl. John Pottenger, Reaping the Whirlwind: Liberal Democracy and the Religious Axis (Washington, DC 2007), 208–39.

5. Zu islamischen Argumenten für politischen Pluralismus vgl. Feisal Abdul Rauf, What's Right with Islam: A New Vision for Muslims and the West (New York 2004).

6. Sayyid Qutb, Milestones (Chicago: Kazi, 2007), 90.

7. Ebd., 2.

8. Ebd., 14.

9. Ebd., 89.

10. Am Ende von *Milestones* unterstreicht Qutb, dass der grundlegende Kampf in der Welt heute ein religiöser ist, kein wirtschaftlicher, politischer oder kultureller. „Der Kampf zwischen den Gläubigen und ihren Feinden ist wesentlich ein Glaubenskampf und nichts anderes. Die Feinde sind erbost wegen ihres Glaubens und zürnen nur aufgrund ihres Glaubens. Das war kein politischer Kampf, kein wirtschaftlicher und keiner über Rassenfragen; wäre er das gewesen, hätte man ihn leicht beilegen können, die Lösung seiner Probleme wäre einfach gewesen. Aber er war wesentlich ein Kampf zwischen Glaubensrichtungen – entweder Unglaube oder Glaube, entweder Jahiliyyah oder Islam." (ebd., 110).

11. Ebd., 81.

12. Ein Beispiel aus dem Christentum wäre Thomas Müntzer, einer der Anführer im deutschen Bauernkrieg 1525.

13. H. Richard Niebuhr, Christ and Culture (1956; Nachdruck New York 2001).

14. Zum Verhältnis von religiösem Exklusivismus vonseiten der Christen und Muslime und der Befürwortung des Pluralismus als politischem Projekt vgl. Miroslav Volf, Allah: A Christian Response (San Francisco 2011), Kap. 12.

Kapitel 1 – Fehlfunktionen des Glaubens

1. Vgl.: Friedrich Nietzsche, Der Antichrist, 1969. In: Giorgio Colli; Mazzino Montinari (Hrsg.) Nietzsche Werke. Kritische Gesamtausgabe. Sechste Abteilung, dritter Band: Der Fall Wagner. Götzen-Dämmerung. Der Antichrist. Ecce homo. Dionysos-Dithyramben. Nietzsche contra Wagner. 1888-1889.

2. Ebd., 168.

3. Zu diesem Argument vgl. Papst Johannes Paul II, Evangelium vitae (1995), http://www.vatican.va/edocs/ENG0141/_INDEX.HTM.

4. Zu dieser Argumentation vgl. Alexander Sanger, Beyond Choice: Reproductive Freedom in the 21st Century (New York 2004).

5. Zu dieser Unterscheidung vgl. Friedrich Heilers, Das Gebet; eine religionsgeschichtliche und religionspsychologische Untersuchung (1923; Nachdruck 2012), Kap. 6.

6. Muhammad Iqbal, The Reconstruction of Religious Thought in Islam (Lahore 1996), 111.

7. Vgl. Engaged Buddhism: Buddhist Liberation Movements in Asia, hg. v. Christopher S. Queen und Sallie B. King (Albany 1996).

8. Friedrich Nietzsche, Die fröhliche Wissenschaft, 1969. In: Giorgio Colli; Mazzino Montinari (Hrsg.) Nietzsche Werke. Kritische Gesamtausgabe. Fünfte Abteilung, zweiter Band: Idyllen aus Messina. Die fröhliche Wissenschaft. Nachgelassene Fragmente. Frühjahr 1881 bis Sommer 1882, 160.

9. Zum Götzendienst als Substitution vgl. Moshe Halbertal und Avishai Margalit, Idolatry, übers. Naomi Goldbloom (Cambridge 1992), 40–44.

10. Vgl. Joel Osteen, Become a Better You: 7 Keys to Improving Your Life Every Day (New York 2007), 37.

11. Vgl. Thomas von Aquin, Summa Theologiae IaIIae.71.5, 72.6.

12. Max Weber 1934: Sonderdruck aus Max Weber, Gesammelte Aufsätze zur Religionssoziologie I, S. I-206: Die protestantische Ethik und der Geist des Kapitalismus. Tübingen: Verlag von J.C.B. Mohr (Paul Siebeck), 203. Vgl. auch Miroslav Volf, Captive to the Word of God: Engaging Scripture for Theological Reflection (Grand Rapids 2010), Kap. 5.

13. Zygmunt Bauman, Life in Fragments: Essays in Postmodern Morality (Oxford 1995), 259–62.

14. Faszinierende und umstrittene Studien zur menschlichen Neigung, Befehlen zu gehorchen und sich in gesellschaftliche Rollen zu fügen, bieten: Stanley Milgram, Obedience to Authority: An Experimental View (New York 1974) und Philip Zimbardo, „The Power and Pathology of Imprisonment", Cong. Rec. 15 (October 25, 1971).

15. Das Argument, dass der Verlust des Glaubens nicht zu Atheismus führt, sondern zu einer Art Polytheismus, findet sich bei H. Richard Niebuhr, Radical Monotheism and Western Culture with Supplementary Essays (London 1960), 31–38, 95–96.

16. Vgl. Christian Scharen, Faith as a Way of Life: A Vision for Pastoral Leadership (Grand Rapids: Eerdmans, 2008), 14–26.

17. Karl Marx 1927: Aus der Kritik der Hegelschen Rechtsphilosophie, David B. Rjazanow; Vladimir V. Adoratskij [Hrsg.] Marx/Engels Gesamtausgabe Erste Abteilung Band 1, erster Halbband. Frankfurt a.M.: Marx-Engels-Archiv Verlagsgesellschaft M.B.H., 607.

18. Vgl. Nicholas Wolterstorff, „The Role of Religion in Decision and Discussion of Political Issues", in Religion in the Public Square: The Place of Religious Convictions in Political Debate, ed. Robert Audi and Nicholas Wolterstorff (Lanham, MD 1997), 67–120.

19. Zur Kritik an der These, dass Muslime an einen anderen Gott glauben als Christen (und daher in einem anderen moralischen Universum leben mit der Folge, dass wir sie bekämpfen müssen, statt sie moralisch zu überzeugen oder mit ihnen zu verhandeln) vgl. Volf, Allah.

20. Sam Harris, The End of Faith: Religion, Terror, and the Future of Reason (New York 2004), 23.

21. Vgl. Platon, Kriton 49a–e.

Kapitel 2: Untätigkeit

1. vgl. Claus Westermann, Genesis 1–11: A Continental Commentary, trans. John J. Scullion (Minneapolis: Fortress, 1994), 139–46; Claus Westermann, Blessing in the Bible and the Life of the Church, Philadelphia 1978, 59.

2. Vgl. z. B. das populäre Buch von Rhonda Byrne, The Secret (New York 2006), und seine Fortsetzung, The Power (New York 2010).

3. Vgl. Miroslav Volf, Umsonst: Geben und Vergeben in einer gnadenlosen Kultur 2012, Kap. 1.

4. Vgl. Olive Wyon, The School of Prayer (Philadelphia 1944), 28–35.

5. Zur Diskussion dieser Tradition vgl. Walter Brueggemann, Theology of the Old Testament: Testimony, Dispute, Advocacy (Minneapolis 1997), 173–81. Zur Bedeutung der Unterscheidung von Erlösung und Segen vgl. Westermann, Blessing, 1–23.

6. Kant, Immanuel 2003: Kritik der praktischen Vernunft. Aus: Die drei Kritiken. Jubiläumsausgabe anlässlich des 125-jährigen Bestehens der Philosophischen Bibliothek. Hamburg: Meiner, 167-177.

7. Vgl. Miroslav Volf, Work in the Spirit: Toward a Theology of Work (Oxford 1991), 97.

8. Vgl. auch Miroslav Volf, The End of Memory: Remembering Rightly in a Violent World (Grand Rapids 2006), 78–81.

9. Nach dem berühmten Diktum des Augustinus sind unsere Herzen ruhelos, bis sie Ruhe finden in Gott (vgl. Confessiones 1.1.1).

10. Zur Frage, wie sich Arbeit zu den jeweiligen Gaben und Berufungen von Menschen verhalten vgl. Volf, Work in the Spirit. Dort entfalte ich eine Theologie der Arbeit, die sich nicht auf eine allgemeine Berufung Gottes gründet, sondern auf konkrete Gaben (kombiniert mit Berufungen), die Gott jedem Einzelnen gibt. Das eröffnet die Möglichkeit eines sehr viel dynamischeren Verständnisses menschlicher Arbeit.

11. Die Kirchenväter reflektierten intensiv darüber, welcher Art von Arbeit ein Christ nachgehen darf. Tertullian zum Beispiel machte sich Gedanken über den Beruf des Soldaten und unterschiedliche

Tätigkeiten zur Herstellung von Götzenbildern (vgl. Tertullian, On Idolatry 4–10, 19). In neuerer Zeit hat auch Karl Barth die Frage gestellt, welche Art von Arbeit Christen gestattet ist; vgl. Karl Barth, Kirchliche Dogmatik III/4, Karl Barth, 1957, Die kirchliche Dogmatik Band II, Die Lehre von der Schöpfung, vierter Teil. Evangelischer Verlag A.G. Zollikon-Zürich, 604–613. Heute müssen wir dieses Nachdenken wieder aufnehmen und es mit moralisch angemessenen Zielen verbinden, etwa dem Schutz der Menschenwürde und dem Bemühen um Nachhaltigkeit.

12. Zu dieser Unterscheidung vgl. Gregory M. Reichberg, „Jus ad Bellum", und Nicholas Rengger, „The Jus in Bello in Historical and Philosophical Perspective," in: War: Essays in Political Philosophy, ed. Larry May (Cambridge 2008), 11–46.

13. Zur weiteren Diskussion vgl. Kap. 4.

14. Lewis Carroll, Durch den Spiegel und was Alice dort fand, Stuttgart 2000.

46. Vgl. dazu besonders zum Buch Kohelet: Miroslav Volf, Captive to the Word of God: Engaging Scripture for Theological Reflection (Grand Rapids 2010), Kap. 5.

15. Vgl. die bewegende Diskussion zur Vergänglichkeit aller menschlichen Bemühungen in: Alexander Schmemann, The Eucharist: The Sacrament of the Kingdom, trans. Paul Kachur (Crestwood, NY: St. Vladimir's Seminary Press, 1988), 127.

16. Vgl. Johannes Paul II, Laborem exercens (1981), http://www.vatican.va/edocs/ENG0217/_INDEX.HTM; Volf, Work in the Spirit, 98–102.

17. Zur weiteren Diskussion vgl. Volf, Work in the Spirit, 96–98.

Kapitel 3: Übergriffigkeit

1. Douglas Johnston and Cynthia Sampson, Religion, the Missing Dimension of Statecraft (New York: Oxford University Press, 1994).

2. Mark Juergensmeyer, Terror in the Mind of God: The Global Rise of Religious Violence (Berkeley 2000).

3. Scott R. Appleby, The Ambivalence of the Sacred: Religion, Violence, and Reconciliation (Lanham, MD 1999), 2. Die Wirkung der Religionskriege hin zu einer Säkularisierung spürte man weit entfernt von Alltagsproblemen, dort jedenfalls sind die Wissenstheorien oft angesiedelt. Stephen Toulmin hat in *Cosmopolis* argumentiert, dass die Moderne sich nicht, wie oft behauptet, nur infolge der Bestrebung ihrer Protagonisten einstellt, die Finsternis der Tradition und des Aberglaubens mit dem Licht der philosophischen und wissenschaftlichen Vernunft zu vertreiben. Es war kein Zufall, dass Descartes die eine korrekte Methode, Wissen zu erlangen, zu einer Zeit „entdeckte", als „in weiten Teilen des Kontinents ... Menschen beste Aussichten hatten, die Kehle durchgeschnitten und ihr Haus niedergebrannt zu bekommen durch Fremde, die sich nur an ihrer Religion störten." (Stephen Toulmin, Cosmopolis: The Hidden Agenda of Modernity, New York 1990, 17). Eine neue Art, Wahrheit festzustellen, „die unabhängig war von den jeweiligen religiösen Loyalitäten und ihnen gegenüber neutral" erschien als attraktive Alternative zum Krieg, den dogmatische Ansprüche anheizten (ebd., 70).

4. Zur alternativen Interpretation der Religionskriege vgl. William T. Cavanaugh, The Myth of Religious Violence: Secular Ideology and the Roots of Modern Conflict, Oxford 2009, 123–80.

5. Eine Übersicht bietet Gottfried Maron, „Frieden und Krieg: Ein Blick in die Theologie- und Kirchengeschichte", in: Glaubenskriege in Vergangenheit und Gegenwart, hg. Peter Herrmann, Göttingen 1996, 17–35. Vgl. auch: Karlheinz Deschner, Kriminalgeschichte des Christentums, 9 Bde. Reinbeck 1986ff., und zur Antwort auf sein Werk: H. R. Seeliger, ed., Kriminalisierung des Christentums? Karlheinz Deschners Kirchengeschichte auf dem Prüfstand (Freiburg: Herder, 1993).

6. Die beste Art, meine Verwendung von „dick" und „dünn" zu erklären, ist sie mit anderen zu vergleichen. Clifford Geertz hat das Gegensatzpaar dick und dünn popularisiert in *Interpretation of Cultures* (New York 1974, 3–30). Er selber hat sie von Gilbert Ryle übernommen. Beide verwenden den Ausdruck

in dem Syntagma „dicke oder dünne Beschreibung" desselben Phänomens. Der typische Fall einer „dünnen" Beschreibung ist „das blitzschnelle Zucken seines rechten Augenlids" und der der „dicken" Beschreibung „die Parodie eines Freundes, der ein Augenzwinkern vortäuscht, damit ein Ahnungsloser glaubt, eine Verschwörung sei im Gange". In seinem Buch Thick and Thin: Moral Argument at Home and Abroad (Notre Dame 1994) hat Michael Walzer den Sinn von „dick" und „dünn" verändert, indem er die Begriffe auf moralische Argumente anwendet. Er schreibt: „Ich habe nicht den Anspruch, eine dicke Beschreibung eines moralischen Arguments zu bieten, vielmehr weise ich auf eine Art des Argumentierens hin, die in sich ‚dick' ist – reich an Verweisen, kulturellen Resonanzen, eingeklinkt in ein vor Ort etabliertes Symbolsystem oder Netz von Bedeutungen. ‚Dünn' ist nur der kontrastierende Ausdruck (xi, Anm. 1). (Ein neuerer und wieder anderer Gebrauch von „dick" und „dünn", in dem diese Kennzeichnungen auf „die zwei Typen menschlicher Beziehungen" verweisen und wo „dicke Beziehungen im Allgemeinen unsere Beziehungen zu denen sind, die uns nahestehen und etwas bedeuten" und „dünne Beziehungen im Allgemeinen unsere Beziehungen zu Fremdem und Fernstehenden sind" vgl. Avishai Margalit, The Ethics of Memory [Cambridge, MA 2002], 7, 37–40.) Mein Gebrauch ähnelt dem bei Walzer in dem Sinne, dass man so, wie Walzer das im Verhältnis zur Moral behauptet, zum „dünnen" Verständnis und zur dünnen Praxis des Glaubens durch Abstraktion von der „dicken" Erkenntnis und Praxis gelangt. Dick ist für mich beispielsweise ein Beter, der die Überzeugung ausdrückt, dass Gott der Dreieine ist, und versteht, dass diese Überzeugung sich an der Geschichte Jesu Christi ausrichten muss und die Pflicht einschließt, auf eine bestimmte Art zu handeln; „dünn" ist, wenn ein serbischer Soldat drei Finger hebt wie zu einem Victory-Zeichen, ein trinitarischer Glaube, der durch eben jenen Akt auf ein leeres Kennzeichen kultureller Differenz reduziert wird. Oder, um ein Beispiel aus den USA zu verwenden: „Dünn" ist, wenn die Worte „unter Gott" im „Pledge of Allegiance" jeglichen religiösen Gehalts entleert werden, sodass sie mehr zu einer kulturellen Tradition werden denn zu einer theologischen Bekräftigung; „dick" ist, wenn sich „Gott" in der genannten Wendung auf den Gott Jesu Christi oder auf Allah aus dem Koran oder Jahwe aus der hebräischen Bibel bezieht, was die Aussage verfassungswidrig machen könnte (vgl. das Editorial „Taking on the Pledge", in: Christian Century, July 17–30, 2002, 5).

Obwohl unser Gebrauch analog ist, haben Walzer und ich doch andere Anliegen. Mir geht es darum zu zeigen, dass die „Verdünnung" religiöser Praxis die Tür dafür öffnet, religiöse Überzeugungen zur Legitimierung von Gewalt zu missbrauchen, weil dabei genau das entfällt, was „dicken" religiösen Glauben vor einem derartigen Missbrauch bewahrt, während es Walzers Anliegen ist zu zeigen, dass Moralität von Anfang an „dick" ist und dass die „dünne" Moral als das Universale immer von der „dicken" als Konkretum ausgeht (Walzer, Thick and Thin, 4).

7. Vgl. Miroslav Volf, Von der Ausgrenzung zur Umarmung: Versöhnendes Handeln als Ausdruck christlicher Identität, Marburg 2012.

8. Es gibt auch andere Argumente für dieselbe These, auf einige davon werde ich indirekt eingehen. Ein Argument für den gewaltsamen Charakter des Christentums ist, dass Religionen von Natur aus gewalttätig sind und dass der christliche Glaube, insofern er eine Religion ist, es also auch sein muss. Juergensmeyers „Terror im Namen Gottes" beruht auf einem solchen Religionsverständnis. Ein zentraler Grund dafür, dass Gewalt die erneuerte politische Präsenz der Religionen begleitet hat, liegt an „dem Wesen religiöser Phantasie, die immer die Neigung hatte, zu verabsolutieren und Bilder eines kosmischen Krieges zu projizieren" (242). Freilich wird der kosmische Krieg nicht um seiner selbst willen geführt. Religion war eben deshalb „ordnungsfördernd und lebensbejahend", weil sie ein Phänomen ist, bei dem es um kosmischen Kampf geht (159). Aber wenn sie im Bemühen um Frieden keine Blutspur hinter sich herziehen soll, darf man sie nicht sich selbst überlassen. Sie braucht „die Mäßigung der Ver-

nunft und das Fair Play, das die Werte der Aufklärung in die Zivilgesellschaft eingebracht haben" (243). Religion als Religion ist gewalttätig. Um eine positive Rolle in der Gesellschaft zu spielen, muss sie von den Werten der Aufklärung erlöst werden.

Das Argument, dass eine Religion, die Augustinus, Thomas von Aquin und Luther (um nur ein paar wenige große theologische Denker zu nennen) zu ihren großen Lehrern zählt, von den Denkern der Aufklärung zu lernen hätte, wie man „vernünftig" ist, verrät ein recht enges Verständnis von Rationalität. Aber wenigstens ist ein solches Verständnis von Rationalität plausibel. Nicht plausibel ist dagegen die Behauptung, dass eine Religion, die den Heiligen Franziskus zu ihren größten Heiligen zählt, keine eigenen Mittel hätte, Fair Play zu lernen, sondern dazu Anleihen machen muss bei den Denkern der Aufklärung. Der Druck, solche unhaltbaren Behauptungen aufzustellen, kommt aus der „Verdünnung" christlicher Überzeugungen zu allgemein religiösen Glaubensansichten, auf deren Kernbestand dann die Bilder des kosmischen Krieges projiziert werden. Auf dem Weg dahin geht jedes Spezifikum christlichen Glaubens verloren.

9. Regina Schwartz, The Curse of Cain: The Violent Legacy of Monotheism (Chicago 1997), 63.

10. Vgl. Jan Assmann, Moses der Ägypter: Entzifferung einer Gedächtnisspur (Frankfurt 2011).

11. Željko Mardešić (Jakov Jukić), Lica i maske svetoga: Ogledi iz društvene religiologije („Gesichter und Masken des Heiligen") (Zagreb 1997), 242–44.

12. Zur Kritik an Schwartz entlang dieser Linien vgl. Miroslav Volf, „Jehovah on Trial", Christianity Today, April 27, 1998, 32–35.

13. Zum Folgenden vgl. Miroslav Volf, „,The Trinity is Our Social Program': The Doctrine of the Trinity and the Shape of Social Engagement", in: Modern Theology 14 (1998): 403–23.

14. In Allah habe ich die Auffassung vertreten, dass der Glaube an den einen Gott, der es gebietet, den Nächsten zu lieben – andere so zu behandeln, wie man selbst behandelt werden möchte – unter bestimmten Bedingungen tatsächlich dazu führt, sich

auf den Pluralismus als politisches Projekt einzulassen (vgl. Kap. 12).

15. Rosemary Radford Ruether: Sexismus und die Rede von Gott. Schritte zu einer anderen Theologie (Gütersloh: 1985), 100.

16. Rowan Williams, On Christian Theology (Oxford 2000), 68.

17. Ebd., 68-69.

18. Vgl. John Milbank, Theology and Social Theory: Beyond Secular Reason (Oxford 1990).

19. Jacques Derrida, Marx' Gespenster. Der Staat der Schuld, die Trauerarbeit und die neue Internationale (Frankfurt am Main 2004), 109.

20. John Caputo, The Prayers and Tears of Jacques Derrida: Religion without Religion (Bloomington: Indiana University Press, 1997), 74.

21. Derrida, Marx' Gespenster, 127.

22. Vgl.: Friedrich Nietzsche, Also sprach Zarathustra. Ein Buch für Alle und Keinen. 1969. Aus: Giorgio Colli; Mazzino Montinari (Hrsg.) Nietzsche Werke. Kritische Gesamtausgabe. Sechste Abteilung, erster Band: Also sprach Zarathustra. 1883-1885.

23. Zum Verhältnis von Bedingtheit und Unbedingtheit vgl. Volf, Von der Ausgrenzung zur Umarmung, 245.

24. Vgl. Richard B. Hays, The Moral Vision of the New Testament: Community, Cross, New Creation (San Francisco 1996), 175.

25. Vgl. Richard Bauckham, The Theology of the Book of Revelation (Cambridge 1993), 74; 90.

26. Zur wichtigen Unterscheidung zwischen der Hoffnung auf und dem Glauben an universales Heil vgl. Hans Urs von Balthasar, Kleiner Diskurs über die Hölle, Einsiedeln 1990.

27. Vgl. Volf, Von der Ausgrenzung zur Umarmung, 275–306.

28. Appleby, Ambivalence of the Sacred, 16.

29. Michael Sells' Darstellung zum Verhältnis von Religion und Genozid in Bosnien (The Bridge Betrayed: Religion and Genocide in Bosnia [Berkeley 1996]) beruht auf einer extrem „dünnen" Version des christlichen Glaubens; er fungiert mehr als kulturelle Ressource mit spärlicher Verbindung zu seinen Ursprüngen denn

als lebendiger Glaube, der sich der Heiligen Schrift und dem Besten seiner Tradition verpflichtet weiß. Die „Verdünnung" hat freilich nicht er verursacht, sondern die Menschen, mit denen er sich auseinandersetzt.

30. Margalit, Ethics of Memory, 100.

31. Persönliche Mitteilung.

32. Vgl. John Milbank, Being Reconciled: Ontology and Pardon (London 2003), 28–37, zur Diskussion über die Gewalt, die das Betrachten von Gewalt nach sich zieht.

Kapitel 4: Menschliches Gedeihen

1. Josef Pieper, Hoffnung und Geschichte: Der Mensch und seine Zukunft, Kevelaer 2013, 15.

2. Jürgen Moltmann, Theologie der Hoffnung. Untersuchungen zur Begründung und zu den Konsequenzen einer christlichen Eschatologie (Gütersloh 2005). Eine kurze Zusammenfassung findet sich in Jürgen Moltmann, Das Kommen Gottes: Christliche Eschatologie (München 1995), 25.

3. Vgl. Philip Rieff, The Triumph of the Therapeutic: Uses of Faith after Freud (New York 1966), 232–61.

4. Augustinus, De Trinitate 13,10.

5. Ebd., 13.8.

6. Augustinus, Gottesstaat 19,17.

7. Charles Taylor, Ein säkulares Zeitalter (Frankfurt 2009), 420.

8. Karl Marx 1962: Kritik des Gothaer Programms – Randglossen zum Programm der deutschen Arbeiterpartei. Aus: Institut für Marxismus-Leninismus beim ZK der SED (Hrsg.): Marx Engels Werke Band 19. Berlin: Dietz Verlag, 21.

9. Andrew Delbanco, The Real American Dream: A Meditation on Hope (Cambridge, MA 1999), 77.

10. Die Behauptung, dass der Skopus der Hoffnung verengt wurde, indem sie sich von Gott weg auf die Nation richtete, ist infrage gestellt worden. Delbanco selbst hält daran fest, dass das Ideal der Nation geringer ist als Gott. Richard Rorty wendet in

seiner Besprechung von Delbancos Buch ein: „Warum, so könnte man sich vorstellen, dass Whitman fragt, sollten wir Amerikaner Gott dafür beim Wort nehmen, dass er mehr ist als die freie, gerechte, utopische Nation unserer Träume? Whitman hat Amerika bekanntlich ‚das größte Gedicht' genannt. Geschichte, in denen Gott vorkam, sah er als mindere Gedichte an – nützlich zu ihrer Zeit, weil sie den Bedürfnissen einer jüngeren Menschheit entsprachen. Aber jetzt sind wir erwachsener" ((Richard Rorty, „I Hear America Sighing", New York Times Book Review vom 7. November 1999, 16). Der Disput, welcher Traum größer ist – der Traum von der Nation oder von Gott – muss in Verbindung mit der Frage entschieden werden, ob Gott tatsächlich existiert. Denn nur unter der Voraussetzung seiner Nichtexistenz wäre Gott als ein geringerer Traum zu bezeichnen als der von der Nation, wie auch immer man sich diese vorstellt.

11. Herman Melville, White Jacket; Or, the World in a Man-of-War (Nachdruck New York 1979), Kap. 36.

12. Delbanco, Real American Dream, 96; 103.

13. Ebd., 103.

14. Michael Oakeshott, „Political Education", in Michael Oakeshott, Rationalism in Politics and Other Essays (Indianapolis 1991), 48.

15. „... nur augenblickliches Behagen, flüchtiger, durch Mangel bedingter Genuss, vieles und langes Leiden, beständiger Kampf, bellum omnium, Jedes ein Jäger und Jedes gejagt, Gedränge, Mangel, Noth und Angst, Geschrei und Geheul darstellt: und das geht so fort, in secula seculorum, oder bis ein Mal wieder die Rinde des Planeten bricht." Arthur Schopenhauer: Die Welt als Wille und Vorstellung Zweiter Band, in: Deussen, Paul (Hrsg.): Arthur Schopenhauers Sämtliche Werke Zweiter Band (München 1911), 405.

16. Shakespeare, Kaufmann von Venedig, 2,6,12–13.

17. Diese Beobachtung passt zu einer zentralen Schlussfolgerung der „Grand Study" – einer Studie über gut angepasste Harvard-Studenten, die 1937 begann und bis heute, nachdem sie ihren Probanden über 70 Jahre folgte, eine der „am längsten andauernden und wahrscheinlich umfassendsten Langzeitstudien geistigen und

körperlichen Wohlbefindens in der Geschichte" ist. In einem Interview aus dem Jahr 2008 wurde ihr langjähriger Direktor George Valliant gefragt: „Was haben Sie von den Männern der Grand Study gelernt?" Seine Antwort war: „Das einzige, was im Leben zählt, sind deine Beziehungen zu anderen Menschen." (Joshua Wolf Shenk, „What Makes Us Happy?" The Atlantic, Juni 2009, 36). Auf die Frage nach Befriedigung angewandt deutet das an, dass Beziehungen einer Vergnügung Sinn geben; ohne sie wird die Vergnügung hohl.

18. Delbanco, Real American Dream, 103.

19. Abu Hamid Muhammad al-Ghazali, The Alchemy of Happiness, übers. v. Claud Field (Gloucester 2008), xii.

20. Moses Maimonides, The Guide of the Perplexed, übers. v. Shlomo Pines (Chicago 1963), 1.2.

21. Ebd., 3.51.

22. Ebd., 3.54. Auch wenn sie die Regel ist, wird diese „intellektualistische" Lesart von Maimonides' Darstellung menschlicher Vollkommenheit durchaus infrage gestellt. Eine alternative Lesart, die nicht nur menschliche Gotteserkenntnis, sondern auch die Liebe des Menschen zu Gott betont, wie auch die menschliche „Rückkehr" in die Welt als ein durch die Gotteserkenntnis verwandeltes Wesen, „um teilzunehmen an der Regierung der eigenen Gesellschaft nach den Prinzipien von Güte, Gerechtigkeit und Gericht", bietet Menachem Kellner, „Is Maimonides's Ideal Person Austerely Rationalist?", in: American Catholic Philosophical Quarterly 76 (2002), 125–43 (Zitat: 134).

23. Eine weit verbreitete christliche Kritik des Islam im Mittelalter und der Renaissance lautete, er sei „auf Lust gegründet", wie Papst Pius II. in seinem Brief an den osmanischen Sultan Mehmed II. schreibt. Vgl. Aeneas Silvius Piccolomini, Epistola ad Mahomatem II („Epistle to Mohammed II"), hg. und übers. von Altert R. Baca (New York 1990), 91.

24. Anthony T. Kronman, Education's End. Why Our Colleges and Universities Have Given Up on the Meaning of Life (New Haven 2007).

25. Ebd., 197.

26. Vgl. al-Ghazali, Alchemy of Happiness, 1–26.

27. Vgl. Katerina Ierodiakonou, „The Study of Stoicism: Its Decline and Revival," in: Topics in Stoic Philosophy, hg. v. Katerina Ierodiakonou (Oxford 1999), 1–22.

28. Für das Anliegen dieses Essays folge ich der Diskussion über Seneca und die Stoiker bei Nicholas Wolterstorff, Justice. Right and Wrongs (Princeton 2008), 146–79.

29. Vgl. Friedrich Nietzsche, Jenseits von Gut und Böse, 1969. In: Giorgio Colli; Mazzino Montinari (Hrsg.) Nietzsche Werke. Kritische Gesamtausgabe. Sechste Abteilung, zweiter Band: Jenseits von Gut und Böse. Zur Genealogie der Moral. 1886-1887, 15f.

30. Ebd., 265.

31. Dieser letzte Punkt ist auch dann gültig, wenn es stimmt, dass Nietzsche keine rationalen Gründe dafür nennen kann, dass er seine noble Moral der westlichen Sklavenmoral vorzieht, da er nicht glaubte, es gebe objektive Fakten zu der Frage, was moralisch richtig ist und was falsch. Vgl. Brian Leiter, „Nietzsche's Moral and Political Philosophy", Stanford Encyclopedia of Philosophy, April 24, 2010, http://plato.stanford.edu/entries/nietzsche-moral-political/.

32. Zu Gott als „himmlischem Butler" und „kosmischem Therapeuten" bei amerikanischen Teenagern vgl. Christian Smith, Soul Searching. The Religious and Spiritual Lives of American Teenagers (Oxford 2005), 165.

33. Terry Eagleton, „Culture and Barbarism. Metaphysics in a Time of Terrorism", Commonweal, 27.03.2009, 9.

34. Terry Eagleton, The Meaning of Life: A Very Short Introduction (Oxford 2007), 35.
Zu einer parallelen Kritik am Einfluss des Postmodernismus auf die Beschäftigung mit der Frage nach dem Sinn des Lebens vgl. Kronman, Education's End, 180–94.

35. Zu dieser Interpretationslinie von Augustinus vgl. Oliver O'Donovan, The Problem of Self-Love in St. Augustine (New Haven 1980) und Wolterstorff, Justice, 180–206.

36. Die Idee, dass menschliches Gedeihen formal aus einer Kombination eines gut gelebten und eines gelingenden Lebens besteht, verdanke ich Wolterstorff, Justice, 221.

37. Augustinus, Sermon 100 (150) 7.

Kapitel 5: Identität und Differenz

1. Dieses Kapitel hat eine Affinität zu James Davison Hunters „To Change the World: The Irony, Tragedy, and Possibility of Christianity in the Late Modern World" (Oxford 2010). Es basiert auf Texten, die ich Mitte der 90er-Jahre geschrieben habe: „Soft Difference: Theological Reflections on the Relation between Church and Culture in 1 Peter", Ex Auditu 10 (1994): 15–30 (Nachgedruckt in: Volf, Captive to the Word of God, Kap. 2; „Christliche Identität und Differenz: Zur Eigenart der christlichen Präsenz in den modernen Gesellschaften", Zeitschrift für Theologie und Kirche 3 (1995): 357–75; und „When Gospel and Culture Intersect: Notes on the Nature of Christian Difference", in Pentecostalism in Context: Essays in Honor of William W. Menzies, ed. Wonsuk Ma and Robert P. Menzies (Sheffield 1997), 223–36.

2. Max Weber, „The Protestant Sects and the Spirit of Capitalism", in: From Max Weber: Essays in Sociology, ed. H. H. Gerth and C. Wright Mills (1948; repr., New York: Routledge, 1998), 305.

3. Vgl. Niklas Luhmann, Funktion der Religion (Frankfurt 1977), 236.

4. Vgl. Peter Berger, The Heretical Imperative: Contemporary Possibilities of Religious Affirmation (Garden City, NY 1979), 11–17, 26–32.

5. Es ist unpassend, die Entscheidung, sich einer bestimmten religiösen Gruppe anzuschließen, als streng analog zu Entscheidungen anzusehen, die Menschen auf einem Markt treffen (gegen Hans Joas, Do We Need Religion? On the Experience of Self-Transcendence, trans. Alex Skinner [Boulder 2008], 28–29).

6. Max Weber, „The Social Psychology of the World Religions", in: Gerth and Mills, From Max Weber, 288.

7. Vgl. Fredrick Barth's introduction to his edited volume Ethnic Groups and Boundaries: The Social Organization of Culture Difference (1969; repr., Long Grove, IL: Waveland, 1998).

8. Vgl. Anthony P. Cohen, The Symbolic Construction of Community (London: Routledge, 1985); Alan Wolfe, „Democracy Versus Sociology: Boundaries and Their Political Consequences", in: Cultivating Differences: Symbolic Boundaries and the Making of Inequality, hg. Michèle Lamont and Marcel Fournier (Chicago 1992), 309–25.

9. Ernst Troeltsch, The Social Teaching of the Christian Churches, trans. Olive Wyon (1911; Nachdr., Chicago 1981), Bd. 1, 331–43.

10. Vgl. John Howard Yoders Kritik an H. Richard Niebuhrs Beschreibung des „Christus gegen Kultur"-Typs eines Verhältnisses von Christentum und Kultur, das Troeltschs „Sekte" nahekommt, in: John Howard Yoder, „How H. Richard Niebuhr Reasoned: A Critique of Christ and Culture", in Glen H. Stassen, D. M. Yeager, and John Howard Yoder, Authentic Transformation: A New Vision of Christ and Culture (Nashville 1996), 31–90.

11. Einige Soziologen haben argumentiert, Pluralismus führe zu einer Erosion des Glaubens, vgl. Peter Berger, A Far Glory: The Quest for Faith in an Age of Credulity (New York 1994); ähnlich Hunter, To Change the World, 203. José Casanova hat mir im persönlichen Gespräch dargelegt, dass Indien und die USA gute Beispiele für das Gegenteil sind. Zur Kritik an Bergers Position vgl Joas, Do We Need Religion? 21–35.

12. Vgl. Troeltsch, Social Teaching, Bd. 1, 335, 344.

13. Zur Diskussion einer funktionalen Differenzierung aus theologischer Perspektive vgl. Michael Welker, God's Spirit, trans. John F. Hoffmeyer (Minneapolis 1994), 29–31.

14. Vgl. Anthony Giddens, Runaway World: How Globalization Is Reshaping Our Lives (New York 2003).

15. So Heidi Campbell, Assistant Professor im Department of Communications der Texas A&M University, in persönlichem Schriftwechsel (23. Oktober 2010).

16. Ich werde später auf wichtige theologische Gründe eingehen, einen begrenzten Wandel anzustreben.

17. Vgl. Berger, Far Glory, 3–24.

18. Stanley Hauerwas und William H. Willimon, Resident Aliens: Life in the Christian Colony (Nashville 1989), 27.

19. Nicholas Wolterstorff, What New Haven and Grand Rapids Have to Say to Each Other (Grand Rapids 1993), 2.

20. George Lindbeck, „Scripture, Consensus, and Community," in: Biblical Interpretation in Crisis: The Ratzinger Conference on Bible and Church, hg. v. Richard John Neuhaus (Grand Rapids 1989), 74–101; George Lindbeck, The Nature of Doctrine: Religion and Theology in a Postliberal Age (Louisville 1984).

21. Wolterstorff, New Haven and Grand Rapids, 45.

22. Hier liegt der Grund dafür, dass Hans Frei die „ad-hoc-Korrelation" vorzieht. Vgl. Hans Frei, Types of Christian Theology (New Haven 1992), 70–91.

23. Freilich wird sich auch die Darstellung des Zentrums des christlichen Glaubens ändern, sie hat das über die Jahrhunderte auch getan, während ihre fundamentalen Grundsätze dieselben blieben (die historischen Glaubensbekenntnisse wie das Nizänum und Chalcedonense halten das fest). An die biblische Geschichte gebunden und von den großen Bekenntnissen geleitet werden Christen überprüfen und möglicherweise auch revidieren, wie sie Gottes Offenbarung im Lichte dessen verstehen, was in der Welt geschieht – in den Naturwissenschaften wie auch in anderen Religionen (vgl. William Stacey Johnson, The Mystery of God: Karl Barth and the Foundations of Postmodern Theology, Louisville 1997).

24. Dietrich Bonhoeffer, Discipleship, ed. Geffrey B. Kelly and John D. Godsey, trans. Barbara Green and Reinhard Krauss (Minneapolis 2001), 259. Vgl. auch: Ernst Feil, Die Theologie Dietrich Bonhoeffers: Hermeneutik, Christologie, Weltverständnis (München 1971), 223–32.

25. Bonhoeffer, Discipleship, 250–51.

26. Ebd., 251, Zitat aus einem Choral von Christian Friedrich Richter.

27. Michel de Certeau, The Practice of Everyday Life, trans. Steven Rendall, (Berkeley 1984), xiv.

28. Ebd., 32.

29. Karl Marx, Grundrisse: Foundations of the Critique of Political Economy, trans. Martin Nicolaus (London: Penguin, 1973), 92.

30. Paul Bloom hat dargelegt, dass Vergnügen nicht einfach nur eine Funktion der physischen Eigenschaften eines Gegenstands ist, der uns Vergnügen bereitet, sondern auch unserer Wahrnehmung dieses Gegenstandes. Vgl. Paul Bloom, How Pleasure Works: The New Science of Why We Like What We Like (New York 2010). Dasselbe gilt meiner Auffassung nach für manche Formen von Schmerz, zu denen auch der Hunger gehört.

31. Vgl. Georg W. F. Hegel, Phenomenology of Spirit, trans. A. V. Miller (Oxford 1977), 4/184.

32. Zur Moderne als einem Versuch, das kulturelle und intellektuelle Leben von Grund auf zu rekonstruieren vgl. Toulmin, Cosmopolis.

33. Zur Kritik am Apokalyptizismus, der zur Folge hat, dass wir „unsere eigenen Erwartungen an die Zukunft mit Gottes Plan in eins setzen", vgl. Charles Mathewes, A Theology of Public Life (Cambridge 2007), 38–42; 205–8.

34. Ludwig Wittgenstein, Philosophical Investigations, übers. v. G. E. M. Anscombe (New York 1973), 8.

35. Vgl. Volf, Von der Ausgrenzung zur Umarmung, 65–66.

Kapitel 6: Weisheit mitteilen

1. Delbanco, Real American Dream.

2. Vgl. Jonathan Fox, „Religion and State Failure", International Political Science Review 25 (2004): 55–76; Jonathan Fox, „The Rise of Religious Nationalism and Conflict", Journal of Peace Research 41 (2004): 715–31; David Herbert und John Wolffe, „Religion and Contemporary Conflict in Historical Perspective", in: Religion in History: Conflict, Conversion, and Coexistence, hg. v. John Wolffe (Manchester 2004), 286–320.

3. Ein aktuelles und packendes Buch über christliche Weisheit ist David F. Ford, Christian Wisdom: Desiring God and Learning in Love (Cambridge 2007).

4. Zum christlichen Glauben als einer Lebensweise vgl. Miroslav Volf, Against the Tide: Love in a Time of Petty Dreams and Persisting Enmities (Grand Rapids 2010), 82–85; vgl. auch Scharen, Faith as a Way of Life. Viele Muslime betrachten den Islam als eine Lebensweise. Offenkundig meinen Christen und Muslime mit „Lebensweise" unterschiedliche Dinge und in jeder Religion meinen Extremisten wie Sayyid Qutb, dessen Auffassung vom Islam als Lebensweise ich in der Einleitung besprochen habe, teilweise andere Dinge als jene, die der klassischen Tradition der jeweiligen Religion treu bleiben. Und doch stimmen die meisten Muslime und Christen dem zu, dass ihre „Religion" nicht nur eine Ansammlung von Überzeugungen oder Ritualen ist, sondern eine Weise, in der heutigen Welt zu leben. Interessanterweise taucht der Begriff „Lebensweise" unter Verlust seiner tieferen Bedeutung heute in der Rhetorik westlicher Politiker auf, die sich berechtigterweise gegen den radikalen Islam wenden. Sie sehen ihn als Bedrohung unserer Lebensweise an (Vgl. Präsident George W. Bushs Ansprache an beide Kammern des Kongresses vom 20. September 2001 http://www.washingtonpost.com/wpsrv/nation/specials/attacked/transcripts/bushaddress_092001.html).

5. Vgl. Jan Assmann, Die Mosaische Unterscheidung, oder: Der Preis des Monotheismus (München 2003), und Assmann, Moses the Egyptian.

6. Zum „Missionsbefehl" vgl. David J. Bosch, „The Structure of Mission", in: Exploring Church Growth, hg. v. Wilbert R. Shenk (Grand Rapids 1983), 218–48; Peter T. O'Brien, „The Great Commission of Matthew 28:18–20", in: Reformed Theological Review 35 (1976), 66–78; Tom Wright, Matthew for Everyone: Part Two (Louisville 2004), 204–6.

7. Zum „Missionsbefehl" als Motivation zum Teilen vgl. Augustinus, Über die christliche Lehre 1.26, 27–29, 30; Augustinus, Brief 130 14.

8. Vgl. William Carey, An Enquiry into the Obligations of Christians to Use Means for the Conversion of the Heathens (Leicester 1792).

9. Vgl. Catherine Cookson, ed., The Encyclopedia of Religious Freedom (London: Routledge, 2003). Die US-Kommission zur Internationalen Religionsfreiheit veröffentlicht jährlich einen Bericht zum weltweiten Stand der Religionsfreiheit und Verfolgung. Vgl. http://www.uscirf.gov.

10. Zu konkurrenzfreien Formen des Gebens vgl. Kathryn Tanner, Jesus, Humanity, and the Trinity: A Brief Systematic Theology (Minneapolis 2001), 90–94.

11. Zum Pfingsttag als dem Geburtstag der Kirche vgl. Jürgen Moltmann, Kirche in der Kraft des Geistes: Ein Beitrag zur messianischen Ekklesiologie, Gütersloh 2010.

12. Das bedeutendste Beispiel ist die Eroberung des amerikanischen Doppelkontinents. Vgl. Bartolomé de las Casas, The Devastation of the Indies: A Brief Account, übers. v. Herma Briffault (Baltimore 1992); George E. Tinker, Missionary Conquest: The Gospel and Native American Cultural Genocide (Minneapolis 1993); Josep M. Barnadas, „The Catholic Church in Colonial Spanish America", und Eduardo Hoonaert, „The Catholic Church in Colonial Brazil", in: Colonial Latin America, vol. 1, The Cambridge History of Latin America, hg. v. Leslie Bethell (Cambridge 1984), 511–40 und 541–56. Vgl. auch die inzwischen klassische Arbeit von Tzvetan Todorov, Die Eroberung Amerikas: Das Problem des Anderen, Frankfurt 2010.

13. Vgl. Barth, Kirchliche Dogmatik IV/3.2, 797.

14. Dies ist Ausdruck der Tatsache, dass Christen streng genommen keine Weisheit haben. Da Christus die menschgewordene Weisheit ist, verhält es sich umgekehrt. Richtig verstanden „hat" die Weisheit die Christen und diese sind weise, insofern die Weisheit in ihnen wohnt.

15. Zur wachsenden Kommerzialisierung alltäglicher Vorgänge vgl. die Beiträge in Susan Strasser (Hg.), Commodifying Everything: Relationships of the Market (London 2003).

16. Zur Bedeutung des Schenkens im menschlichen Leben vgl. Volf, Free of Charge, 55–126.

17. Obwohl der Apostel Paulus dachte, er hätte das Recht, sich für seine apostolische Arbeit bezahlen zu lassen, nahm er keine Bezahlung an (vgl. Apg. 20,33–35; 1Kor 9,1–18; 2Thess 3,8). Sokrates hat sich bekanntlich für seine Dienste nicht bezahlen lassen (vgl. Platon, Apologie 19d–e).

18. Vgl. Volf, Free of Charge.

19. Vgl. Søren Kierkegaard, Philosophical Fragments, trans. David F. Swenson and Howard V. Hong (Princeton 1962), 11–45.

20. Zum Hören als Grundlage christlichen Glaubens vgl. J. Ratzinger (Benedikt XVI), Introduction to Christianity, 90–92.

21. Zur literarischen Erkundung dieses Themas vgl. Paer Lagerkvist, Barabbas, übers. v. Alan Blair (New York 1989).

22. Sayyid Qutb etwa sagt ausdrücklich, dass er, als er im Westen lebte, gegen den christlichen Glauben polemisierte, um den Christen dessen Vernunftwidrigkeit zu zeigen: „Schauen Sie sich doch die Vorstellungen von Dreieinigkeit, Erbsünde, Opfer und Erlösung an, die weder der Vernunft noch dem Gewissen entsprechen." (Qutb, Milestones, 95).

23. Zur Fähigkeit der Jünger, Christus zu erkennen, vgl. den kritischen Kommentar von Friedrich Nietzsche, dem dieselbe Überzeugung zugrunde liegt wie der Notwendigkeit einer Affinität zwischen dem, was einem begegnet, und dem, was man annimmt (Nietzsche, Twilight of the Idols and The Anti-Christ, 157). Vgl. auch Volf, Von der Ausgrenzung zur Umarmung, 254–58.

24. So z. B. Kierkegaard, Philosophical Fragments, 14–15.

25. Vgl. dazu Werner W. Jaeger, Early Christianity and Greek Paideia (Cambridge 1961); and Jaroslav Pelikan, Christianity and Classical Culture: The Metamorphosis of Natural Theology in the Christian Encounter with Hellenism (New Haven 1993).

26. Zur Umformung des aus der griechischen Philosophie übernommenen Vokabulars, damit es den Erfordernissen des Themas so gerecht wird, wie der christliche Glaube es versteht, vgl. u.a. John D. Zizioulas, „The Doctrine of the Holy Trinity: The Signifi-

cance of the Cappadocian Contribution", in: Trinitarian Theology Today: Essays on Divine Being and Act, hg. v. Christoph Schwöbel (Edinburgh 1995), 44–60.

27. Zum Phänomen des Gebens und Nehmens im Prozess der Inkulturation vgl. Chibueze Udeani, Inculturation as Dialogue: Igbo Culture and the Message of Christ (New York 2007), 130–33.

28. Justinus Martyr, Erste Apology 46.

29. Paul Tillich, Systematic Theology (Chicago 1963), 3/214.

30. Im Hinblick auf ein Lernen von Muslimen schreibe ich in „Allah": „Jeder Glaube hat sein Repertoire an Inhalten und Praktiken. Abhängig von der jeweiligen Zeit und dem Ort wird der Glaube manche davon in den Vordergrund rücken und andere in den Hintergrund. Derzeit etwa ist ‚Unterwerfung unter Gott' das zentrale Thema des Islam, für viele Christen im Westen keine ‚Lieblingsmelodie'; es widerstrebt den egalitären Sensibilitäten des Westens. Aber es ist ein wesentlicher und oft ‚aufgeführter' Teil des historischen Repertoires der Christenheit. Christen glauben schließlich, dass Gott der souveräne Herr ist. Es wäre völlig legitim und vielleicht sogar wünschenswert, dass Christen im Westen, zum Teil von Muslimen angestoßen, die ‚Unterwerfung unter Gott' als eine Schlüsseldimension der Spiritualität wiederentdecken (197)."

31. Eine kurze Diskussion einiger Grundregeln von Evangelisation, die aus der goldenen Regel folgen, findet sich dort in Kap. 11.

32. Martin E. Martys Buch „The Christian World: A Global History" (New York 2007) enthält zahlreiche gute und schlechte Beispiele christlichen Teilens.

33. Diese Behauptung wurde populär seit der Veröffentlichung des Buches des italienischen Journalisten Antonio Socci, I Nuovo Perseguitati (Casale Monferrato 2002). Socci entnimmt viele seiner Zahlen aus David B. Barrett, George T. Kurian und Todd M. Johnson, The World Christian Encyclopedia (Oxford 2001), die mehrfach kritisiert wurde. Eine unparteiliche Bewertung der Daten dieser Enzyklopädie bieten Becky Hsu et al., „Estimating the Religious Composition of All Nations: An Empirical Assessment

of the World Christian Database", in: Journal for the Scientific Study of Religion 47 (2008), 678–93.

34. Vgl. Robert Conquest, „The Churches and the People", in: The Harvest of Sorrow: Soviet Collectivization and the Terror-famine (Oxford 1986), 199–213; Geoffrey A. Hosking, „Religion and Nationality under the Soviet State", in: The First Socialist Society: A History of the Soviet Union from Within, rev. ed. (Cambridge, MA 1993), 227–60; Richard C. Bush Jr., Religion in Communist China (Nashville 1970); G. Thompson Brown, Christianity in the People's Republic of China, rev. ed. (Atlanta 1986), 75–134.

35. Zu Vergebung vgl. Volf, Free of Charge, Kap. 4–6.

36. Vgl. Johannes Paul II, „Jubilee Characteristic: The Purification of Memory", in: Origins 29 (2000), 649–50.

37. Martin Luther, Works, hg. v. Harold J. Grimm (Philadelphia 1962), Bd. 31, 306.

Kapitel 7: Öffentliches Engagement

1. Dieser Satz stammt von Friedrich Engels, der damit beschrieb, was dem Staat in den Nachwehen einer Revolution widerfährt: „Der Staat wird nicht abgeschafft, er geht ein." (Anti-Dühring: Herr Eugen Dühring's Revolution in Science, 2. Aufl., Moskau 1954, 387).

2. Vgl. zum Beispiel Ernest Renan, The Future of Science (Boston 1891); und Jean-Marie Gayau, The Non-Religion of the Future: A Sociological Study (New York 1897).

3. Vgl. Karl Marx, „A Contribution to the Critique of Hegel's Philosophy of Right: Introduction", und „Concerning Feuerbach", in: Karl Marx: Early Writings, trans. Rodney Livingstone and Gregor Benton (London 1992), 243–58 und 421–23; Friedrich Nietzsche, Zur Genealogie der Moral; Sigmund Freud, The Future of an Illusion, trans. James Strachey (1961; Nachdruck New York 1989).

4. Vgl. Peter Berger, „The Desecularization of the World: A Global Overview", in: The Desecularization of the World: Resurgent Reli-

gion and World Politics, hg. v. Peter Berger (Grand Rapids 1999), 1–18.

5. Vgl. Shmuel N. Eisenstadt, „The Transformation of the Religious Dimension in the Constitution of Contemporary Modernities—The Contemporary Religious Sphere in the Context of Multiple Modernities", in: Religion in Cultural Discourse: Essays in Honor of Hans J. Kippenberg on the Occasion of his 65th Birthday, hg. v. Brigitte Luchesi und Kocku von Stuckrad (New York 2004), 337–53.

6. Charles Taylor, Modern Social Imaginaries (Durham 2004), 1; Charles Taylor, „Two Theories of Modernity", in: Alternative Modernities, hg. v. Dilip Parmeshwar Gaonkar (Durham 2001), 172–96. Zu multiplen Modernen vgl. auch Jose Casanova, „Rethinking Secularization: A Global Comparative Perspective", in: Religion, Globalization, and Culture, hg. v. Peter Beyer und Lori Beaman (Leiden 2007), 107–10.

7. Ich zögere etwas, irgendeinen Glauben der Welt als „Religion" zu bezeichnen, weil schon der Begriff der Religion ein Produkt der Moderne ist; er repräsentiert die Reduktion eines lebendigen und umfassenden Glaubens auf eine Sphäre – eine religiöse – innerhalb der säkularen Gesamtgesellschaft (vgl. u.a. Cavanaugh, Myth of Religious Violence, 57–122).

8. Vgl. Philip Jenkins, The Next Christendom: The Coming of Global Christianity (Oxford 2002), 42–46.

9. Vgl. „U.S. Religious Landscape Survey – Religious Affiliation: Diverse and Dynamic", Pew Forum on Religion and Public Life, February 2008, zu finden unter http://religions.pewforum.org/pdf/report-religious-landscape-study-full.pdf; „Mapping the Global Muslim Population", Pew Forum on Religion and Public Life, October 2009, zu finden unter: http://pewforum.org/uploadedfiles/Topics/Demographics/Muslimpopulation.pdf. Mit Ausnahme der Schätzung für die Muslime, wo Pew eine absolute Zahl angibt, komme ich auf meine Zahlen, indem ich die Daten von Pew mit den Prozentangaben der Schätzung des U.S. Census Bureau für die US-Bevölkerung 2009 multipliziere.

Die Daten für „Nichtreligiöse" beziehen sich auf Menschen, die das Pew Forum als „Atheisten", „Agnostiker" und „ungebundene Säkulare" bezeichnet. Zur Problematik der Schätzung des muslimischen Bevölkerungsanteils in Europa und den USA vgl. Jocelyn Cesari, When Islam and Democracy Meet: Muslims in Europe and the United States (New York 2004), 9–11.

10. Vgl. Robert J. Pauly Jr., Islam in Europe: Integration or Marginalization? (Aldershot 2004), dort sind Beispiele muslimischer Gemeinschaften genannt, die sich in einer Reihe Europäischer Länder lokal- und parteipolitisch engagieren.

11. Vgl auch einen neueren Bericht über Firmen in China, die christliches Engagement ihrer Angestellten aktiv fördern: Christopher Landau, „Christian Faith Plus Chinese Productivity", BBC News, August 26, 2010, http://www.bbc.co.uk/news/world-asia-pacific-10942954.

12. Zur Pluralität der Religionen in Indien vgl. T. N. Madan, „Religions of India: Plurality and Pluralism", in: Religious Pluralism in South Asia and Europe, hg. v. Jamal Malik and Helmut Reifeld (Oxford 2005), 42–76; Kamran Ahmad, Roots of Religious Tolerance in Pakistan and India (Lahore 2008).

13. Als Beispiel für diese Art Sprache können die Bemerkungen von Giacomo Cardinal Biffi gelten, zitiert bei Cesari, When Islam and Democracy Meet: Offenkundig müssen Muslime als besonderer Fall eingestuft werden. Wir müssen den Glauben haben, dass die Verantwortlichen für das öffentliche Wohl keine Angst haben, ihm mit offenen Augen und ohne Illusionen entgegenzutreten. In der überwiegenden Mehrheit und mit nur wenigen Ausnahmen kommen Muslime mit dem Entschluss hierher, Fremde zu bleiben in unserer individuell und sozial gefärbten „Humanität", in allem, was daran so wesentlich und kostbar ist; Fremde im Blick darauf, was für uns als „Säkularisten" unaufgebbar ist. Mehr oder minder offen kommen sie hierher mit fundamental „anderen" Einstellungen und warten darauf, uns fundamental so werden zu lassen wie sie selbst. ... Ich glaube, Europa muss entweder wieder christlich werden, oder es wird muslimisch. (33).

14. Vgl. Richard T. Hughes, Christian America and the Kingdom of God (Champaign 2009), Kapitel 4–5.

15. Vgl. Wolterstorff, „Role of Religion", 67–120; John Rawls, Political Liberalism (New York 1993).

16. Wolterstorff, „Role of Religion", 73.

17. Zu diesem Satz vgl. Thomas Jefferson, „To Messrs. Nehemiah Dodge, Ephram Robbins, and Stephen S. Nelson, a Committee of the Danbury Baptist Association, in the State of Connecticut", in: Thomas Jefferson: Political Writings, hg. v. Joyce Appleby and Terence Ball (Cambridge 1999), 397.

18. Als Beispiel für eine Kritik am politischen Liberalismus entlang der Linien, die ich oben genannt habe, betrachten Sie die Position von Oliver O'Donovan. In einem Dokument unter dem Titel „The Constitutional State and Limitation of Belief" vorgetragen in Yale am 23. März 2006 (http://www.yale.edu/divinity/video/theocracy/first.shtml) behandelt er die Frage des Charakters des Verhältnisses zwischen dem, was er die „Bedingungen bürgerlicher Zusammengehörigkeit" in einem vorhandenen politischen System nennt (er versteht sie als regulative Prinzipien) und „universalen Visionen" (allen theoretischen Glaubenssätzen der Einwohner). Die regulativen Prinzipien sind Ansprüche zweiten, universale Anschauungen Ansprüche ersten Ranges. In liberalen Demokratien regeln zweitrangige Regeln den öffentlichen Ausdruck erstrangiger universaler Visionen. Folglich sind solche Gesellschaften Gläubigen gegenüber nicht sehr gastfreundlich, die ihre umfassenden, handlungsbestimmenden Visionen den Regeln bürgerlichen Zusammenlebens unterordnen müssen. Religiöse Bürger dieser Demokratien erleben daher eine „radikale Inkohärenz" in der Struktur ihrer Glaubenssysteme. Das ist ein ernster Vorwurf. Wenn er zutrifft, dann verfehlen liberale Demokratien eines der am häufigsten genannten Ziele des politischen Liberalismus: Jedem die Freiheit zu garantieren, im Einklang mit seiner Interpretation des Lebens (oder deren Nichtvorhandensein) zu leben. Der Liberalismus wäre nicht liberal. Die Inkohärenz in der Struktur der Glaubenssysteme (universale Vision) für Mitglieder liberaler Demokratien überträgt

sich als Inkohärenz auf das Projekt des politischen Liberalismus an sich. Um in einer liberalen Demokratie zu leben, müssen Gläubige „faule Kompromisse" eingehen, indem sie „gegen ihre tiefsten Überzeugungen" einem Satz Regeln nachgeben – anders gesagt, ihre universalen Visionen verändern, statt sie auszuleben. Aus diesen und anderen Gründen lehnt O'Donovan den politischen Liberalismus ab. Zusammen mit Wolterstorff denke ich, dass der politische Liberalismus zu retten ist.

19. Wolterstorff, „Role of Religion", 115.

20. Ebd.

21. Ebd., 109.

22. Ebd.

23. Vgl. Volf, Allah, Kap. 12. Vgl. auch Volf, Captive to the Word of God, Kap. 3.

24. Jalal al-Din Rumi, Masnavi 3.1259, zitiert u.a. in: Geoffrey Parrinder, The Routledge Dictionary of Religious and Spiritual Citations (London 2000), 22.

25. Eine klassische Darstellung dieser Ansicht bietet John Hick, An Interpretation of Religion: Human Responses to the Transcendent (New Haven 1989).

26. Zur Kritik an der pluralistischen Auffassung von Religion vgl. Gavin D'Costa, The Meeting of Religions and the Trinity (New York 2000); Michael Barnes, Theology and the Dialogue of Religions (Cambridge 2002).

27. Vgl. William Schweiker zu Religionen, die sich in einer Situation wiederfinden, die er als „Reflektivität" bezeichnet – jede sieht sich aus der Perspektive der anderen und passt ihr Selbstverständnis als Reaktion darauf teilweise an – in: Theological Ethics and Global Dynamics: In the Time of Many Worlds (Oxford 2004).

28. Vgl. Volf, Allah, Kap. 1.

29. Zu einer analogen Darstellung des Verhältnisses zwischen dem christlichen Glauben und der ihn umgebenden weiteren Kultur vgl. Kap. 5.

30. Vgl. John Richard Bowen, Why the French Don't Like Headscarves: Islam, the State, and Public Space (Princeton 2007),

zur Diskussion der wohl am öffentlichsten ausgetragenen Auseinandersetzung zwischen einem lautstarken Säkularismus und dem Islam.

31. Genau das zu tun war das Geniale an der muslimischen Initiative mit dem Titel „A Common Word". Zu diesem Dokument, einer Antwort und theologischen Analyse vgl. A Common Word: Muslims and Christians on Loving God and Neighbor, hg. v. Miroslav Volf, Ghazi bin Muhammad und Melissa Yarrington (Grand Rapids 2010).

32. Vgl. Volf, Captive to the Word of God, 109.

33. Vgl. Kap 5. Vgl. auch Volf, „The Trinity Is Our Social Program".

34. Gotthold Ephraim Lessing, Nathan der Weise, 2. Aufzug, 5. Auftritt.

35. Ebd., 3. Aufzug, 7. Auftritt.

36. Ebd., 3. Aufzug, 9. Auftritt.

37. Vgl. dazu die Bewegung des „Scriptural Reasoning": The Promise of Scriptural Reasoning, hg. v. David Ford and C. C. Pecknold (Oxford 2006). Vgl. Volf, Captive to the Word of God, 38–39.

38. Zur Wichtigkeit einer robusten öffentlichen Debatte vgl. Amy Gutmann und Dennis Frank Thompson, Democracy and Disagreement (Cambridge, MA 1996). Vgl. auch die Kritik an Gutmann und Thompson aus verschiedenen Perspektiven in: Deliberative Politics: Essays on Democracy and Disagreement, hg. v. Stephen Macedo (Oxford 1999).

39. Die Beobachtung von William James über Religion und Glaube trifft m.E. auch auf politische Entscheidungen zu: „Wir könnten natürlich abwarten, wenn wir wollten ... aber wenn wir das tun, tun wir es ebenso auf eigene Gefahr, wie wenn wir glauben. So oder so nehmen wir unser Leben in die Hand." („The Will to Believe", in: The Writings of William James: A Comprehensive Edition, hg. v. John J. McDermott, New York 1967, 734). James schließt seinen Essay mit dem folgenden Zitat von James Fitzjames Stephen: Jeder muss so handeln, wie es ihm am besten scheint; und wenn er irrt, umso schlimmer für ihn. Wir ste-

hen auf einem Gebirgspass mitten im Schneegestöber und im Nebel, der uns die Sicht nimmt, durch den wir ab und an einen Blick erhaschen auf Pfade, die trügerisch sein können. Bleiben wir stehen, erfrieren wir. Nehmen wir den falschen Weg, reißt es uns in Stücke. Wir wissen nicht gewiss, ob es den richtigen Weg gibt. Was sollen wir tun? „Seit stark und guten Mutes." Handle, so gut du kannst, hoffe, so gut du kannst und nimm an, was kommt. (Liberty, Equality, Fraternity. New York 1873, 333).

Schlusswort

1. Der ganze Text dieser Rede, einschließlich aller Zitate in diesem Kapitel steht unter http://www.nytimes.com/2009/06/04/us/politics/04obama.text.html.

2. Diese Formulierung der goldenen Regel ist eine spezifisch christliche. Sie trägt uns auf, andere so zu behandeln, wie wir es selbst gerne hätten. Der Islam hat eine ähnlich positive Variante der Regel: „Keiner von euch hat Glauben, bis er für seinen Nächsten dasselbe wünscht wie für sich selbst" (so Mohammed nach Sahih Muslim, Kitab al-Iman 72). Manche Religionen fomulieren die Regel negativ: Tue anderen nichts an, von dem du selbst nicht wolltest, dass man es dir antut (vgl. z. B. Konfuzius, Analects 15.24).

3. Samuel P. Huntington, Kampf der Kulturen. Die Neugestaltung der Weltpolitik im 21. Jahrhundert, 1997.

4. Vgl. „Mapping the Global Muslim Population", Pew Forum on Religion and Public Life, October 7, 2009, http://pewforum.org/Mapping-the-Global-Muslim-Population.aspx. (bedenken Sie aber die Schwierigkeit einer akkuraten Schätzung).

5. Zum Islam vgl. Abdullahi Ahmed An-Naim, Islam and the Secular State: Negotiating the Future of Sharia (Cambridge, MA 2008); Feisal Abdul Rauf, What's Right with Islam: A New Vision for Muslims and the West (New York 2004).

6. Qutb, Milestones, 2.

7. Ebd., 89.
8. Eboo Patel, Acts of Faith: The Story of an American Muslim, the Struggle for the Soul of a Generation (Boston 2008).

Mehr von Miroslav Volf

Von der Ausgrenzung zur Umarmung
Versöhnendes Handeln als Ausdruck christlicher Identität
ISBN 978-3-86827-355-7
464 Seiten, gebunden

In einer Welt voller großer und kleiner Konflikte denkt Miroslav Volf über die großen Themen von Versöhnung, Wahrheit und Gerechtigkeit nach. Seine Frage ist weniger die, welche Strukturen nötig sind, um Frieden und Gerechtigkeit voranzubringen, sondern wie Christen ihre Identität neu bestimmen und so leben können, dass sie zu Agenten der Versöhnung zwischen Menschen werden. Seine Antwort setzt beim Gleichnis vom verlorenen Sohn an und wird dann sorgfältig auf ganz verschiedene Konfliktsituationen angewandt. Volf bleibt dabei nicht in taktischem Pragmatismus stecken, sondern fragt weiter nach dem Wesen Gottes und dem Wirken des Heiligen Geistes in menschlichen Beziehungen. Wer im 21. Jahrhundert sein Christsein nicht auf das Private beschränken möchte, findet hier reichlich geistliche Inspiration und geistige Herausforderungen.

Weitere Buchtipps

Tobias Faix, Volker Brecht,
Tobias Müller, Stefan Bösner (Hg.)
Tat. Ort. Glaube.
21 inspirierende Praxisbeispiele
zwischen Gemeinde und Gesellschaft
Transformationsstudien 6
ISBN 978-3-86827-385-4
272 Seiten, Paperback

Wie kommt das Evangelium zu den Menschen unserer Zeit? Wo trifft es ihren Alltag, ihre Hoffnungen und Bedürfnisse? Wie wird die neu anbrechende Welt Gottes heute in den gesellschaftlichen Verschiebungen sichtbar und erfahrbar?

In diesem Praxisbuch werden 21 innovative Projekte vorgestellt, die das Ziel haben, Antworten auf diese Fragen zu geben. Das Spektrum reicht von missionaler, kirchlicher Jugendarbeit sowie sozialer Stadtteilarbeit über Gemeindegründungen und -initiativen in Ostdeutschland bis hin zu einer Ausstellung über die Geschichte des Christentums. Leitende und Mitarbeitende berichten offen und ungeschminkt über ihre Visionen von einem veränderten Umfeld, die Umsetzung ihrer Ideen und die damit verbundenen motivierenden und ernüchternden Erfahrungen. Ein Buch für alle, die sich inspirieren lassen wollen durch neuartige und alternative Ausdrucksformen des christlichen Glaubens und Gemeindelebens.

Johannes Reimer
Die Welt umarmen
Theologie des gesellschaftsrelevanten
Gemeindebaus
Transformationsstudien 1
ISBN 978-3-86827-085-3
384 Seiten, Paperback

Ein Buch voller Leidenschaft für die Welt, die Gott verloren hat und die er doch liebt. Ein Buch für Menschen, die Gemeinde bauen wollen. Ein Buch für Menschen, die diakonisch arbeiten und leben möchten. Ein Buch für Menschen, die versuchen, andere mit Gott in Kontakt zu bringen.

Johannes Reimer analysiert Gemeindemodelle und macht konkrete Vorschläge für einen gesellschaftsrelevanten Gemeindebau. Er geht aus von den anschaulichen Gemeindebildern des Neuen Testaments und untersucht ihre Auswirkungen auf das Gesellschaftsleben der ersten Jahrhunderte.

Auch in der Kirchengeschichte späterer Jahrhunderte findet er interessante Beispiele für Gemeinden, die sowohl missionarisch als auch diakonisch ihre Umgebung durchdrangen.

Schließlich beschreibt er, wie Gemeinde heute aussehen kann. So wie Gott in Jesus Mensch wurde, so sollten auch wir als seine Nachfolger mitten in der Welt leben und uns einbringen.

Tobias Faix, Johannes Reimer,
Volker Brecht (Hg.)
Die Welt verändern
Grundfragen einer Theologie
der Transformation
Transformationsstudien 2
ISBN 978-3-86827-122-5
368 Seiten, Paperback

Tobias Faix, Johannes Reimer,
Volker Brecht (Hg.)

Die Welt verändern

Grundfragen einer Theologie der Transformation

fʀᴀɴcke

Transformationsstudien Band 2

Wie sollen Christen auf die weitgreifenden gesellschaftlichen Veränderungen in der heutigen Welt reagieren? Mit Rückzug?
Im Gegenteil, sagen die Herausgeber dieses Buches und gehen
die Grundfragen einer Theologie der Transformation offensiv an.
Kirchen und Gemeinden haben den öffentlichen Auftrag, Glauben zu leben und darüber zu diskutieren, welche Rolle sie im 21.
Jahrhundert spielen.
20 Autoren geben Antworten, wie transformatorische Prozesse und ganzheitlicher Glaube gesellschaftsrelevant gelebt werden können. Der Bogen wird weit gespannt: von der biblischen
Grundlage und dem interdisziplinären Dialog über die Lehren der
Geschichte bis zur Praxis transformatorischer Theologie.

Tobias Faix, Johannes Reimer (Hg.)
Die Welt verstehen
Kontextanalyse als Sehhilfe für
die Gemeinde
Transformationsstudien 3
ISBN 978-3-86827-319-9
288 Seiten, Paperback

Wer in der heutigen Zeit Gemeinde leben möchte, muss die Lebenswelt der Menschen verstehen. Nur wer die Hoffnungen, Ängste und Bedürfnisse der Menschen ernst nimmt, kann „Salz und Licht" sein. Doch in einer globalisierten und sich ständig verändernden Welt sind vielen Kirchen und Gemeinden die Menschen des eigenen Ortes fremd geworden.

Das Buch »Die Welt verstehen« möchte Gemeinden und Kirchen helfen, den Blick nach außen zu wenden, um ihren gesellschaftsrelevanten Auftrag neu zu entdecken. Die Methode der Kontextanalyse hilft, diesen Auftrag neu wahrzunehmen und umzusetzen und ist daher eine wertvolle und praktische Sehhilfe für die Gemeinde. Mit der Analyse des eigenen Potenzials beginnt eine spannende Reise von Milieukarten über Aktionsforschungen bis zu geistlichen Stadtteilbegehungen. Dabei werden viele praktische Anregungen und Hilfestellungen, Tools und Kopiervorlagen für die eigene Umsetzung gegeben, die es ermöglichen, den eigenen Stadtteil Schritt für Schritt besser kennenzulernen.

Johannes Reimer
Leben. Rufen. Verändern.
Chancen und Herausforderungen
gesellschaftstransformatorischer
Evangelisation heute
Transformationsstudien 5
ISBN 978-3-86827-356-4
368 Seiten, Paperback

Evangelistisch engagierte Christen und Gemeinden haben zunehmend Mühe, ihre Zeitgenossen mit dem Evangelium zu erreichen. Kamen noch vor wenigen Jahren Tausende Besucher in Zelte, Hallen und Gemeindehäuser, so bedarf es heute größter Anstrengung, vergleichbar wenige Interessierte in eine evangelistische Veranstaltung einzuladen. Die Zeiten haben sich offensichtlich geändert und damit auch die Wege zu den Herzen der Menschen.

In seinem Buch geht Johannes Reimer diesen Fragen nach und schlägt vor, zeitgemäße Evangelisation als gesellschaftstransformierende Evangelisation zu verstehen, die das Evangelium durch Vorleben, soziales Engagement, Dialog und Proklamation verkündigt. Die Ermöglichung einer solchen Evangelisation setzt eine neue Kultur in christlichen Gemeinden voraus. Der Autor nennt sie Willkommenskultur. Das Buch führt in die theologische Begründung der Evangelisation ein und bietet praktische Beispiele, wie das Konzept gelebt und verwirklicht werden kann.

Johannes Reimer
Evangelisation im interreligiösen Raum
ISBN 978-3-86827-540-7
160 Seiten, Paperback

Immer mehr Menschen mit anderen kulturellen und religiösen Prägungen leben in unserer Nachbarschaft. Wie leben wir ihnen am besten die Frohe Botschaft von Jesus Christus vor?
Mit diesem Handbuch gibt Johannes Reimer wertvolle Hinweise dafür, wie wir die gute Nachricht an Menschen aus anderen Kulturen weitersagen können. Neben grundsätzlichen Überlegungen, was Evangelisation im biblischen Sinne ist, sowie Informationen zu den verschiedenen Religionen zeigen Beispiele aus der Praxis, wie Evangelisation im interreligiösen Raum gelingen kann.

Alan Roxburgh
Missional
Mit Gott in der Nachbarschaft leben
Edition Emergent
ISBN 978-3-86827-322-9
208 Seiten, Paperback

Im Gegensatz zu »missionarisch« beschreibt »missional« kein Tun, sondern eine Lebenseinstellung: Menschen lassen sich in Gottes Rettungsmission hineinnehmen und bezeugen ihr Christsein ganzheitlich, indem sie sich für soziale Gerechtigkeit und Frieden, Bewahrung der Schöpfung und Evangelisation einsetzen.

Alan Roxburgh beschreibt in diesem Grundlagenbuch kompetent und praxisnah, wie ein missionaler Lebens- und Gemeindestil konkret aussieht. Dabei zeigt er sowohl die biblische Verankerung als auch die historischen Wurzeln des missionalen Konzepts auf. Vor allem jedoch beschreibt er ganz praktisch, wie Gemeinde, Arbeit und Nachbarschaft als Lebensumfelder unseres Glaubens zusammenhängen und wie wir diese missional gestalten können. Er ermutigt, Nachbarschaften und Gemeinwesen bewusst wieder zu betreten und zu entdecken, wie der Heilige Geist dort wirkt.

Ein Ermutigungsbuch für alle, die auch »am Montag« Christsein leben wollen.

Thomas Weißenborn
Christsein in der
Konsumgesellschaft
Nachdenken über eine alltägliche
Herausforderung
ISBN 978-3-86827-131-7
139 Seiten, Paperback

Identität, Individualität und Heimat sind in der Konsumgesellschaft zu einer schnell vergänglichen Ware geworden. In seinem
Buch zeigt Weißenborn die dahinter stehenden Zusammenhänge
auf und begibt sich auf die Suche nach Ansätzen für ein Christsein jenseits der Konsummentalität.